mindfulness para mães imperfeitas

(como eu)

Ana Torquetti

mindfulness para mães imperfeitas (como eu)

Um guia para lidar com a reatividade e se acolher nos momentos de explosão

1ª edição

BestSeller

Rio de Janeiro | 2025

CIP-BRASIL. CATALOGAÇÃO NA PUBLICAÇÃO
SINDICATO NACIONAL DOS EDITORES DE LIVROS, RJ

T64m Torquetti, Ana
Mindfulness para mães imperfeitas (como eu) : um guia para lidar com a reatividade e se acolher nos momentos de explosão / Ana Torquetti. - 1. ed. - Rio de Janeiro : BestSeller, 2025.

ISBN 978-65-5712-551-9

1. Maternidade - Aspectos psicológicos. 2. Mãe e filhos. I. Título.

25-99660.1 CDD: 155.6463
CDU: 316.47-053.2

Carla Rosa Martins Gonçalves - Bibliotecária - CRB-7/4782

Texto revisado segundo o novo Acordo Ortográfico da Língua Portuguesa.

Direitos exclusivos de publicação em língua portuguesa para o mundo
adquiridos pela
EDITORA BEST SELLER LTDA.
Rua Argentina, 171, parte, São Cristóvão
Rio de Janeiro, RJ — 20921-380
que se reserva a propriedade literária desta obra.

Impresso no Brasil

ISBN 978-65-5712-551-9

Seja um leitor preferencial Record.
Cadastre-se no site www.record.com.br e receba informações
sobre nossos lançamentos e nossas promoções.

Atendimento e venda direta ao leitor:
sac@record.com.br

Para meus sóis,
Francesco e Madalena.

Sumário

Prefácio

Eu não pratico meditação e mindfulness exatamente porque gosto. Não! Na verdade, sou do tipo que adora trabalhar loucamente, muitas horas por dia, e conquistar resultados para ser admirada e validada. Fui programada para isso. Foi assim que aprendi a viver.

Pelo menos essa era quem eu pensava ser.

A verdade é que a maternidade me fez questionar: "Quem você *é* sem contar o que você *faz*?" Por um período, eu não soube responder. Eu me reconhecia naquilo que fazia. Tinha me tornado um *fazer humano* no lugar de um *ser humano*.

Meu filho clamava por conexão emocional profunda. Chorava sem parar dia e noite. Eu não entendia como entregar a ele o que necessitava para ficar bem... Eu ficava louca atrás da próxima coisa que deveria *fazer* para ele. Aos poucos, fui mergulhando em processos de autoconhecimento e percebendo que ele não precisava tanto do meu *fazer*, mas do meu *ser* disponível. Meu filho não era um problema a ser resolvido, um item na minha lista de tarefas para dar check, um erro a ser corrigido o tempo todo. Não! Ele era um lindo (e exigente) ser humano imaturo esperando ser guiado pelos caminhos da vida por uma mãe presente. Com corpo e mente juntos no aqui e no agora. Sem tanta pressa, correndo atrás de sei lá o quê. Mas vivendo com presença verdadeira cada momento. Eu não sabia mais fazer isso. Já tinha me perdido de mim. A correria da vida, os ideais que assumimos como metas, o sistema. Como é difícil não seguir o sistema. Vamos deixando de questionar, fazendo apenas aquilo que acreditamos ser o que queremos, mas será mesmo que é isso que *eu* quero? Ou é o que eu acho que quero? Ou o que fui levada a querer? É confuso, né?

Parar para meditar ou mesmo fazer os exercícios de mindfulness era um grande sacrifício para mim. Parecia perda de tempo. Parecia um caminho contrário ao meu ideal de produtividade de fazer mil coisas por hora. Às vezes eu dormia. Não conhecia um estado entre acordada e adormecida, então, quando tentava meditar, acabava cochilando. E chegava a conclusões e pensamentos do tipo "Isso definitivamente não é para mim", "Claramente não nasci para isso" e blá, blá, blá... Só que eu descobri que meditação e mindfulness é para todo mundo, mas é *especialmente* para quem acha que não gosta ou precisa.

Persistir nesse processo me salvou de mim. Na verdade, me devolveu para mim. Eu tinha tanto mais aqui dentro que eu nem lembrava. Tinha paciência, perdão, doçura, leveza, calma, empatia, sensibilidade... Não precisei deixar de ser veloz, sagaz e produtiva, muito pelo contrário, ao exercitar presença em profundidade, os momentos de produção profissional foram aprimorados e ganharam uma qualidade difícil de explicar. A clareza mental, o foco, a mente lúcida são resultados que reverberam por todas as áreas da vida.

Agora, os ganhos nas minhas relações pessoais, ah, esses foram impagáveis! Em palestras e encontros, muitas vezes uma mãe vem me abraçar em lágrimas dizendo que não viu passar os primeiros anos de seu filho porque estava no piloto automático, anestesiada pelo modo de vida acelerado e distraído em que estamos sendo conduzidos, como manada, a viver. Meu coração chora quando penso que teria passado pela infância do meu filho exatamente dessa maneira se não tivesse mergulhado no caminho do autoconhecimento e do autodesenvolvimento amparada pelas práticas de mindfulness e meditação. Foi tão relevante no meu processo que criei o

MÃEditação, um programa de meditação guiada para mães. A gente quer que o mundo inteiro descubra algo que mudou a nossa vida, não é mesmo?

Com esse histórico todo, você pode imaginar o quanto fiquei feliz ao me deparar com a obra da Ana Torquetti. *Mindfulness para mães imperfeitas (como eu)* é libertador a partir do título: tira o peso do ideal de perfeição que nos assombra logo de cara. Depois da largada, quando você vai percorrendo as páginas, parece que a Ana está segurando a sua mão e conduzindo você pelos caminhos de reconexão consigo mesma. Como uma guia experiente, humilde, inteligente, sensível, paciente e verdadeiramente interessada em contribuir com seu progresso, ela convida você a já iniciar as práticas enquanto vai avançando em cada capítulo. Que espetáculo! Aceite esse convite, não caia na tentação de pular os exercícios. Mesmo que coloque na agenda para fazer depois, caso esteja lendo em um local que não favoreça a realização da atividade proposta. O importante é: FAÇA! Com a prática, você vai conseguir viver aquilo que está aprendendo. Essa é a parte mais importante do processo, afinal de contas, saber e não viver é ainda não saber. Eu já sei a mãe que quero ser, pratico mindfulness e meditação para conseguir viver isso que já sei, entende?

Não incluo essas práticas em minha vida por vontade própria — até hoje não acho uma delícia parar para meditar, confesso —, mas porque gosto de quem eu consigo ser com elas. Tenho a constância dessas práticas no meu dia a dia porque gosto de passar mais tempo com a minha moeda na face mãe mindful e gosto de conseguir lidar bem com os momentos de mãe reativa, sem acabar comigo por não ser perfeita (spoiler de dois conceitos de mãe que você vai entender melhor mais adiante).

Há uma outra questão extremamente importante neste livro que quero comentar: o amor percebido pela criança. Existe uma diferença enorme entre o *amor recebido* e o *amor percebido* pelos nossos filhos. Uma coisa é a quantidade de amor que eu sinto e direciono para aquele que é a coisa mais importante do mundo para mim, aquele por quem eu daria minha própria vida, aquele que significa tudo pra mim. Outra coisa é o amor percebido por ele. A falta de paciência esconde o amor. Viver numa correria frenética de "vamos logo", "corre", "já estamos atrasados" também cria uma neblina espessa entre o amor que sentimos e o que nossas crianças percebem. É preciso aprender a amar. Buscar recursos para sair do modo mãe reativa e viver mais no modo mãe mindful não muda o quanto amamos nossos filhos, mas o quanto eles se sentem amados por nós. E isso muda tudo! Reflete na nossa conexão e vínculo, aumenta e fortalece a autoestima deles, abre o canal de comunicação e cria uma base sólida para os seres humanos incríveis que serão no futuro porque se sentiram plenamente amados!

É por isso que você tem em mãos uma preciosidade. Que livro tem o poder de fazer sua criança se sentir mais amada por você para sempre? Não são muitos. Mas este tem! Aprecie sem moderação!

Ana, querida, gratidão por esta contribuição incrível para o mundo!

Leitor(a) querido(a), boa jornada!

Com amor,

Isa Minatel

Neuropsicopedagoga

Apresentação

A PACIÊNCIA QUE VOCÊ TEM COM SEU FILHO É UMA ÀS SEIS DA MANHÃ, quando ele rejeita os ovos mexidos e entorna quase todo o leite na mesa e na roupa, e outra completamente diferente às sete da noite, quando a cena se repete no jantar. De manhã, você *quase* se orgulha da mãe que consegue ser... Por mais que o primeiro impulso, cujas raízes são tão profundas quanto desconhecidas, seja explodir, você é capaz de pausar. Cria uma janela de tempo interno entre o surgimento da bagunça e a maneira como reage a ela.

Talvez você respire. Talvez se lembre daquela moça da internet que garante que as crianças não são estabanadas ou mesmo subversivas; elas só não desenvolveram ainda suas habilidades motoras. Talvez se recorde daquela outra que adverte para os males de gritar com uma criança. Mas a verdade é que, conforme o dia avança, com ele avança a sua reatividade... Repetir mil vezes que é hora de escovar os dentes, conquistar algumas colheradas de comida saudável, lidar com as birras, com a insistente negativa para ir embora do parquinho, com as ininterruptas brigas entre irmãos... Sem contar os boletos, o trânsito, o pai, o chefe. Não é para menos que, às sete da noite, você esteja à beira de um ataque de nervos.

Mas ninguém disse que a maternidade seria um mar de rosas.

Ou disse. Não sei ao certo. Me parece confuso, porque a mensagem subliminar que a minha mãe me passou foi que maternar é árido... Eu estava lá. Assisti por toda a infância, por toda a adolescência, ao sacrifício dela, ora resignado, ora revoltado. O sacrifício dela na maternidade solo, na quase completa ausência de si mesma na própria vida, na exaustão após as muitas jornadas triplas de trabalho como mãe, ceramista e dona de casa, na pressão por nos oferecer um destino melhor, na solidão... Ainda assim, não pude me desvencilhar de uma construção social forte demais para ser abatida por uma realidade cruamente desafiadora e cotidiana. Talvez tenhamos todas sido bombardeadas ao longo da vida com imagens de mulheres plenas ao amamentar as crias em cartazes e propagandas na TV — os seios fartos e lindos, os bebês fazendo o mais amoroso dos contatos visuais...

Tudo isso nos levou a jamais cogitar que maternar poderia ser algo além de amar incondicionalmente.

Tudo isso nos levou a jamais cogitar que maternar poderia ser algo além de amar incondicionalmente. Talvez a gente tenha escutado demais que uma mulher só se realiza de fato depois que se torna mãe. Talvez as mães dos filmes fossem sempre solícitas demais, altruístas demais... E o que nos resta, então, além da culpa por simplesmente não sermos capazes de equilibrar todos os pratinhos, por não entregarmos a perfeição que esperam e que esperamos de nós?

Opondo-se à mãe ideal, do outro lado do muro — mas será mesmo tão longe assim? —, está a mãe reativa, aquela que não se encaixa no imaginário de doçura, paciência e resignação imposto... Esta é a dicotomia materna socialmente imposta: ou você é uma ou é a outra, como se as duas — a reativa e a ideal — jamais pudessem se encontrar na mesma mulher. Pois é, o pontapé inicial de muita dor e frustração ao maternar reside aí, no ideal romântico da mãe que tudo proporciona à criança. Pode não parecer tão lógico assim, mas existe uma linha invisível conectando isso ao fato de você estourar com seu filho às sete da noite... e de se sentir a pior mãe do mundo depois, quando, na verdade, assim como eu e todas as outras, você é só uma mãe imperfeita.

A linha é invisível e também um pouco confusa. Então, entenda, a mãe reativa não pode ser resumida àquela que estoura, grita e dá palmadas. A reatividade materna tem muitas e muitas camadas, afinal. Seríamos injustas e rasas demais se não reconhecêssemos que esse comportamento notoriamente agressivo é só a ponta do iceberg. Olhando por esse viés, sem considerar as inúmeras camadas a serem dissolvidas até que essa mãe acesse a sua verdadeira essência, a mãe mindful — mas não a mãe idealizada —, e taxá-la de reativa sem que ela possa entender toda a engrenagem por trás do seu emocional sem freio é, em última análise, envernizar a crueldade de responsabilizar as mães por tudo, sem jamais lhes oferecer nada além de um dedo apontado. Vale, contudo, ressaltar uma coisa.

> Controlar os impulsos ou lidar com a mágoa é tão importante para a prevenção da violência quanto para o controle da raiva.
>
> *Daniel Goleman*

Então, vamos por partes. Para além da mãe idealizada, quem seria a mãe reativa e quem seria a mãe mindful? Já te adianto que elas são duas faces da mesma moeda. Neste manual, eu me proponho a oferecer um processo baseado em mindfulness para que você possa não somente entender a sua reatividade no nível racional, mas também aprender a gerenciar as emoções antes que elas se tornem mais algumas centenas de explosões com seu filho, por isso é justo que a gente já comece tendo em mente o seguinte: para melhor aproveitar esta leitura, será indispensável colocar as mãos à obra. Ou seriam **mães à obra**? Isso porque, em sua maioria, os capítulos deste livro não são meramente explicativos ou argumentativos.

Além do eixo racional de educar com mindfulness, sempre que concluirmos as reflexões propostas, teremos a oportunidade de praticar mindfulness juntas, já que meditações basilares de atenção plena estarão disponíveis para você, leitora, ao fim da maioria dos capítulos. Isso será importante para que você assimile o efeito mãe mindful muito além do que a mente lógica pode te proporcionar. Você poderá acessá-las facilmente apontando com a câmera do celular para o QR code indicado. Além das práticas formais, isto é, das meditações, você encontrará no início e no fim de cada capítulo, nas seções **Aqui e agora** e **Atenção plena ainda hoje**, sugestões de práticas informais de mindfulness. Pouco a pouco, esses exercícios contribuirão para que você internalize no mais profundo o que a verdadeira presença pode fazer por você, como mulher e como indivíduo, e para a sua maternidade.

Entre um capítulo e outro, pode ser que você se depare com alguns textos que escrevi, soltos, mas nunca sem propósito. Não estranhe. Ao longo das páginas a seguir, você também encontrará relatos pessoais, expressões da minha própria experiência como mãe imperfeita praticante de mindfulness, mas aqui faço um esclarecimento: este livro foi escrito entre abril de 2023 e abril de 2025, mas não em ordem cronológica. Alguns dos capítulos finais foram escritos antes de alguns dos primeiros. Portanto, quando eu compartilhar fatos da minha maternidade, abstraia por completo a suposta ordem temporal em que eles deveriam estar organizados. Além das minhas histórias, há outras, e todas elas ressoam a realidade. São vivências de mulheres que me confidenciaram seus desafios, e entre elas estão amigas, alunas e seguidoras; exatamente por isso preservo a identidade de cada uma, atribuindo às suas histórias nomes fictícios.

Escrever esta obra — e finalizá-la — foi para mim uma jornada profunda de encontro com partes minhas que eu nem imaginava que existiam. Agradeço ao Francesco por ter me feito mãe. E agradeço à Madalena por ter me permitido me reconhecer uma mãe imperfeita e, por isso, humana em toda a beleza e complexidade que há na maternidade. Sem eles, eu não sei se realizaria o meu sonho de me tornar escritora. É porque eles existem.

Quanto a você, de coração, espero que possa se integrar lendo este livro como eu me integrei ao escrevê-lo nos últimos dois anos, com todos os altos e baixos que vivi e que, obviamente, impactaram o resultado deste amontoado de mais de 80 mil palavras que formam um sentido. Eu não apenas escrevi esta obra, eu a vivi. Eu não a digitei em cafés e em retiros, como fazia nos meus sonhos pueris de ser escritora, mas, enquanto eu lidava com os grandes e com os invisíveis desafios inerentes a ter duas crianças pequenas habitando cada pequeno espaço de minha vida. E isso torna cada palavra deste livro ainda mais honesta e, por isso, autêntica.

Existe uma versão dos nossos filhos trinta anos à frente agradecendo a nossa coragem em combater os próprios monstros internos, pois somente assim somos capazes de lhes oferecer uma infância emocionalmente segura. Boa leitura. Boas práticas. Sou grata por você estar aqui.

Existe uma versão dos nossos filhos trinta anos à frente agradecendo a nossa coragem em combater os nossos próprios monstros internos.

PARTE 1

O efeito mãe mindful

1

As fronteiras entre a mãe mindful e a mãe reativa

AQUI E AGORA

Preste atenção na sensação do contato entre a sua pele e a roupa que está usando neste momento.

ESQUEÇA A IMAGEM DA MÃE PLENAMENTE PACIENTE E RESILIENTE se você ainda acredita que ser uma mãe mindful, ou seja, consciente, é o extremo oposto de ser tipicamente reativa, autoritária e estressada. Na maternidade, nada é 8 ou 80.

Você entende que, se praticássemos mindfulness com o objetivo de sermos mães irretocáveis, voltaríamos ao mesmo estágio desumanizador da idealização materna? Não nos interessa remar em direção a essa mãe inalcançável. Ela é, afinal, i-nal-can-çá-vel. Então, antes de continuarmos as linhas deste livro — eu escrevendo e você lendo —, façamos um acordo: não estamos aqui para aprender técnicas e estratégias que nos permitiriam ser encaixadas nos moldes da mãe perfeita ou impecável. Não vamos falar sobre nunca mais estourar. Estamos aqui para aprender a cultivar um estilo de vida que nos possibilite maternar com mais gentileza, seja com nossos filhos, seja com nós mesmas.

"Calma aí, Ana... gentis com nós mesmas?"

Eu sei que para muitas de nós, assombradas pela culpa por explodir com nossas crianças e motivadas pelo sincero desejo de não mais estourar, soa estranho acrescentar nós mesmas à equação da não reatividade que almejamos que seja o padrão do nosso maternar. Por isso, agora te convido a pensar no seu celular. Prometo que vai fazer sentido. Lembre-se do quanto ele trabalha diariamente para manter sua vida nos trilhos, para tirar suas dúvidas, para oferecer algum alívio cômico entre compromissos. Esse aparelho te leva a endereços misteriosos quando necessário, registra em fotos e vídeos tanto os instantes banais quanto os especiais, te conecta com o mundo, serve de lanterna, de despertador e até de companhia em momentos de solidão. Parece até uma mãe... faz tudo, resolve tudo, encaminha tudo.

Porém, o seu celular, apesar de muito dar, pede uma contrapartida. Na verdade, ele precisa dela, senão simplesmente não pode continuar oferecendo tanto... talvez não ofereça nada, sejamos sinceras. É necessário, no mínimo, recarregá-lo na mesma proporção em que ele é usado. Caso contrário, pouco a pouco ele vai exaurir as próprias forças e se desconectar. Sem a bateria carregada, não importa quantos aplicativos, quanta capacidade de memória e quão inovador seja o seu modelo... ele não vai funcionar.

Ao que tudo indica, nós, mães, ainda que sejamos potentes, ainda que tenhamos descoberto, com a chegada da maternidade, que nossos limites e nossa vulnerabilidade podem estar muito além do que imaginávamos, somos parecidas com um smartphone. Podemos oferecer colo, nutrição, proteção, acolhimento, lazer, educação e muito mais, mas vamos nos desconectar se não formos devidamente recarregadas. Vamos nos desconectar dos nossos filhos e, sobretudo, de nós mesmas. Não está no dicionário, mas, em se tratando de maternidade, desconexão é sinônimo de reatividade.

Não está no dicionário, mas, em se tratando de maternidade, desconexão é sinônimo de reatividade.

Dito isso, há uma premissa básica sobre educar: você só dá o que tem. Trocando em miúdos, é possível afirmar que, se você não trata com gentileza, nos seus diálogos mentais e na dinâmica do seu cotidiano, a única pessoa com quem de fato convive 24 horas por dia, sete dias na semana, por que conseguiria ser gentil com seus filhos? Talvez você se esforce para ser, mas nada do que não é genuíno pode durar... É, sim, urgente falarmos mais abertamente sobre essa grande questão que envolve a exaustão emocional de mães, isto é, essa ideia maluca, socialmente aceita e alimentada de que as mães têm todo o amor do mundo a oferecer, mas não necessitam ser recarregadas com afeto — para muitos, mais impensável ainda é considerar esse afeto partindo da própria mãe em direção a si mesma. Afinal, nasce uma mãe, nasce uma culpa, certo?

Será?

Ou será que a culpa advém do vazio de nunca ser boa o suficiente diante da régua social cruel que mede a performance de mães? Espera-se que a mãe cuide extremamente bem dos filhos na mesma medida que se espera que ela se abandone por completo. É como se uma coisa dependesse da outra quando, na verdade, uma coisa se opõe à outra, e dessa fricção nascem muitas fagulhas de reatividade. O que esperar do humor de uma mulher que não raro tem suas necessidades mais básicas, como ir ao banheiro, negligenciadas?

Espera-se que a mãe cuide extremamente bem dos filhos na mesma medida que se espera que ela se abandone por completo.

Sobre a aldeia

Viver a sonhada leveza na maternidade pressupõe dois grandes fatores. O primeiro diz respeito ao outro: ao companheiro ou pai da criança, à sociedade, à escola, aos governos. Todos, afinal, somos — ou deveríamos ser — responsáveis e responsabilizados por apoiar mães para que elas tenham reais condições de educar as próximas gerações com menos violência e mais empatia do que elas mesmas receberam quando meninas. Afinal, todos os personagens que mencionei, ainda que muitas vezes pouco contribuam para o desenvolvimento saudável das nossas crianças e menos ainda para o bem-estar das mães, nos cobram sem dó nem piedade que nossos filhos sejam obedientes e bonzinhos. Quando adultos, exigem que sejam bem-sucedidos, equilibrados e colaborativos para a sociedade.

Nos cobram sem dó nem piedade que nossos filhos sejam obedientes e bonzinhos. Quando adultos, exigem que sejam bem-sucedidos, equilibrados e colaborativos para a sociedade.

Sabe aquele famoso provérbio africano, "É preciso uma aldeia para educar uma criança"? Ele não é tão famoso assim por acaso. A rede de apoio (o conjunto de pessoas dispostas a auxiliar os pais ativamente nos cuidados com a criança) pode ser crucial para a saúde mental de uma mãe, já que a sobrecarga de se ocupar integral ou quase integralmente de todas as necessidades físicas, sociais, emocionais, psicológicas e materiais de outra pessoa pode ser o suficiente para esgotar todos os recursos físicos, sociais, emocionais, psicológicos e materiais de uma mulher.

É indiscutível que o nosso estilo de vida individualista, típico da sociedade moderna — que parece ser ainda mais agravado pela ilusão de que consumir e comprar em alguma medida ameniza o nosso vazio interior —, não oferece conforto e muito menos apoio às mães. Ninguém tem tempo para elas, e todos parecem estar imersos demais em suas próprias questões, quase todas subprodutos desse mesmo estilo de vida ansioso, estressado, adoecedor, como um ciclo sem fim do mal. Nesse cenário, estamos mais sozinhas do que nunca, e a aldeia parece ser um amontoado de dedos apontados e palpites que você não pediu. Mas por que, no mais profundo, isso acontece?

Estamos mais sozinhas do que nunca, e a aldeia parece ser um amontoado de dedos apontados e palpites que você não pediu.

A resposta, creio, se encontra numa palavra reverberada pelo mestre de mindfulness vietnamita Thich Nhat Hanh, nomeado para o Prêmio Nobel da Paz. Ou melhor, a resposta mora no quanto estamos desconectados, a nível coletivo, da essência desse termo. Interser, essa é a palavra que visa tornar evidente o fato de que tudo e todos estamos muito interligados e que esse elo nos torna também interdependentes. Nada existe de forma isolada. As minhas ideias e as minhas mãos, que tornam possível a escrita destas palavras, dependem também de um objeto, o computador, que, por sua vez, só se tornou concreto devido a ideias e mãos de muitas outras pessoas, que, por sua vez, dependem do solo para gerar o alimento que lhes dará energia, e o solo depende do sol, da água, das sementes. Por que cargas-d'água, então, se espera que as mães tenham superpoderes que as capacitem a ser integralmente aquilo de que os filhos precisam? O conceito da aldeia comunga com o de interser. A forma como temos vivido, isolados em nossos próprios delírios individualistas e consumistas, não.

Comece nomeando o que sente

A consequência da ruptura do reconhecimento do interser — para todos, mas principalmente para as mães — é a sensação de não pertencer, a ilusão de separação, o sentimento de estar à própria sorte. E tudo isso deixa muitas de nós se sentindo frequentemente em posição de luta ou fuga, como se a vida e, sobretudo, a experiência com uma maternidade em que muito se doa e pouco se reabastece fosse o tempo todo uma ameaça à própria existência. A reatividade, nesse contexto, emerge como uma tentativa nem sempre consciente de se preservar como indivíduo.

É desses diversos fatores sociais que colaboram para a reatividade materna que trataremos melhor ao longo deste livro, mas esse não é o principal foco. O nosso protagonista no que se refere às fronteiras que podemos estabelecer entre uma maternidade mindful e uma maternidade reativa é a segunda parte, que aborda fatores muito mais subjetivos, a relação que cada uma de nós tem consigo mesma. Essa parte, sim, se dedica a incentivar que nos tratemos com gentileza e bondade, mas sem confundir isso com ausência de autorresponsabilidade.

Carol, por exemplo, aprendeu a se justificar o tempo todo para evitar se encarar com honestidade e, então, traçar rotas para uma mudança em seu comportamento reativo com suas crianças. Se ela gritava quando a filha mais nova lhe dava uma resposta atravessada, a desculpa era que não toleraria desrespeito. Se ameaçava deixar as crianças sem lanche da tarde caso não comessem no almoço o que ela julgava ser o ideal, a desculpa era que tem muita criança passando fome no mundo. Para as suas explosões sempre havia uma justificativa, porque errar, para ela, ainda que inconscientemente, era sinônimo de ter que lidar com uma autocrítica exagerada. E não é nada confortável ser sua a voz que julga, inferioriza, condena, só porque você não pode fugir ou se esconder de si mesma.

Para quem olhasse de maneira superficial, poderia até parecer que Carol era arrogante, que exercia o autoritarismo sobre os filhos de forma confortável e covarde, que a prepotência a impedia de se encontrar com seus erros e se desculpar por eles, mas o que ela carregava dentro de si, na verdade, era o monstro da falta de autocompaixão. Pessoas que foram expostas a críticas ao longo da infância, como Carol foi, tendem a desenvolver esse comportamento depois de adultas, o que revela que quem cria as crianças da Carol é a criança ferida que um dia ela foi e que ainda carrega consigo. E venhamos e convenhamos: as Caróis não são poucas; pelo contrário, há muitas por aí, boa parte delas imersa nesses comportamentos sem ao menos desconfiar da sua complexidade e da dor silenciosa que eles carregam e acarretam à geração seguinte. Os filhos tenderão a perpetuar essa dor caso as Caróis não assumam o trabalho difícil e recompensador de interromper o ciclo da reatividade.

Você conscientemente delegaria a educação de seus filhos a uma criança moldada na dor, isto é, a criança que você foi?

A pergunta que não quer calar é: você conscientemente delegaria a educação de seus filhos a uma criança moldada na dor, isto é, a criança que você foi?

A segunda parte, portanto, também aborda a herança que nos foi dada pelas gerações anteriores de mães, pais e educadores em geral, que edificou o nosso frágil alicerce emocional. Trata-se da falta de base sobre a qual foi erguida a saúde mental de uma geração de mães que, hoje, luta para maternar sem estourar, porque reconhece o quanto suas crianças sem recursos, sem repertório para lidar com as próprias emoções, podem crescer dilaceradas pela constante reatividade da mãe. Essa parte, da qual mais nos ocuparemos neste livro, converge para aquilo que somente nós podemos fazer por nós mesmas: finalmente tomar as rédeas das nossas próprias emoções, reações e respostas a elas. Apesar de ser um processo pessoal, é certo que não precisamos passar por ele (ainda mais) sozinhas, e cada linha deste livro se destina a ser apoio e companhia para você nessa jornada.

Mas já adianto: apesar de estar desenvolvendo constantemente suas habilidades de regulação emocional, a mãe mindful, ou seja, a mãe consciente, pode, por exemplo, sentir raiva de si e do filho, porque a raiva é uma emoção humana — estranho é não senti-la. A mãe se angustia, tem medo, se entristece e às vezes até deseja outra vida, quem sabe a sua vida de antes da maternidade. Tudo isso é plausível e provável quando estamos falando dela, da mãe mindful... Quando nos conduzimos na vida, e na maternidade, dessa forma mais consciente, nos propomos a sentir o que estamos sentindo, sem dourar a pílula, sem almejar prolongar momentos e situações prazerosos. Estou falando de nos propormos a estar abertas, cada vez mais, às coisas como elas são. Assim, na experiência humana (na qual, é bom lembrar, se inclui a maternidade, apesar de tantas vezes tentarem nos convencer de que ela está no plano sobre-humano), todo tipo de emoção, das mais às menos agradáveis, está presente. A mãe mindful, porém, ao contrário da mãe reativa, sabe (e está

Na experiência humana (na qual, é bom lembrar, se inclui a maternidade, apesar de tantas vezes tentarem nos convencer de que ela está no plano sobre-humano), todo tipo de emoção, das mais às menos agradáveis, está presente.

sempre aprendendo a) reconhecer, nomear, acolher e integrar o que sente... Ela é hábil em decodificar as mensagens trazidas pelas próprias emoções, por isso sabe encontrar as raízes das suas dores. Ela entende que as emoções são mensageiras e que, quando desconfortáveis, estão tentando informar sobre necessidades, algumas delas básicas, não atendidas.

Porque, sim, nem sempre — ou quase nunca — o que te leva a estourar com seu filho é a verdadeira causa das suas constantes explosões. E é por isso que reafirmo: neste manual, nos interessa muito mais nos reeducarmos enquanto educamos nossos filhos do que nos empoderarmos de algumas dicas para lidar com o (mau) comportamento deles. Educar, afinal, tem a ver com o que o adulto espelha, e não com o que a criança reflete.

Dê uma olhada neste caso.

Juliana poderia facilmente se considerar mais uma mãe mindful do que uma mãe reativa. Estudiosa, ela buscou se informar sobre as técnicas, os métodos, as abordagens mais atualizadas sobre educação infantil logo nos primeiros meses após o nascimento do filho. Seguidora de algumas páginas que abordam os dilemas dos primeiros anos da maioria das crianças (e mães), ela reconhecia a importância de se informar, mas também de se reformar nesse processo nada linear de conduzir com gentileza um pequeno ser humano. Terapia em dia e práticas de mindfulness diárias eram ferramentas das quais ela não abria mão para encontrar seu centro, para se manter sã na dinâmica de mãe sem rede de apoio que vez ou outra — ou todos os dias — ameaçava engoli-la.

Como maternar sem estourar?

Até que os 2 anos (temidos ou terríveis?) do seu Rafael chegaram. Com eles, chegou também uma nova reação do pequeno diante das frustrações causadas por outro pequeno grande humano, seu primo Antônio. Rafael passou a mordê-lo de maneira muito decidida sempre que um conflito infantil, como a disputa por um caminhãozinho, acontecia. Algumas vezes, é fato, simplesmente o mordia sem que um motivo se apresentasse. Conflitos comuns, reações também comuns em crianças, é verdade, mas, ainda que Juliana soubesse disso, o sangue lhe fervia nas veias toda vez que as mordidas aconteciam, sem contar quando era Antônio o autor das agressões. Ver Rafael e Antônio espalhando os brinquedos que tinham acabado de ser arrumados era um gatilho de reatividade com o qual ela podia lidar... mas as mordidas, ah, as mordidas desencadeavam nela a tensão dos músculos da face, palavras hostis e tom de voz abafado, já que os gritos ela conseguia conter. Depois disso tudo, quando a poeira já tinha baixado e os meninos brincavam e brigavam por qualquer outra coisa no quintal, o que restava em Juliana era a sensação de estar perdida em seu maternar, isso quando não sentia que o fracasso era seu companheiro.

Além de muitas Caróis, é óbvio que encontramos uma Juliana em cada esquina. O que tem de mãe tentando — e conseguindo — maternar (quase sempre) sem estourar não está no gibi. É provável, porém, que muitas dessas necessitem de bons momentos em silêncio, de boas oportunidades para asserenar a mente até que a ficha caia: a intensidade desse gatilho tem a ver com a infância, quando essas mães foram consideradas meninas raivosas e indomáveis por também morderem para expressar aquilo que suas poucas palavras não podiam dizer. Tem a ver com a dor de reconhecer em seus filhos uma faceta sua da qual gostariam de se esquecer... Também tem a ver com desidealizar seus Rafaéis. Assim, faz parte de nos tornarmos mães mindful assumir agora mesmo que, por mais bem-informadas e reformadas que sejamos, estamos suscetíveis a errar, a nos decepcionar, inclusive com nós mesmas. Estamos suscetíveis a não entender a raiz da nossa reatividade em relação a determinado comportamento dos nossos filhos.

Faz parte de sermos mães mindful acolher a mãe reativa, que nunca deixará, por completo, de nos habitar. Não na nossa geração. Não enquanto no mundo houver violência e a criança seguir sendo o lado mais frágil da corda. Faz parte de nos desenvolvermos mães mindful assumir que

> **Faz parte de sermos mães mindful acolher a mãe reativa, que nunca deixará, por completo, de nos habitar.**

a mãe reativa não é má, é só uma mulher que precisa se resgatar e ser resgatada. Faz parte, sim, termos lucidez e inteligência emocional para reconhecer que estourar com os filhos é só a ponta do iceberg.

As fronteiras entre a mãe mindful e a mãe reativa não estão claras. A linha entre segurar a onda e explodir pode ser tênue. O nosso trabalho neste manual é deixar mais claras essas fronteiras nos nossos territórios internos. Como eu disse, o nosso trabalho é subjetivo, é íntimo, é transformador, mas pode ser menos solitário.

Vamos juntas nessa?

MÃES À OBRA O mapa, o território e a uva-passa

Durante minha formação como instrutora de mindfulness pelo MTI (Mindfulness Trainings International), um pressuposto básico da programação neurolinguística me permitiu assimilar profundamente que, mais do que entender, importante mesmo seria praticar mindfulness. A frase "O mapa não é o território" ainda hoje é, para a minha mente dada a elaborações racionais, um convite diário para me lembrar de que estudar bastante, por exemplo, o mapa da Austrália, os relevos, as vegetações, a fauna e as fronteiras que subdividem suas regiões jamais se igualará a ter a experiência de conhecer a Austrália. Sentir os cheiros e aromas, ver e falar com as pessoas, enxergar as cores que se manifestam na natureza, a umidade do ar e os fortes raios de sol que ali incidem, bem como degustar as frutas, os doces e até a água… é nisso que consiste conhecer a Austrália de verdade.

Para tornar a metáfora ainda mais clara, afirmo, sem nenhuma dúvida ou vaidade, que o pão de queijo feito pela minha avó, a Dona Nésia, é o melhor que já comi na vida. E olha que sou mineira, e pães de queijo bons à beça não me faltaram até aqui. É verdade, portanto, que eu poderia te passar a receita da minha avó e até os segredinhos dela para tornar seu pão de queijo tão marcante, mas nada do que eu fale sobre ele poderá ser comparado a comer, experimentar, cheirar, morder o pão de queijo da Dona

Nésia. Caso você tenha devorado livros sobre maternidade ainda grávida, é possível que tenha se deparado com a inenarrável profundidade da experiência quando seu filho nasceu e, então, que esse conceito — o de que o mapa não é o território, bem como o de que receitas de pão de queijo não são pães de queijo — seja já um velho conhecido seu.

O mais importante neste momento é que você compreenda que essa premissa também pode ser aplicada ao mindfulness. De nada adianta ler livros sobre essa prática, assistir a vídeos e documentários a respeito, ouvir histórias e mais histórias sobre os benefícios se o mindfulness não for *experienciado*. Todo esse percurso intelectual e racional pode, sim, aprimorar o seu processo, mas o que te levará a se beneficiar do mindfulness é praticá-lo.

Dito isso, MÃES À OBRA: vamos praticar atenção plena. Falaremos muito sobre ela neste manual e sobre como ela pode ajudar a nos tornarmos mães mais conscientes e menos reativas. Contudo, já que o mapa não é o território, é hora de praticar, e nada mais justo do que começar pelo começo: a meditação da uva-passa, um exercício com o qual normalmente se iniciam os programas de mindfulness.

"Mas vou ter que comer uva-passa? Ah, não dá... É que eu não gosto."

Talvez um pensamento do tipo tenha passeado pela sua mente. Talvez não. Pode ser que você seja uma entusiasta da uva-passa, que torça para, na ceia de Natal, o arroz e a farofa estarem inundados delas. Pouco importa, neste caso, o time em que você joga, pois esta prática nos convida a resgatar aquela atitude de abertura e de investigação que podemos com facilidade reconhecer em nossos filhos pequenos quando, com toda a paciência disponível neste planeta, eles pausam um passeio para testemunhar, com curiosidade, uma fileira de formigas corajosas, com folhas muito maiores do que elas próprias sobre as costas, se encaminhando, passo a passo, para o formigueiro. Quando finalmente (re)acessamos esse olhar de principiante, também compreendemos a dose cavalar de leveza que ele acrescenta às nossas vidas. Além disso, por meio dessa meditação, começamos a ter acesso a uma das atitudes que o mindfulness nos ajuda a desenvolver conforme o praticamos: não julgar. Treinar o seu cérebro, por meio de práticas como essa, a ser mais compassivo e menos julgador não será benéfico somente para sua relação com sua criança. Nada será mais transformado por isso do que a sua relação com você mesma.

Então, providencie uma uva-passa, abra a câmera do seu celular e, escaneando o QR code disponível abaixo, acesse o áudio por meio do qual eu te conduzo na meditação da uva-passa.

Boa prática.

Meditação da uva-passa

Atenção plena ainda hoje

Quando escovar os dentes, ou mesmo quando ajudar o seu filho a escovar os dele, preste atenção às sensações presentes. O barulho da água caindo da torneira ou os ruídos que vêm dos movimentos feitos com ela dentro da boca, também o barulho da escova de dentes e os movimentos dela, além do sabor e do cheiro da pasta.

2

Mãe sabe (?)

AQUI E AGORA

Pause por um momento para perceber se é possível sentir algum cheiro que você não havia percebido ainda.

UMA MULHER DE LONGOS CABELOS RUIVOS, QUE VIVE EM UM BOSQUE isolado numa Irlanda ainda celta. Conhecedora das plantas, amiga dos bichos. Uma bruxa, uma maga, uma sacerdotisa. É com esses elementos que se pintam os quadros sobre o que seria a intuição na maioria das mentes por aí. Algo místico. Algo oculto por natureza. Algo para poucas e até mesmo perigoso.

Outra história sobre a intuição conta que *toda mãe sabe*. Se a sua te disser para levar um casaco, ainda que o calor daquele dia esteja passando dos 30°C, não hesite nem discuta, porque certamente há de esfriar. Se ela levantar bandeira vermelha para um amigo ou amiga que visitou sua casa, esquece. Não há dúvidas de que você está diante de um grande traíra. É o famigerado sexto sentido materno — todo mundo sabe que mãe sabe.

Sim, é provável que, ao longo da vida, você tenha internalizado ambas as mensagens sobre a intuição: que ela pertence a pessoas quase mágicas e que as mães adquirem espontaneamente esse poder.

Até que de repente a mãe é... você. E junto ao seu pacotinho de amor chega um belo pacote de dúvidas, inseguranças e incertezas.

Talvez a esta altura você se sinta presa em um labirinto de informações, palpites, expectativas e frustrações. Com a Marina, pelo menos, foi assim. Ela acreditava piamente que maternar seria orgânico, natural, até visceral, já que o filho havia sido arquitetado divinamente em sua barriga. Como é que outra pessoa ousaria saber mais sobre o que seria o melhor para aquele serzinho tão seu? Na mesma proporção, pairava a questão: como ela poderia ter tantas dúvidas sobre o que aqueles choros sentidos dos primeiros meses, todo dia às cinco da tarde, gostariam de comunicar?

"O bebê está com fome? Não, o seio não o consolou. E a fralda já foi trocada. Diz a avó que é frio."

Ainda que seja fevereiro em um país tropical e que Marina já saiba que os bebês não precisam usar meia 24 horas por dia, o que custa testar, não é mesmo? Não é que ela não tenha uma tremenda dificuldade de ler o seu bebê e as suas necessidades... Marina não desenvolveu a capacidade — ou talvez a tenha perdido — de ler, primeiramente, a si mesma. Para ela, a conta não fechava. Ela sabia, não sabia? Pelo menos achava que deveria saber... deveria saber daquele jeito que nenhuma outra pessoa poderia saber sobre o *seu* filho. Mas ela não sabia... ou sentia que não sabia... Ela sabia? A verdade é que, sim, a intuição (ou sexto sentido materno) é fascinante porque existe. De verdade. Mas isso não significa que gerar uma criança ou adotá-la seja o suficiente para fazê-la florescer. Não se trata de um dom mágico ou de uma habilidade automática que se ativa no instante em que o botão "maternidade" é acionado. Te explico o porquê.

A verdade é que, sim, a intuição (ou sexto sentido materno) é fascinante porque existe. De verdade. Mas isso não significa que gerar uma criança ou adotá-la seja o suficiente para fazê-la florescer. Não se trata de um dom mágico ou de uma habilidade automática que se ativa no instante em que o botão "maternidade" é acionado.

Resgatando a visão das avós

Muito embora a nossa geração de mães tenha à disposição as várias descobertas e metodologias educacionais dos últimos tempos, disponíveis em livros, na internet e em outras mídias, é sempre bom recordar que nossas avós e bisavós, mesmo sem artigos científicos e perfis sobre maternidade no Instagram, já sabiam tudo. Pelo menos parece que sabiam, que se sentiam mais seguras com o seu saber sobre os filhos e a maternidade, do que nós nos sentimos. E olha que algumas — ou muitas — delas, sejamos sinceras, nem sequer eram alfabetizadas. Mais conectadas com a vida que se manifesta no aqui e agora, mais conectadas com o alimento, o ritmo e as necessidades do próprio corpo e com tudo isso em seus próprios filhos pelo fato de poderem, diferentemente da maioria de nós, acompanhar de modo integral o crescer deles sem tantas distrações, é provável que elas estivessem inseridas em um cenário mais favorável à contemplação, ao sentir e ao se entregar às experiências mais simples e também mais significativas da vida. Elas podiam ver e ouvir com os próprios olhos e ouvidos... e não me refiro aos físicos, mas aos intangíveis, sensíveis ao que não é óbvio, dado e vendido. Muito embora vejamos mais além, nós talvez estejamos vendo, tantas vezes, com olhos que não são os nossos. Nos falta enxergar.

A nossa geração, apesar de muito bem-informada, parece ter se perdido em tantos recursos e estímulos, assim como as nossas próprias crianças, das quais sempre reclamamos ou com as quais sempre nos preocupamos devido, por exemplo, ao excesso de telas, à falta de contato com a natureza, de desenvolvimento da criatividade etc. Seria irônica se não fosse tão literal a relação entre os nossos hábitos e os dos

A nossa geração, apesar de muito bem-informada, parece ter se perdido em tantos recursos e estímulos, assim como as nossas próprias crianças, das quais sempre reclamamos ou com as quais sempre nos preocupamos devido, por exemplo, ao excesso de telas, à falta de contato com a natureza, de desenvolvimento da criatividade etc.

nossos filhos. Afinal, todo dia somos bombardeadas por novas teorias sobre educar ou sobre o que quer que seja, enquanto eles são bombardeados por outras coisas. Temos, assim como eles, a ilusão de que absolutamente tudo o que desejamos está a um clique... Tudo é intenso e fugaz, não é?

Como nossos filhos, estamos viciadas nas telas, que têm grande valor, mas na mesma medida e intensidade nos afundam em um abismo de busca por prazer momentâneo, por respostas prontas, fáceis, rápidas e indolores. Temos conhecimento de muitas coisas, o que nos faz acreditar que somos uma geração imensamente superior às anteriores. Perdemos, no entanto, o "saber", aquele que não se encontra na ciência, mas que deriva da nossa sabedoria interna. Enfim, se nos desconectamos do básico, dos nossos próprios corpos e necessidades comunicadas momento a momento por eles, como podemos ser... intuitivas? Marina não sabe, mas é essa a raiz de toda a sua angústia, desse sentimento abafado de estar perdida no papel que, na sua própria opinião, ela nasceu para interpretar, o de mãe.

Neste ponto, vale salientar que a intuição, ou seja, a capacidade de "saber" sem que nada seja dito, de ler e traduzir o outro ou uma situação para além das palavras, o que extrapola a lógica e se sustenta nas bases de uma conexão ímpar, é uma capacidade neurológica humana já investigada pela neurociência. Marina, eu e você somos plenamente capazes de acessá-la e desenvolvê-la. Sim, ouvir a sua intuição e se ancorar na ciência para conduzir sua criança de forma gentil e firme é possível... Eu diria, inclusive, que, para não nos tornarmos reféns do que a especialista em educação, infância e maternidade A ou B ou mesmo do que a metodologia C ou D defende, é essencial que essa conciliação exista, que estejamos suficientemente presentes — para além da presença física — para, com afeto e lucidez, decodificar o que aquela criança específica, naquele contexto específico, com as suas necessidades, os seus cuidadores e o seu histórico específicos, demanda naquele momento específico. Não dá para encontrar essas respostas no Google e no ChatGPT, tampouco depender de um profissional que sempre nos indique o caminho. A resposta está em nós, na pessoa que construímos com a experiência ímpar de educar os nossos filhos, e, é claro, a resposta está neles. Nesse sentido, é a informação associada à intuição a resposta para uma maternidade vivida com mais inteireza, menos ansiedade e reatividade.

Já sabemos que a intuição materna é uma habilidade inata que nós temos e que nos capacita a decifrar, de maneira não muito racional, mas quase instintiva, os anseios, as necessidades e até mesmo os perigos em torno das nossas crias. Mas e a ciência? Como ela explica isso? Estudos na área da neurociência definem a intuição como a relação entre a mente racional e o que é apreendido por meio dos cinco sentidos — tato, visão, paladar, olfato e audição. O cérebro seria, em um processo de insight ou intuição, capaz de processar, inconscientemente, um volume imenso de informações sensoriais, contextuais e emocionais que permitem uma rápida compreensão sobre determinada situação, problema ou pessoa. A esse fenômeno chamamos insight ou intuição.

Talvez você já tenha acessado a muito difundida informação de que o hemisfério direito do cérebro é emocional, enquanto o esquerdo é mais racional. Essa é uma simplificação comum. O que os estudos demonstram é que ambos os hemisférios são importantes para o processamento de informações e emoções. Entre essas estruturas cerebrais, porém, há outra, o corpo caloso, responsável por estabelecer a comunicação entre elas. A ressonância magnética permitiu grandes descobertas aos estudiosos do cérebro humano, e uma delas revelou que as mulheres são propensas a ter mais ligações no corpo caloso, o que, em outras palavras, quer dizer que temos a tendência de ser competentes em cruzar informações racionais com informações sensoriais.

Como nós, mulheres, somos mais incentivadas a adentrar as veredas do nosso cérebro emocional, nos tornamos mais habilidosas em ser intuitivas, em apreender mensagens subliminares e interpretá-las corretamente. E, uma vez que a maternidade nos leva a um dos maiores mergulhos emocionais que vivenciamos ao longo da vida (senão ao maior deles), nos tornamos ainda mais capazes de ter intuição, insights sobre nossos filhos, o que é facilitado também pela conexão emocional única que temos com eles. Com isso, não é nenhuma surpresa — pelo contrário, é natural — que uma mãe seja sensível ao tom de voz, ao olhar, à expressão corporal de seu filho... A ciência já investiga e tem indícios interessantes sobre o que acontece, mas, mesmo que não o fizesse, é fato. E a gente sente.

Mas reforço que, se não estivermos conectadas ao momento presente e ao nosso universo interno, ou seja, a sensações físicas, emoções e pensamentos, dificilmente esse incrível saber florescerá. Nisso a prática constante de mindfulness oferece grande auxílio, já que nos possibilita abaixar consideravelmente o som do ruído mental que assume o controle da maior parte das mentes maternas, o que não só nos permite estar mais conscientes do que pensamos, como nos ajuda a abrir mão de pensamentos que nos fazem mal, por exemplo, os pensamentos ansiosos. Mentes mais serenas e estáveis se ancoram melhor no momento presente e, com isso, são mais propensas a ter intuição. Práticas de atenção plena em que focalizamos a atenção em partes específicas do corpo são, no caso, excelentes exercícios para desenvolver a capacidade de ter bons insights.

MÃES À OBRA O corpo intuitivo

E se fosse possível meditar deitada, desenvolvendo simultaneamente autocompaixão e consciência corporal, além de ter alívio no estresse e na ansiedade? E se de quebra essa meditação pudesse te ajudar a aprimorar a capacidade intuitiva?

Sim. Praticar mindfulness pode te ajudar a se tornar uma mãe mais intuitiva — e, consequentemente, mais segura e menos reativa. Uma das práticas mais importantes dos programas de mindfulness pelo mundo se chama escaneamento corporal — corpo consciente ou varredura corporal. Ela nos conduz à maior conscientização das nossas sensações físicas, sejam elas agradáveis, neutras ou desagradáveis, o que também traz maior clareza sobre as próprias emoções, uma vez que corpo e coração são dois lados de uma mesma moeda, e aquela tensão nos ombros depois de um dia difícil no seu maternar não me deixa mentir. Os estudos que têm comprovado que essa meditação é muito potente para o desenvolvimento do bem-estar físico e mental são relevantes, mas, como "o mapa não é o território", é justo que possamos, mais do que saber disso, experimentá-la. Antes disso, fica a reflexão...

A sociedade supervaloriza a mente em detrimento do corpo, nos conduzindo à ideia equivocada de que se trata de sistemas distintos quando, na verdade, a mente não é o cérebro e não se resume a pensamentos... todo o nosso corpo é a nossa mente, e tudo o que ele sente se relaciona a ela. Quando praticamos o escaneamento corporal de maneira sistemática, concentramos a atenção em partes do corpo, desde o topo da cabeça até as pontas dos pés. Praticando-o com regularidade e consistência, nos capacitamos a escutar as mensagens do corpo que, imersas na correria do dia a dia, entre trabalho, filhos e casa, costumamos ignorar.

A verdade é que, diante de tantos afazeres, muitas de nós encontramos dificuldade para perceber o próprio corpo, a não ser que alguma dor significativa nos tire do prumo. Quantas vezes, por exemplo, você estava apertada para ir ao banheiro e ainda assim parou para arrumar os brinquedos espalhados? Quantas vezes você acordou e dormiu com um aperto no peito, com uma angústia dilacerante e, na emergência de garantir que filhos e casa estivessem a postos, ignorou a si mesma? Isso sem falar no maxilar sempre rígido, na testa franzida o tempo todo, no pescoço frequentemente tenso... Você tem parado para escutar o que o seu corpo diz?

A verdade é que, diante de tantos afazeres, muitas de nós encontramos dificuldade para perceber o próprio corpo, a não ser que alguma dor significativa nos tire do prumo.

Mais sensíveis ao que nos contam o olfato, a visão, o paladar, o tato e a audição, isto é, aos cinco sentidos, passamos pouco a pouco a ser mais sensíveis ao sexto sentido e, com isso, ficamos potencialmente mais intuitivas. A prática de escaneamento corporal é sua aliada nisso, então é provável que você relaxe ao longo dela. E tudo bem. Você provavelmente não só merece como precisa disso. Devo, porém, reforçar que esse não é o seu objetivo principal. Está tudo bem também caso o que você experiencie seja… desconforto. A ideia é que você abra espaço para sentir o que está sentindo. A proposta é tornar-se mais consciente do próprio corpo… dito isso, chegou a hora. Vamos praticar.

Prática do corpo consciente

Atenção plena ainda hoje

Quando abrir ou fechar a porta de casa com a chave, faça isso com total atenção aos seus movimentos e aos sons que acontecem.

3

Intuição não é neurose

AQUI E AGORA

Observe os seus pensamentos por alguns instantes e diga a si mesma: "Estou pensando em..."

DEPOIS DO QUE VIMOS SOBRE A INTUIÇÃO MATERNA, É PRECISO FAZER um alerta: a mente mente. Repita comigo: a mente mente. Isso quer dizer que você não deveria confiar cegamente na sua quando ela invade a sua paz com pensamentos como "E se alguém entrar aqui em casa enquanto dormimos e roubar meu filho?". Sim, eu sei que, às vezes, enquanto sua criança desce curiosa e concentrada um lance de escada, a voz da angústia declara: "E se ela tropeçar, cair da escada, tiver ferimentos graves e não resistir?" Em maior ou menor medida, é comum que as mães, especialmente nos primeiros anos do maternar, sejam vitimadas por pensamentos do tipo. Convido você, então, a dar toda a atenção aos pensamentos intrusivos que se mascaram de intuição, porque eles podem até parecer um alerta mantenedor da sua segurança, mas não o são.

Nos meses que se sucederam ao nascimento de Gu, seu primeiro filho, foi com pensamentos como esses que Soninha conviveu. Um singelo e cotidiano momento de afeto entre mãe e filho era atacado, sem aviso prévio, pelos temidos "E se?": "E se ele regurgitar quando estiver dormindo e se afogar em seu próprio vômito?", "E se o meu leite for fraco e ele estiver com fome? Tadinho...", "E se ele não me amar quando crescer?"...

O que acontece com Soninha, o que tem acontecido frequentemente com muita gente — e parece que, quando estamos falando de mães, elevamos a questão à terceira potência —, é a recorrência de pensamentos intrusivos, quase sempre de teor catastrófico, que, pela intensidade emocional, soam como um prenúncio, um pressentimento, uma intuição. As emoções têm dessas coisas, elas nos levam a experimentar sensações reais a ponto de nos convencer dos absurdos mais improváveis. É comum que os pensamentos invasivos associados a essas emoções se enraízem e levem as suas vítimas a acreditar cada vez mais fielmente em suas histórias muitas vezes mirabolantes, como as criadas involuntariamente por Soninha em seu puerpério. E esse cenário de dores invisíveis mas latentes é agravado pela ideia equivocada de que, em se tratando de maternidade, não se discute o que a mãe sente.

Aqui, é preciso diferenciar **legitimar uma emoção** — porque, de fato, todas merecem e precisam ser reconhecidas, acolhidas e integradas — de assumir que o que sentimos é sempre, invariavelmente, um porta-voz da realidade. Não é. Mesmo quando estamos falando sobre as emoções que emergem da nossa relação com nossos próprios filhos.

A mente mente

Sim, a intuição é natural e inata, mas ela precisa de um solo cultivado com serenidade para florescer. Imersas em ansiedade, porém, é fato que vamos plantar pensamentos, tragédias, e vamos colher insônia, estresse e muita, mas muita reatividade contra nossos filhos, contra as pessoas ao nosso redor e contra nós mesmas. Embora seja um importantíssimo recurso que nos mantém sãs e salvas, que nos prepara para fugir ou lutar diante de uma situação que ameace a nós ou a quem amamos, o estresse, quando recorrente e fruto de pensamentos intrusivos, diminui os nossos recursos cerebrais para a tomada de decisões. Essa limitação se dá porque ele nos ajuda a buscar, em nosso arquivo neurológico, habilidades que já havíamos aplicado com segurança, porque é exatamente a um resultado seguro que vai tentar nos conduzir na tentativa de nos proteger por meio do que é previsível.

Não que o estresse seja contrário à intuição, mas com certeza o estresse tóxico é incompatível com ela. Dito isso, é bom sinalizar que há uma distância continental entre a mãe que, vendo o filho prestes a ser atropelado, tem seu corpo tomado por estresse e age instintivamente para salvá-lo e a mãe que não consegue relaxar quando sua criança sai com os avós, questionando-se a todo momento: "Mas e se ele soltar a mão deles e sair correndo na frente dos carros?"

Além disso, a intuição está intimamente conectada à autoconfiança, que também é uma característica treinável, baseada e ancorada numa mentalidade mais autocompassiva e menos autocrítica. Trata-se de aprender a nos ouvir, em um processo constante de autorreflexão, e trata-se sobretudo de aprender a separar o joio do trigo, ou seja, distinguir as vozes interiores que nos assombram e nos afundam na ansiedade daquela outra voz, a sábia, que verdadeiramente consegue ler situações e contextos.

Se os pensamentos que atacam você te levam a se culpar demasiadamente, se criticar sem piedade e se sentir a pior e mais insegura mãe do mundo, isso não pode ser intuição. Se esses pensamentos te sufocam em um círculo vicioso de medo, desconfie e se lembre: a mente mente. Estar lúcida sobre como esses pensamentos te fazem se sentir é determinante para perceber se eles se revestem de calma e verdade ou de caos e amedrontamento, e é a partir disso que você pode decidir confiar neles ou não.

Você percebe que a pretensa intuição de Soninha era enganadora? O problema é o estrago que ela pode fazer...

Vale destacar que mesmo a intuição está sujeita a erros... Revisá-la e se aprofundar no seu universo interno é o que vai, no dia a dia do seu maternar, te dar mais confiança e perícia no processo. Como, então, nos reconectarmos com a nossa capacidade intuitiva? A intuição é, afinal, uma grande amiga da nossa maternidade, já que, integradas a ela, nos sentimos seguras — e não neuróticas — diante dos processos que vivemos com nossas crianças, dos mais fisiológicos e nem por isso fáceis, por exemplo, o desfralde, aos mais subjetivos e complexos, como os que remetem aos nossos traumas e aos delas. A boa notícia é que existem técnicas capazes de nos ajudar nessa missão, técnicas que podem ser aprendidas e incorporadas pela enorme maioria das mães, e uma delas é o mindfulness. Você já fez a sua prática de escaneamento corporal? Se não, convido você a tomar um tempo para si, pouco mais de dez minutos, retornar ao capítulo anterior e oferecer a si mesma esse momento.

Atenção plena ainda hoje

Quando se sentir emocionalmente agitada, pare por alguns instantes e se pergunte: qual é a qualidade dos meus pensamentos neste momento? Eles são do tipo "e se"? Eu me sinto ansiosa ou intuitiva diante deles? Como o meu corpo reage a isso? Há tensões em partes específicas do meu corpo, como ombro, pescoço, punhos, maxilar?

Leitura de si mesma

Eu me proponho, diariamente, a ler não somente livros, crônicas, ensaios. A leitura que me exige mais habilidades é aquela em que decodifico a mim mesma, às minhas necessidades, gatilhos, desejos e aos porquês por trás de tudo.

À medida que me habilito nessa leitura complexa, às vezes densa, mas sempre gratificante, me torno também uma boa leitora dos meus filhos. Assim, quando compreendo o que os motiva numa reação que me gera desconforto, jogo com eles, e não contra eles; isto é, consigo fugir da predisposição a encaixá-los nas minhas expectativas adultas que anseiam por crianças obedientes e boazinhas... assim como fizeram comigo um dia, quando a menina era eu.

Nem sempre consigo, nem sempre dá certo. Que bom que na maioria das vezes sim. Para além dos resultados, me importa a reflexão de que sou capaz de ver Francesco e Madalena, no mais profundo, como gente, apenas porque sigo obstinada na minha proposta de ver, antes deles ou de qualquer outra pessoa, a mim mesma como gente. Não como heroína. Não como máquina. Não como funcionária do mês. Menos ainda como mãe perfeita. Apenas uma mulher, que por acaso também é mãe, buscando acertar, mas segura de que muito tem a errar.

4

Cérebro-massinha, cérebro-esponja

AQUI E AGORA

Olhe ao seu redor e diga qual é a cor predominante no ambiente em que você se encontra.

VOCÊ NÃO PRECISA SABER, RACIONAL E INTELECTUALMENTE, O QUE é mindfulness para poder praticá-lo e transformar sua vida e maternidade de modo muito positivo. Você inclusive já deu os primeiros passos nessa prática nos capítulos que leu antes deste. Mesmo assim, acredito que o seu processo ficará ainda mais consciente caso reflita sobre suas experiências como mãe através desse exercício, e para isso será importante entender o conceito de atenção plena, de mindfulness.

No entanto, antes de falarmos sobre o que é o mindfulness e como ele pode te ajudar a se tornar uma mãe mais emocionalmente resiliente, intuitiva e menos propensa a explodir, preciso contar o que ele pode fazer com o seu cérebro. Sim, o seu cérebro é uma variável importantíssima da equação que define como você materna, mas Julia não tinha uma noção clara disso.

Julia era a mais afiada das advogadas do famoso escritório de advocacia no qual, orgulhosamente, havia conquistado uma vaga três anos após concluir a graduação em direito. Era requisitada pelos clientes, admirada pelos colegas e reconhecida pelos superiores. Então, no auge da sua carreira, ali por volta dos 35 anos, como tantas outras de sua geração, Julia engravidou. Decidiu, planejou, tentou e fecundou. Recebeu com alegria a notícia da gestação desejada e planejada junto ao companheiro, mas, no processo de edificar um ser humano dentro de si, começou a sentir dificuldades para se reconhecer no exercício em que se sentia mais autêntica, a defesa de seus clientes.

É que as palavras começaram a lhe faltar. Se antes o seu discurso era fluido, macio e sagaz, com palavras estruturadas com genialidade em frases que traziam sentido e coerência à sua argumentação, agora as pausas para pensar — e raramente encontrar em seu arquivo mental o termo buscado — davam a tônica de suas defesas.

Nesse processo, não só a autoestima de Julia como a sua desenvoltura profissional pareciam em jogo. Inconformada, ela foi em busca de uma justificativa para entender — com argumentos lógicos, como era de seu feitio — o porquê daquela nova dinâmica linguística e mental. Foi aí que, desabafando com uma colega de escritório, recebeu o sinal do caminho a ser trilhado para compreendê-la: a neurociência. Sentada diante do computador, ávida por informações mais acuradas, Julia e sua capacidade preservada de ler atenta e rapidamente descobriram, pasmas, que a gravidez não traz somente um turbilhão de mudanças físicas, perceptíveis a olhos nu.

Cientistas têm estudado e comprovado que as intensas mudanças hormonais consequentes desse período alteram de maneira considerável o cérebro de uma mulher, preparando-a para a maternidade. Alguns estudos chegaram a apontar que, nos primeiros meses após o parto, algumas partes do cérebro materno aumentariam de tamanho, o que foi um alívio para Julia, que percebia sua inteligência decrescer naquele momento. Ela encontrou conforto nessa informação não consensual, embora, é verdade, a diminuição do cérebro não necessariamente represente perda de inteligência.

Inquieta, ela buscou entender o motivo de se sentir assim, tão menos inteligente, já que em tese seu cérebro estaria mudando para melhor; pelo menos era para isso que a ciência apontava. Deparou-se com hipóteses que afirmavam que, no processo de mudança durante a gestação, o cérebro materno cria novos caminhos que melhor habilitam essas mulheres a manter o bebê em segurança, por exemplo, o desenvolvimento do apego. Neurocientistas atestaram que áreas cerebrais relacionadas à empatia também se desenvolvem, além dos cinco sentidos, que se tornariam mais aguçados, proporcionando às mães melhores condições para decifrar o que seus bebês, incapazes de comunicar suas necessidades por meio de palavras, poderiam querer dizer com seus diferentes tipos de choros. Teríamos aqui indícios ainda mais fortes sobre como se constrói a intuição materna?

"Estou parindo um novo cérebro também", concluiu Julia. E tinha razão.

Mas a verdade é que ninguém precisa passar por uma revolução física, hormonal, mental, emocional, social e neurológica como a gravidez para dar à luz um novo cérebro. Julia ficou intrigada, por exemplo, diante da informação de que mesmo os pais e as mulheres que têm filhos via adoção podem viver essas transformações caso se envolvam profunda e emocionalmente com os cuidados da prole. Isso porque, ao contrário do que se supunha alguns anos atrás, o cérebro não cessa seu desenvolvimento entre o fim da infância e o início da adolescência.

Posso falar por mim. Por volta dos 12 anos, senti uma necessidade urgente de aprender inglês. Sempre fui apaixonada por letras e idiomas e, àquela altura, falar inglês, para a sonhadora Ana pré-adolescente, representava uma enorme realização pessoal. Só que eu ouvia com frequência que, por volta dos 14 anos, se tornava uma missão quase impossível aprender uma estrutura complexa como uma língua, porque a capacidade do cérebro para esse tipo de aprendizado se tornava cada vez menor. Isso me deixou, na época, ansiosa e sem esperanças...

A verdade, porém, é que só consegui falar e compreender inglês na vida adulta, depois de uma caminhada autodidata em que encontrei os recursos certos, o ambiente certo e a constância justa para finalmente ter bons resultados. Senti que meu cérebro aprendeu e apreendeu o funcionamento da língua inglesa depois dos 30 anos, durante uma estadia de um mês em Londres. Hoje sabemos, ainda bem, que essa ideia obsoleta e desanimadora sobre como o cérebro aprende não tem fundamento. Muito pelo contrário, ela contradiz a neurociência. E nós, mães, podemos nos beneficiar muito desse fato para alcançar — intencionalmente — o efeito mãe mindful para, então, maternar com muito menos reatividade.

A neuroplasticidade e o poder de se autotransformar

O fenômeno que permite que o cérebro seja reconfigurado e aprenda constantemente novas habilidades, sejam elas conquistadas de forma involuntária, como na gestação, ou voluntária, como quando nos empenhamos para aprender uma nova língua, é a **neuroplasticidade**. Basicamente, trata-se da capacidade do cérebro de criar novos caminhos, e essa aptidão para se autotransformar é perene, existe ao longo de todo o percurso da vida humana.

Graças a essa espécie de maleabilidade cerebral, podemos potencializar regiões do cérebro mais sofisticadas e responsáveis pelo raciocínio aprofundado, pela memória e até mesmo pela regulação das nossas emoções. E, enquanto o reconfiguramos, abrandamos a liderança de regiões mais primitivas, voltadas para a sobrevivência e para a manifestação das nossas emoções de forma mais instintiva. É óbvio que essas regiões são muito importantes, mas o desejável é que elas sejam ativadas quando realmente necessárias, e não que sejam elas as condutoras das nossas ações, reações, emoções. Assim, você

Graças a essa espécie de maleabilidade cerebral, podemos potencializar regiões do cérebro mais sofisticadas e responsáveis pelo raciocínio aprofundado, pela memória e até mesmo pela regulação das nossas emoções.

pode imaginar o seu cérebro como uma massinha de modelar suscetível aos estímulos que recebe, uma daquelas com que algumas de nós brincamos com nossos filhos.

Mas vale alertar que, muito embora essa característica seja valiosíssima e nos dê boas condições para nos guiarmos e refazermos as rotas da nossa própria vida — porque, por meio da neuroplasticidade, mudamos hábitos, desenvolvemos habilidades e até lapidamos algumas características das nossas personalidades —, seria banal afirmar que poderíamos por meio dela adquirir superpoderes mentais, por exemplo. Porém, assim como a massinha de modelar, que muda de forma e aprimora suas funções de acordo com o que as nossas intenções e ações empregadas ditam, o cérebro também pode ter certas áreas potencializadas conforme as estimulamos, intencionalmente, por meio de recursos que a neurociência já atesta como eficientes.

O efeito Gabriela

Basicamente, isso significa que, muito embora a **plasticidade cerebral** seja um processo involuntário, natural, que acontece o tempo todo, com todas as pessoas, é comprovado que também é possível, e desejável, utilizar, conscientemente, esse grande trunfo que a natureza nos deu como um caminho seguro e frutífero de autodesenvolvimento — e é por isso que ela é a grande bênção e amiga da mãe reativa que deseja se tornar uma mãe mindful.

Em outras palavras, além de você e eu sermos capazes de aprender inglês na vida adulta, a neuroplasticidade nos dá também a chance de desenvolver outras habilidades menos associadas, no senso comum, ao cérebro, como as que incluem identificar e nomear as nossas emoções, seus gatilhos e as nossas necessidades associadas a elas, regulá-las e responder de forma construtiva a elas, e não de forma reativa quando são desagradáveis. Isso significa que podemos, se empregarmos os recursos certos — e o mindfulness é um deles —, nos tornar mães mais pacientes e gentis, sem que isso chegue perto de nos tornarmos mães permissivas.

Assim, se você, como mãe, costuma atribuir as suas explosões ao efeito Gabriela (Eu nasci assim/ Eu cresci assim/ Eu sou mesmo assim/ Vou ser sempre assim/ Gabriela, sempre Gabriela), coloque agora mesmo esse argumento no chão e assuma a possibilidade real de maternar sob o efeito mãe mindful, isto é, a mãe que sabe como se conduzir e como se gerenciar em um processo de neuroplasticidade parental que culmina em mais calma e bondade consigo mesma e com suas crias, mas também de maior lucidez sobre os seus próprios valores e sobre a maneira de colocá-los em prática em momentos desafiadores da educação respeitosa de crianças.

Por falar nos nossos filhos, é importante dizer que os processos neuroplásticos que se dão na infância, especialmente na primeira infância, são muito potentes. Trata-se, na verdade, de uma potência incomparável e inalcançável em outras fases da vida. E esse é, sem dúvida alguma, mais um convite para que nós, na condição de mães, busquemos nos preparar para estar à altura de conduzir esses cérebros de possiblidades infinitas. Muito daquilo que virá a ser a tendência deles, nas mais diversas áreas que constituem o ser humano, está sob a direção de seus cuidadores principais, afinal. Isso significa que também podemos — e deveríamos — ser conscientes e intencionais quanto ao desenvolvimento das nossas crianças.

Os processos neuroplásticos que se dão na infância, especialmente na primeira infância, são muito potentes. Trata-se, na verdade, de uma potência incomparável e inalcançável em outras fases da vida. E esse é, sem dúvida alguma, mais um convite para que nós, na condição de mães, busquemos nos preparar para estar à altura de conduzir esses cérebros de possiblidades infinitas.

O cérebro superabsorvente da criança

Mas, para que você possa entender melhor o porquê disso, primeiro será necessário entender o que são sinapses. Trata-se do ponto de contato entre neurônios ou entre uma célula nervosa e outra célula. É por meio delas que ocorre, no nosso corpo, a transmissão de uma informação, isto é, a comunicação neural. Elas não estão localizadas somente no cérebro, vale ressaltar. Dito isso, elas são responsáveis, por exemplo, pela projeção da informação que me permite estar digitando neste exato momento.

Quando consideramos as infinitas sinapses que ocorrem entre as células aprendizes dos nossos filhos, vem à tona uma característica interessante do nosso sistema nervoso: a sua tendência à sustentabilidade, a manter para si apenas o que é útil. Em outras palavras, a poda sináptica é o artifício natural do corpo humano de eliminar sinapses que foram excessivamente produzidas nos primeiros anos de vida pelos cérebros-esponja das crianças. Nesse sentido, neurônios usados com frequência prosperam, e neurônios pouco usados morrem, em um processo que se dá de maneira mais acelerada na infância e que tende a decrescer gradualmente até a vida adulta.

Mas como esse cérebro sustentável define o que fica e o que é eliminado? Já se sabe que de início a poda sináptica se dá por influência dos nossos genes, porém, ao longo da primeira infância, ela passa a ser mais embasada pelas experiências que as crianças têm e pela maneira como o seu desenvolvimento é estimulado ou não. Isso significa que sinapses já formadas e utilizadas com recorrência se fortalecem e transmitem informações com mais eficiência, enquanto as não utilizadas vão enfraquecer progressivamente até serem eliminadas na poda sináptica. O que fica latente é que, se nós, pessoas adultas, somos suscetíveis aos nossos cérebros-massinha, para as nossas crianças essa influência é ainda maior, até porque o cérebro delas não apenas é supermoldável, mas também superabsorvente.

Devemos sempre considerar o fato de que o cérebro das crianças está sensivelmente sujeito a ambientes, relacionamentos e modelos de comportamentos variáveis, ou seja, o tipo de ambiente a que expomos nossos filhos (se harmônico ou repleto de acusações), a forma como nos relacionamos com eles (se com respeito, se com autoritarismo, se com ou sem afeto em abundância) e os comportamentos que modelamos para eles (como reagimos quando somos contrariadas ou frustradas, como falamos de nós mesmas e como nos tratamos) estão formatando, pela exposição constante a tudo isso, o cérebro de nossas crianças e, consequentemente, quem elas são e serão. Acontece que nós, humanos, somos animais sociais, e nossos comportamentos são aprendidos, isto é, eles não são predeterminados. É, portanto, muito importante que nós, mães, pais, educadores e cuidadores de crianças, compreendamos isso. Informação é poder, e pode ser uma parte importante do quebra-cabeça que nos ajudará a maternar com menos reatividade, mesmo que até aqui, até este dia, tenhamos conduzido nossos filhos de maneira diferente do que gostaríamos, simplesmente por não conseguirmos lidar com nossa própria reatividade.

Infinitas chances de aprender

Aprender, como já foi dito, não é uma dádiva exclusiva das crianças: é o que nos torna humanos tão complexos e capazes de mudar as rotas das linhas das nossas histórias. Conscientemente ou não, de maneira intencional ou não, vamos aprender até o último dia da vida. Fato é, porém, que, como pessoas adultas, temos algumas oportunidades de aprendizagem em um único dia. As crianças, por sua vez, têm inúmeras, incontáveis, incomparáveis... Tudo é apreendido por seus cérebros, que, mais do que massinhas, são esponjas de absorção infinita. E tudo o que esses jovens e potentes cérebros presenciarem como padrão tenderá a se tornar comportamentos, valores, traços de personalidade.

Conscientemente ou não, de maneira intencional ou não, vamos aprender até o último dia da vida.

Como mães, a dádiva de aprender graças à neuroplasticidade vem ao encontro da nossa autorresponsabilidade: reconhecer a incrível possibilidade de reestruturarmos o nosso cérebro a fim de desenvolver mais inteligência emocional para lidar com os tantos vieses da maternidade, isto é, autodirigir a nossa neuroplasticidade parental é também uma maneira de moldarmos o cérebro imaturo de nossas crianças para que tendam a ser emocionalmente mais equilibradas e para que possam, assim, usufruir da vida com mais leveza e alegria.

Podemos, intencionalmente, desenvolver as nossas habilidades intuitivas, por exemplo, enquanto, também de maneira intencional, domamos a nossa reatividade. Esse é o efeito mãe mindful. No entanto, para que ele se manifeste, é preciso saber como sair do piloto automático.

Atenção plena ainda hoje

Faça carinho em seu filho e perceba os movimentos da sua mão, as sensações físicas que esse contato provoca. Sinta se ele é prazeroso ou não para você e para a criança.

“Não sei, filho. Topa aprender junto?”

Nossos filhos, nossos mestres. Quando li pela primeira vez o título desse livro do professor Jon Kabat-Zinn, um dos maiores de mindfulness que há, meditei sobre a profundidade que essas palavras assumiriam quando chegasse a minha vez. Isso foi bem antes de me tornar mãe, mas muito depois de me apaixonar pelo processo de me reeducar enquanto educo uma criança.

Hoje, com meus dois filhotes me provocando verdadeiras lições de vida sempre que me proponho a pausar para observá-los e, então, aprender, confirmo: meus filhos, meus mestres. O mais velho, por exemplo, me revela a minha ignorância. A curiosidade dele é infinita. Os porquês me evidenciam o quanto me faltam respostas. E me levam a pensar. Me levam a reconhecer humildemente: “Não sei, filho. Topa aprender junto?”

Minhas duas adoradas crianças me relembram também que as emoções precisam ser mensageiras da verdade sempre que, sem autojulgamento, expressam a mim tanto a frustração quanto a alegria que sentem. São fiéis a elas mesmas, aos sinais do corpo, muito mais do que qualquer adulto que eu já tenha conhecido, incluindo monges e mestres espirituais. A mais nova, por sua vez, pequena em altura, mas enorme em presença, é como uma estrela-guia ao me revelar que, para fazer novos amigos, talvez bastem um sorriso e um coração aberto. Ela tem aquela fé perdida há tanto pelos grandes de que viver é bom e seguro, por isso não hesita em se atirar com tudo para o novo, mesmo quando não está perfeitamente preparada para os desafios.

Meus pequenos mestres são ótimos em amar, em perdoar, em se alegrar com as miudezas do momento, em viver no aqui e agora. São muito mais hábeis em tudo isso do que eu. Sigo, então, assim… acessando, nas horas dos dias desde que eles chegaram, toda a grandeza que contêm estas palavras: “nossos filhos, nossos mestres”.

5

No piloto automático: a mãe multitarefa

AQUI E AGORA

Tente deixar em segundo plano os sons mais fortes e perceptíveis, como o das crianças brincando, o do trânsito lá fora, o da TV ligada. Concentre a sua atenção em um som mais fraco e difícil de ser percebido.

LUANA SE SENTOU NO TAPETE EMBORRACHADO NAQUELE INÍCIO DE noite chuvosa após a longa jornada em sua lojinha de bairro, da qual vira e mexe se questionava se gostava. Era hora de enfim exercer a função que, de todas da sua vida, ela dizia aos quatro ventos ser a mais importante: ser mãe. No entanto, curiosamente, pouco era o seu tempo disponível para exercê-la, dentre o muito dedicado à organização do estoque, ao relacionamento com a clientela, às caminhadas de ida ao trabalho e retorno para casa.

De segunda a sexta, sem dourar a pílula, nada mais do que uma ou duas horinhas depois de chegar do trabalho, e as crianças, da escola. Nada mais do que uma ou duas horinhas que precisavam incluir a famigerada pergunta

"Como foi na escola hoje?", ainda que na verdade a resposta não fosse assim tão desejada por ela, considerando o seu costumeiro cansaço mental. Nada mais do que uma ou duas horinhas que deveriam incluir o jantar, a tentativa de convencer os filhos a deixarem o canal de música infantil do YouTube no qual pareciam estar viciados e a sonhada refeição em família. Nada mais do que uma ou duas horinhas que deveriam abarcar a rotina da noite que pretensamente precisaria desacelerar as crianças, mas que, na prática, diferentemente do que sugeriam pediatras e outros especialistas, parecia apenas colocar mais fogo no parquinho. Nada mais do que uma ou duas horinhas para maternar sem estourar e, mais do que isso, idealmente, com qualidade de presença. Nada mais do que uma ou duas horinhas. Bastante insuficientes horinhas.

Luana oscilava. Alguns dias, fingia para si mesma que estava tudo bem e que era uma boa mãe. Não que ela não fosse, mas é que ela buscava simplesmente amortecer a sensação constante de não ser com duas taças de vinho, algumas compras em um site de roupas de origem duvidosa e uma série açucarada de um streaming qualquer até tarde da noite. Em outros, se culpava, se humilhava e estabelecia consigo mesma o mais degradante dos diálogos internos. E todos os dias pareciam apenas um amontoado de insatisfações que se acumulavam e eram proporcionalmente abafadas por algumas doses de distrações que lhe injetavam outras doses de dopamina, o famoso e importante neurotransmissor responsável pela sensação de prazer, de recompensa, liberado quando concluímos tarefas importantes, mas também por drogas, telas, açúcar...

Correndo atrás da dopamina

Luana se encontrava numa rotina não só insatisfatória, mas infeliz, na qual não tinha alegria ou motivação até que um estímulo externo lhe proporcionasse ao menos um pouco disso. E quando se ocupava da mais importante das suas funções, a de ser mãe, Luana só conseguia se conduzir no piloto automático.

Desfrutar de momentos com suas crianças, dos mais simples, como um sorvete na pracinha no domingo, aos mais planejados, como a viagem de férias para uma praia, não era uma realidade. Não de verdade. Ela até que conseguia fingir que sim, com expressões faciais e exclamações automáticas, porém a cabeça nunca estava no aqui... estava sempre no daqui a pouco, no celular, na conta de água prestes a vencer... A sua soberana, afinal, era a mente tagarela que insistia em criticar a ela e às suas crianças. Para Luana, tudo era urgente, um absurdo repetir um comando para os filhos, um sacrilégio aceitar os seus processos de amadurecimento, como a conturbada adaptação escolar da mais nova, que lhe exigia mais colo e mais olho no olho naquela fase.

No seu cotidiano, quando se propunha a fazer com presença algo de que gostava, como cozinhar os pratos que havia aprendido com sua avó portuguesa, era interrompida por mil e uma outras demandas e, dominada pelo seu senso de urgência, se esforçava para abraçar todas ao mesmo tempo. Não raro, enquanto separava os ingredientes para a bacalhoada, estava também procurando o brinquedo perdido pelo qual o filho suplicava naquele instante, respondendo ao comentário de uma potencial cliente nas redes sociais e abrindo um vinho que viria a ser bebido pela metade.

Parte de Luana se sentia bastante orgulhosa de si mesma diante do fato de que ela conseguia, ainda que aos trancos e barrancos, resolver tudo, concluir tudo. A outra parte, porém, se preocupava com sua mente multitarefa, com o quanto essa condição a deixava, dia após dia, mais e mais estressada. Da bacalhoada, quase nunca sentia o gosto. Às vezes uma das crianças sinalizava que tinha ficado meio salgada, o que deixava Luana bem frustrada, mas, de tão desconectada, ela nem percebia. Descontava, então. Diante de qualquer estímulo que minimamente ativasse sua ansiedade, nos filhos descontava, aos berros. As várias janelas abertas em seu processador mental faziam, todo dia um pouco mais, que ela tivesse sua energia, seu brilho, sua beleza drenados.

Luana, porém, se consolava ao assumir a ideia de que era um dom ser uma mulher multitarefa, capaz de equilibrar todos os pratinhos ao mesmo tempo, quando, na verdade, vivia sobrecarregada e incapaz de se conectar com o que se propunha a fazer, simplesmente porque a neurociência afirma que a atenção de qualquer pessoa é dada a uma tarefa por vez. Para Luana, não havia tempo livre sem culpa, muito embora ela tivesse passado, na juventude, alguns meses na Itália aprendendo tudo sobre o *dolce far niente* (o doce fazer nada) e sentindo na pele os benefícios. A reatividade com os filhos, que de repente saltava de dentro dela como uma besta indomada, era desconfortável, mas não o suficiente para fazê-la se lembrar de que uma Luana mais centrada, mais feliz e mais em paz já havia habitado aquele corpo.

Sorte da Luana, que se sentia uma equilibrista desastrada, dessas que tentam manter oito pratinhos girando e acaba com todos eles espatifados pelo chão, que uma amiga gentil e serena, em um almoço de domingo, lhe deu um ultimato: "Ou você treina a sua mente para fazer uma coisa de cada vez, ou vai acabar doente, cronicamente estressada, infeliz, desconectada de tudo e todos. Como dizem os orientais, quando ouvir, apenas ouça. Quando falar, apenas fale. É simples. Deixe esse celular e todas essas preocupações fora desta mesa, por favor." Para a sorte da Luana, que vivia no piloto automático sem saber, essa mesma amiga atenta e atenciosa percebeu que algo nada saudável estava acontecendo ali. Foi dela o convite, naquele fim de semana em que as crianças estavam com o pai, para Luana se matricular em um programa de mindfulness.

Atenção plena ainda hoje

Vista a sua roupa — ou ajude o seu filho a vestir a dele — com total atenção a essa atividade. Fique atenta aos sutis sons que são emitidos nesse ato, aos movimentos das mãos, ao grande número de músculos envolvidos em concluir uma tarefa tão cotidiana. Você também pode prestar atenção às sensações provocadas pelo contato da sua mão com a roupa ou com a pele.

O privilégio de viver o simples

Diferentemente daqueles privilégios hipervalorizados por aí, este não está reservado para uma classe socioeconômica específica. Não é exclusivo dos que têm o mais caro, o mais tecnológico ou o mais exclusivo dos objetos. Eu me refiro ao imensurável privilégio de presenciar a sua pessoa preferida tendo a mais doce e singela atitude enquanto se relaciona com a vida. Ao encanto de uma criança.

O privilégio de saber pausar para presenciar um filho conhecer o mundo nas suas minúcias e trivialidades não pode ser pago pela fortuna dos dez mais ricos do mundo, e seu valor imaterial somente é reconhecido pelas almas sensíveis.

Em um mundo apressado, em que performar é mais importante do que experienciar, é um superpoder saber pausar para apreciar um filho que descobre o que para nós é banal há muito. É um superpoder líquido, que escorre pelas mãos, porque o sustentamos por menos tempo do que nos bastaria. Não é básica, afinal, a habilidade de se encantar com a simplicidade de uma criança que vive somente o aqui e o agora quando essa aptidão foi roubada de nós há tempo demais.

Os compromissos do dia, a agenda lotada, os ponteiros do relógio nos impedem. As luzes artificiais, os vídeos curtos, a informação excessiva e volátil nos roubam a preciosidade do privilégio de testemunhar a criança que amamos vendo o mundo de forma inédita.

Que possamos resistir. Aprender a silenciar para reaprender a escutar. A escutar e a ver um filho que, em sua inocência, se reconhece no mundo e reconhece o mundo.

6

Mind... o quê?

AQUI E AGORA

Perceba no que você está pensando agora e, conscientemente, deixe esse pensamento passar como uma nuvem passa no céu. Leve a sua atenção aos movimentos do seu abdome enquanto você respira como meio de se desapegar do pensamento, mas sem julgá-lo, sem julgar a si mesma nem criar aversão a ele.

SIM, EU SEI QUE A PALAVRA "MINDFULNESS" É MEIO METIDA E ATÉ difícil de pronunciar, que ela por si só gera afastamento e a impressão de que "isso não é para mim". Mas, olha, eu te prometo que a essência é, em muito, diferente de tudo isso. Mindfulness tem a ver sobretudo com simplicidade e com simplificar, o que é ótimo para pessoas que tendem a se sentir sobrecarregadas,

A ideia equivocada de que as mulheres, e mais ainda as mães, são capazes de realizar com excelência mais de uma tarefa por vez, em certo nível, abre caminho para que sejamos sobrecarregadas por quem está ao nosso redor.

como tantas mães costumam se sentir. Como você deve se sentir, em alguma medida. Como Luana se sentia. Uma das questões que a angustiavam, inclusive, era socialmente — e erroneamente — vendida como uma tremenda qualidade. A ideia equivocada de que as mulheres, e mais ainda as mães, são capazes de realizar com excelência mais de uma tarefa por vez, em certo nível, abre caminho para que sejamos sobrecarregadas por quem está ao nosso redor. Nesse processo, com frequência somos massacradas por uma condição, a de nos moldarmos como pessoas multitarefa, o que em nada nos engrandece, mas contribui significativamente para o nosso adoecimento.

Quando aprendemos a nos conduzir na maternidade por meio do mindfulness, os nossos problemas não desaparecem. As pessoas ao nosso redor, a sociedade como um todo, tampouco aprendem a nos tratar de maneira mais digna. Não é algo que acontece fora de nós. Pode parecer loucura quando consideramos tudo o que é de responsabilidade de uma mãe na engrenagem de um lar, mas, quando nos tornamos, nesse aprendizado diário, monotarefa, isto é, quando aprendemos a realizar, intencional e conscientemente, uma tarefa por vez, isso nos habilita a ter mais lucidez para definir prioridades e deixar ir aquilo que não nos compete ou que não precisa de fato ser realizado. Sem culpa. A reatividade materna é dissolvida nesse processo, já que, nesse contexto, nos submetemos a uma reeducação das nossas próprias mentes. E é exatamente essa a espinha dorsal deste livro.

> Mindfulness é a simplicidade em si mesma. Trata-se de parar e estar presente. Isso é tudo.
>
> *Jon Kabat-Zinn*

Mindfulness parece ser, ainda, um termo muito moderno, contudo a sabedoria que carrega é milenar e tem relação com o budismo (na língua pali, a palavra é *sati*), muito embora o que conheçamos hoje como mindfulness tenha mais conexão com os programas laicos realizados por incontáveis pessoas mundo afora, sem nenhum vínculo ou rejeição a nenhuma prática religiosa. Isso significa que, para praticar mindfulness, não importa qual é a sua fé, tampouco se você não tem uma. E é essa a abordagem que adotamos neste livro: qualquer mãe, de qualquer credo, pode se beneficiar do efeito mãe mindful, que se acessa praticando mindfulness de maneira disciplinada e consistente.

Dito isso, o mindfulness como conhecemos hoje e como o abordaremos neste manual é embasado em estudos científicos, sobretudo naqueles que se concentram na área da neurociência. Jon Kabat-Zinn é um nome importante na divulgação e na oportunização que nós, ocidentais, temos e tivemos de acessar essa técnica que proporciona a diminuição do estresse e da ansiedade e o desenvolvimento de um estado mais permanente de bem-estar e contentamento.

Esse médico e professor emérito da Universidade de Massachusetts foi o responsável por migrar as práticas de atenção plena (tradução de "mindfulness" mais conhecida no Brasil) dos super-restritos retiros budistas de meditação para as universidades norte-americanas na década de 1970. Kabat-Zinn, é importante salientar, não recortou e colou numa abordagem laica o que ele mesmo vivenciava em suas práticas pessoais como budista praticante. Ele teve a sensibilidade e a inteligência de traduzir e de adaptar essas práticas em um processo de oito semanas, formatando-o em linguagem coerente com o que poderia ser assimilado por pessoas comuns, totalmente à parte da bolha dos praticantes assíduos de meditação. E isso foi feito por meio da adaptação de práticas meditativas milenares, que se tornaram mais simples e acessíveis de serem praticadas. Um exemplo disso é o fato de que, nos programas de mindfulness, há cadeiras disponíveis para aqueles que não se sentem aptos a praticar sentados no chão, nas tradicionais posições meditativas, que muitas vezes exigem da coluna dos praticantes. Muitas dessas meditações e técnicas de treinamento da atenção e da consciência estão disponíveis para você neste manual.

Sim, muito se tem falado de mindfulness — que bom, mas ainda há muito o que ser dito. A prática, que pode evoluir para estilo de vida, é recomendada por médicos das mais variadas especialidades e faz parte da rotina de várias escolas, empresas, hospitais e presídios ao redor do mundo. A proposta deste livro é que ela também entre pela porta da frente das casas de incontáveis famílias, por meio de nós, mães, e do nosso (auto)cuidado estratégico, o que nos possibilitará cuidar dos nossos filhos com muito menos estresse e reatividade. A falta de cuidado com as mães e a nossa falta de autocuidado podem ser, afinal, compreendidas como componentes do centro da (des)organização de toda a nossa sociedade. Afinal, as mães têm carregado o mundo nas costas.

A falta de cuidado com as mães e a nossa falta de autocuidado podem ser, afinal, compreendidas como componentes do centro da (des)organização de toda a nossa sociedade. Afinal, as mães têm carregado o mundo nas costas.

Viver momento a momento

Para entendermos melhor o que é o mindfulness sem nos limitarmos a conceituá-lo como uma técnica ou uma prática que ajuda a nos mantermos mais pacientes na montanha-russa que é a maternidade, sinto ser importante trazer a definição da Mindful Schools, relevante instituição que divulgou e instituiu as práticas de atenção plena em escolas dos Estados Unidos. A Mindful Schools esclarece que o mindfulness pode ser compreendido como a habilidade de manter uma percepção, momento a momento, dos nossos pensamentos, emoções, sensações corporais e ambiente circundante com abertura e curiosidade.

O mindfulness pode ser compreendido como a habilidade de manter uma percepção, momento a momento, dos nossos pensamentos, emoções, sensações corporais e ambiente circundante com abertura e curiosidade.

Sim, trata-se de aprender a estar consciente sobre o que acontece enquanto treinamos a habilidade de nos julgarmos menos e de julgarmos menos as pessoas e os eventos, inclusive os nossos filhos e suas birras. Difícil? Certamente. Mas a boa notícia é que podemos treinar o nosso cérebro para assumir esse tipo de atitude diante da vida. Que bênção é termos um cérebro-massinha, não é? Que bênção é, como diz o professor Jon Kabat-Zinn, aprender a surfar, em vez de tentar parar as ondas.

Além disso, a Mindful Schools esclarece que a atenção plena é um estado, uma característica e uma prática. Assim, o mindfulness pode ser encarado como um "estado", porque, quando temos um momento de atenção plena, em que estamos conectadas ao momento presente sem julgamentos, esse é um estado mental do qual usufruímos. Além disso, é possível ter uma experiência sustentada, que poderia ser comparada a um hábito. Trata-se de uma tendência forte a ser consciente, de uma característica... e o convite deste livro é para que possamos mergulhar fundo no estado mindful e, então, nos tornemos mães mindful; para que ser mindful vire uma característica do nosso maternar, e não uma experiência esporádica de bem-estar. É possível colher de modo mais perene o fruto da aceitação, da generosidade, da confiança e da paciência em nossas maternidades. É possível, porque temos a plasticidade cerebral a nosso favor, nos tornarmos mães mais gentis, confiantes e pacientes.

Vale dizer ainda que o termo "mindfulness", segundo a Mindful Schools, pode se referir a uma prática mais intencional de atenção plena usando diferentes formatos, posturas e atividades, como meditação sentada consciente, caminhada consciente e alimentação consciente, e esse é exatamente o pontapé inicial para toda e qualquer mãe que deseje deixar de ser reativa. O estado que confere bem-estar e as qualidades pessoais relacionadas a ele vêm depois, é evidente. É quando nos envolvemos, dia após dia, com essas práticas que passamos a usufruir do estado mindful e, no nosso processo natural de amadurecimento, da característica duradoura, do "ser mindful".

Importante dizer que cultivar esse estado de atenção plena é, em última análise, cultivar um estado de apreciação. Tem a ver, ainda, com a capacidade de aprender, a cada nova oportunidade, inclusive as mais básicas delas, a contentar-se, o que não significa se alienar ou aceitar situações injustas, por exemplo. Aquele que não é capaz de encontrar algum contentamento no que tem, no que recebe ou no que é agora dificilmente o será em outras circunstâncias.

Você percebe que não estou te prometendo uma vida mais fácil, uma maternidade menos estressante, tampouco filhos mais obedientes? Mas, conforme você edifique a sua mentalidade de mãe mindful, é muito provável que as lentes com que enxerga a vida ganhem tons mais coloridos, que você aprenda a lidar com o estresse da maternidade ou simplesmente não seja mais afetada por situações que antes te deixavam à beira de um ataque de nervos, e também é provável que a comunicação e a relação com suas crianças melhorem bastante — o efeito mãe mindful está ligado ao que fatalmente mudará do lado de fora quando você começar a olhar para dentro com atenção plena e autocompaixão.

Já que estamos desdobrando, em poucas linhas, o que é mindfulness (prometo que ficará mais claro conforme você avançar na leitura e, mais ainda, conforme realizar as práticas sugeridas), me parece oportuno esclarecer o que não é mindfulness, já que os mitos a seu respeito são muitos. Em primeiro lugar, vale dizer que mindfulness não é sinônimo de meditação, muito embora as práticas formais de mindfulness sejam, sim, práticas meditativas.

Quando praticamos mindfulness com regularidade, porém, nos deparamos com as práticas informais, que, basicamente, podem ser compreendidas como o exercício da atenção plena em situações corriqueiras do cotidiano. Nesse sentido, podemos nos propor, por exemplo, a sentar para um momento de conexão e brincadeira com nossas crianças sem intervenção alguma de eletrônicos, treinando a mente a se manter naquela situação, ainda que ela insista em dar as suas escapulidas.

Eu sei que você já deve ter vivido uma situação como essa e se frustrado por perceber que os pensamentos, as preocupações eram mais fortes do que a ideia e o desejo de ter um tempo de verdadeira qualidade com sua criança.

No entanto, quando trazemos o mindfulness para esse momento, nos propomos também a não nos julgar, o que envolve reconhecer o diálogo interno degradante que busca nos convencer de que somos péssimas mães, sem rechaçá-lo, mas também sem nutri-lo.

O mindfulness não vai relaxar você

No início e no fim de cada um dos capítulos deste manual, sugiro que você realize pausas conscientes para praticar mindfulness de maneira informal, recorrendo à própria vida em andamento a fim de educar sua mente para ser mais atenta, gentil, aberta. Dito isso, ao longo de toda a nossa jornada juntas, teremos a oportunidade de compreender esses conceitos e reflexões por meio das nossas próprias experiências, que serão mais legítimas, potentes e didáticas do que quaisquer palavras... Afinal, é sempre bom reiterar: o mapa não é o território.

Agora preciso me aprofundar em algo sobre mindfulness que já mencionei e que deve ter te surpreendido. O mindfulness não se compromete a nos relaxar; não se trata de uma ferramenta para aliviar, momentaneamente, os sintomas do nosso estresse.

"O quê? Como assim, Ana?"

Eu sei que, talvez nem tão conscientemente assim, foi em busca disso que você chegou a esta altura do livro. Mas explico e justifico: o mindfulness tem o propósito de abrir as portas para que possamos sentir o que estamos sentindo, ainda que esse sentir venha a nos revelar algo desagradável, disfarçado, como vimos no caso de Luana, por distratores que nos impedem de enxergar as verdadeiras raízes da nossa constante insatisfação. Não se trata de um calmante, mas de um percurso que nos ensina a sustentar uma postura de

> **O mindfulness tem o propósito de abrir as portas para que possamos sentir o que estamos sentindo, ainda que esse sentir venha a nos revelar algo desagradável.**

mais tranquilidade, aceitação, paciência e sabedoria diante das dificuldades e dores que a vida não se cansa de nos apresentar. É só quando peregrinamos por essa estrada que podemos aprender a oferecer a nós mesmas, de maneira natural e mais constante, o relaxamento de que precisamos para nos relacionarmos de forma menos reativa não só com nossos filhos, mas também conosco, com as demais pessoas e com a vida. É um caminho, e não uma parada.

Apesar disso, você perceberá que frequentemente se sentirá mais relaxada, serena e disposta durante e após praticar mindfulness. Apenas preciso te alertar de que não há nada de errado com a sua prática caso você se perceba ansiosa e estressada ao realizá-la… acessar esse desconforto pode ser o primeiro passo para acolhê-lo e, só assim, libertá-lo.

Outro ponto interessante quando o assunto é o que muitos pensam ser o mindfulness: não estamos nos referindo a uma atividade mística, destinada a homens e mulheres que há muito se dedicam à autotransformação por meio da meditação e de práticas religiosas. Ou pelo menos não estamos nos referindo a uma prática destinada somente a essas pessoas. O mindfulness, nesse sentido, é bem democrático, não exige experiência prévia com meditação, tampouco acessórios que o viabilizem. Você não precisa correr para um desses sites de entrega rápida para começar a praticá-lo hoje mesmo, caso ainda não tenha iniciado. Bastam seu corpo, sua intenção. Você não precisa se isolar no Himalaia ou mesmo em um sítio no interior de Minas Gerais, e também não precisa do tempo e da disponibilidade para si mesma que havia antes desse furacão chamado maternidade se instalar na sua vida, para começar e manter a sua trajetória com o mindfulness. Bastam seu corpo e (pouco) tempo diário. Bastam forte intenção e leve disciplina, como muitos dos professores de mindfulness que conheci nos últimos anos defendem.

Em suma, a prática de mindfulness é o que vai te proporcionar se tornar uma mãe mindful, viver o efeito mãe mindful. E isso tudo acontece graças a nossa velha amiga neuroplasticidade. Eu costumo dizer, inclusive, que o mindfulness e a neuroplasticidade dão um *match* perfeito — e sei que inúmeros neurocientistas concordam comigo. Mas antes de nos aprofundarmos nisso…

MÃES À OBRA O corpo que se move

Talvez você tivesse, no seu imaginário, a ideia de que praticar meditação pressupõe estar sentada em postura de lótus, pensando em absolutamente nada e gozando de uma paz nunca antes sentida. Experienciando o que é proposto neste manual, você já praticou mindfulness comendo uma uva-passa, deitada e fazendo breves pausas em variados momentos de dias comuns, em meio à rotina e até ao corre-corre que eu não me surpreenderia se você me dissesse que é a sua vida. É provável também que tenha se dado conta de que a sua mente falastrona e julgadora não se silenciou durantes essas práticas.

As roupas que há dois dias estão na máquina de lavar. A rematrícula do seu filho na escola. O arrependimento por ter perdido a paciência com ele alguns instantes atrás. A sensação de ser uma péssima mãe por isso. O calor. Aqueles três quilos que você não perde por nada. A sensação de não ser boa o bastante por isso. A sirene de ambulância lá fora. O cara que fechou você no trânsito hoje de manhã. A seletividade alimentar do seu filho. A receita de bolinho saudável em forma de dinossauro. A certeza de que será mais uma tentativa fracassada. "Será que tá acabando?" Pensamentos, memórias, imagens, (auto)julgamentos possivelmente atravessaram as suas experiências com o mindfulness até aqui. Talvez isso tenha te frustrado. É bastante provável, inclusive, que você tenha pensado que há algo de errado, que o mindfulness, de fato, não é para você.

> **Perceber a mente agitada, sobretudo logo que começamos a praticar mindfulness, não é só comum: é esperado.**

Mas a verdade é que perceber a mente agitada, sobretudo logo que começamos a praticar mindfulness, não é só comum: é esperado. E não, não foi a prática de mindfulness quem a agitou. Ela já era viciada em pensar, mas não percebíamos porque estávamos o tempo todo no piloto automático. O que a prática fez foi colocar um holofote e uma lupa, ao mesmo tempo, sobre esse fato. Dito isso, sinto informar, mas dificilmente uma mente agitada pensa na paz mundial. Você já deve ter se dado conta disso.

Meditação não é fuga.
É um encontro sereno com a realidade.

Thich Nhat Hanh

Temos agora a oportunidade de reconhecer o quanto as nossas mentes são exaustivamente ativas, bem como de começar a perceber os seus padrões de pensamento. É uma bênção a oportunidade de estar consciente do que acontece, seja lá o que for. É isso, afinal, que nos dá a possibilidade de cuidar das nossas questões na raiz, sem recorrer a soluções tão fáceis quanto superficiais e... ineficientes a médio e longo prazo. É também provável que você já tenha alinhavado os pontos que conectam a reatividade com suas crianças a sua mente nada tranquila, muito embora, obviamente, entre uma coisa e outra estejam também a sua exaustão, a falta de apoio, a sobrecarga. Eu seria uma baita hipócrita se não reconhecesse que sanar exaustão, falta de apoio e sobrecarga é importante. Eu mesma busco essas alternativas diariamente em meu maternar. Contudo, quando associamos cultivar uma mente mais serena a viver uma maternidade menos reativa, estamos, em última análise, aprendendo a ter uma mente mais estratégica e livre, hábil em lidar com as inevitáveis problemáticas do cotidiano com crianças.

Mencionei antes que uma das chaves para cultivar uma mente menos agitada é aprender a focar a atenção no corpo, o que é facilitado pela prática denominada *mindful walking* ou caminhada consciente. Gosto dela no contexto da maternidade, especialmente porque é fácil envolver nossas crianças, que também podem usufruir dos benefícios, como maior consciência do momento presente, menos ansiedade, melhor humor, mais foco, conexão com a natureza, paciência.

Para caminhar com consciência, é interessante assumir a proposta de que não é o destino o mais importante, mas o caminhar em si e as muitas sensações e experiências que, a cada novo instante, ele oportuniza. Estar atenta aos próprios movimentos, aos cheiros, cores, luzes e sons do ambiente, faz parte dessa prática. Também gosto de me perguntar e de perguntar ao meu filho numa caminhada consciente: o que sempre esteve aqui, mas ainda não havíamos percebido? A raiz protuberante de uma árvore, o portão colorido de uma casa... é sempre bela e surpreendente a simplicidade que emerge das respostas. Essa simplicidade me convence ainda mais de que tudo o que precisamos está mesmo aqui, o que me proporciona paz.

Uma vez, li em algum lugar que a verdadeira meditação é a vida, o que sintoniza intensamente com essa prática, considerando que ela pode acontecer em uma ida despretensiosa à padaria ou no caminho para a escola, mesmo que a caminhada em si percorra o curto espaço entre o carro estacionado e o portão por onde seu filho entra. Nesse caso, poderia ser uma ideia estacionar o veículo uma ou duas quadras antes da portaria a fim de ampliar esse momento com sua criança, promovendo, assim, uma oportunidade real de pausar o piloto automático e desenvolver conexão. Trata-se de uma prática informal de mindfulness, e eu sugiro com veemência que você recorra às caminhadas conscientes para implementar em sua família aquilo que, nas minhas redes sociais, gosto de chamar de "mais céu, menos cel".

Há, porém, outra prática de mindfulness, formal, na qual a proposta é caminhar com presença, geralmente denominada *slow walking* ou caminhada lenta, consciente. Para realizar essa meditação agora mesmo, acesse o seu áudio por meio do QR code a seguir. Antes de iniciá-la, porém, fica a sugestão: para realizá-la, você precisará de um espaço pequeno, com mais ou menos dois metros de extensão. Durante a prática, você pode ir e voltar várias vezes — não há lugar nenhum para chegar, afinal.

Prática de caminhada consciente

Atenção plena ainda hoje

Quando sair de casa com sua criança para levá-la à escola, juntas, percebam o trajeto, o que vocês veem mas geralmente não prestam atenção, bem como sons e cheiros que em um dia comum, no piloto automático, passam despercebidos. De preferência, façam parte do trajeto a pé.

7

O *match* perfeito

AQUI E AGORA

Observe e sinta o chão onde você pisa... suas cores, texturas, formas, temperatura.

POR QUE O MOVIMENTO MUNDIAL ENVOLVENDO A PRÁTICA DE MINDfulness vem sendo chamado de Mindful Revolution, Revolução da Atenção Plena? Por que eu me propus a falar sobre ele neste livro, buscando abrir para você uma porta que te permita caminhar ao encontro do efeito mãe mindful? Garanto que não se trata de um mero modismo.

Em primeiro lugar, é importante que eu seja radicalmente sincera com você. Preciso dizer que o mindfulness, em si, não promove melhoria alguma. É a sua prática — sustentada pela leve disciplina e pela forte intenção — que pode oferecer os benefícios atestados por inúmeros estudos científicos e, é óbvio, pelos relatos das experiências dos praticantes. E isso se deve ao *match* dos *matches*, que é o encontro frutífero entre praticar mindfulness e direcionar a plasticidade do cérebro para que ele progressivamente se torne menos reativo e mais paciente, compassivo, consciente.

Na obra *Planting Seeds: Practicing Mindfulness with Children* [em tradução livre, Plantando sementes: Praticando atenção plena com crianças], os autores, entre eles Thich Nhat Hanh, apontam os benefícios percebidos por professores que sustentam em sua rotina uma prática regular de mindfulness, dentre os quais se destacam o fato de eles serem mais capazes de focar e de se concentrar, de terem consciência de si mesmos e de estarem sintonizados com seus alunos, de experienciarem o aumento da calma, de serem responsivos — e não reativos — às necessidades dos estudantes, de perceberem o declínio do estresse e da ansiedade, de manterem o equilíbrio emocional, de conseguirem aprimorar o controle da impulsividade, de nutrirem uma comunidade de aprendizado na qual os estudantes florescem acadêmica, emocional e socialmente, de aumentarem a autoconsciência, de prosperarem no nível pessoal e profissional. Na condição de mãe, você gostaria também de incorporar todos esses benefícios e usufruir deles?

Creio fortemente que sim... mas e se eu te disser que as crianças mindful educadas por esses mesmos professores não poderiam demonstrar tendências contrárias às dos seus educadores, que isso seria incoerente com tudo o que a neurociência descobriu sobre a interferência dos adultos de referência na edificação de uma criança? Crianças educadas por educadores mindful a quem são apresentadas as ferramentas de cultivo da presença utilizadas por seus cuidadores passam a desenvolver melhores habilidades para responder a emoções difíceis; elas sabem como gerenciar e reduzir o estresse, são empáticas e compreensivas com as outras pessoas, têm relacionamentos saudáveis em casa e em contextos sociais, desenvolvem naturalmente as habilidades necessárias para a resolução de conflitos. Além desses efeitos, há a melhora da capacidade de prestar atenção a cada momento e o declínio da distração, melhores respostas à raiva em situações conflitantes, melhoria do desempenho escolar, diminuição do uso de telas, maior criatividade e melhoria na qualidade do sono.

Para além do que relatam os praticantes de mindfulness, como dito antes, a neurociência tem se ocupado em explicar o motivo de esses benefícios serem tão perceptíveis para eles, e uma das nossas características neurológicas que mais têm respaldado esses estudos é a neuroplasticidade. Isso ocorre porque, conforme oferecemos determinados estímulos ao cérebro, como a prática intencional da atenção, ele se transforma.

> Motoristas de táxi de Londres, por exemplo — cujo trabalho exige memorizar inúmeras ruas tortuosas —, desenvolvem um hipocampo (região essencial para o registro de memórias visuais e espaciais) maior, uma vez que esta parte do cérebro é mais solicitada. Conforme você se transforma numa pessoa mais feliz, a região frontal esquerda do seu cérebro se torna mais ativa.
>
> O que passa na mente molda o cérebro. Dessa forma, você é capaz de usar a mente para melhorar o cérebro — o que beneficiará a sua existência, bem como as pessoas com quem se relaciona.
>
> O cérebro de Buda, *Rick Hanson*

A mágica do cérebro-massinha

Praticar mindfulness é como fazer uma espécie de ginástica cerebral, cujos benefícios impactam a vida dos praticantes de maneira integrada. Por essa razão, a neurociência vem se interessando cada vez mais por compreender os impactos gerados pela prática de atenção plena no cérebro. A neurociência ainda respalda o que o mindfulness, essa prática simples e fácil de ser realizada (desde que você saiba como), pode proporcionar aos praticantes em termos de saúde mental e qualidade de vida.

Para mães que se sentem perdidas em meio ao vendaval de informações sobre como educar filhos, o mindfulness ajuda a desenvolver o discernimento, a intuição, a lucidez sobre os próprios sentimentos e pensamentos. Para mães que veem a sua autoestima massacrada pelas exigências sociais inatingíveis, o mindfulness oferece o desenvolvimento da autocompaixão. Para mães que se percebem incapazes de fazer boas escolhas e de lidar com os comportamentos desafiadores de seus filhos, o mindfulness oferece ferramentas para a autorregulação emocional. Para mães que estouram a cada fagulha de expectativa não atendida, o mindfulness oferece um tempo entre o estímulo, o evento que gerou a frustração e a resposta sensata e equilibrada a ele, na contramão da recorrente reatividade e subsequente culpa. E tudo isso passa pelo cérebro.

Em 2014, uma pesquisa conduzida pela neurocientista Sara Lazar, da Universidade de Harvard, explicitou que o mindfulness pode proteger o cérebro contra o declínio que acontece no processo de envelhecimento. Foram feitos exames de neuroimagem em meditadores adultos de meia-idade e se verificou que algumas regiões cerebrais apresentavam estruturas semelhantes às de jovens de 25 anos. Investidas científicas como essa reafirmam a importância de tornar o mindfulness acessível aos contextos de promoção de saúde de mães e, consequentemente, de educação de crianças e adolescentes. Depois de estudar também pessoas que passaram pelo programa introdutório ao mindfulness, cuja duração é de oito semanas, Sara Lazar elencou as seguintes mudanças neuroplásticas, por meio de exames de imagem que compararam o seu cérebro antes e depois da experiência:

1. A principal diferença foi encontrada no cingulado posterior, que está envolvido em divagações mentais e autorrelevância. Houve uma retração dessa área.
2. O hipocampo esquerdo, que auxilia na aprendizagem, cognição, memória e regulação emocional, se desenvolveu.
3. A junção temporoparietal, ou TPJ, que está associada à empatia e à compaixão, se desenvolveu.

4. A amígdala, parte do cérebro associada ao instinto de sobrevivência, de luta e fuga, responsável pela ansiedade, pelo medo e pelo estresse, diminuiu de tamanho.

Isso é neuroplasticidade. É a mágica do cérebro-massinha. E que sorte a nossa, a da nossa geração de mães, poder contar com esse conhecimento e, principalmente, com o acesso às práticas de mindfulness, para sustentar as mudanças pelas quais tanto almejamos na educação dos nossos filhos. Tendo em vista tudo isso, é possível reconhecer, cientificamente, os impactos positivos de práticas contemplativas como o mindfulness para que possamos, então, ser a primeira geração de mães que unirá ciência, intuição e inteligência emocional no longo, desafiador, transformador e encantador processo de educarmos nossos filhos. É importante, portanto, jamais perder de vista que é na semeadura do solo que possibilitaremos o germinar de sementes férteis, nossos filhos.

É possível reconhecer, cientificamente, os impactos positivos de práticas contemplativas como o mindfulness para que possamos, então, ser a primeira geração de mães que unirá ciência, intuição e inteligência emocional no longo, desafiador, transformador e encantador processo de educarmos nossos filhos.

> Eu descobri que a coisa mais importante a transmitir para as crianças é o nosso ser. Crianças são seres muito sensíveis. Elas não vivem pelo intelecto, vivem pelo sentimento. [...] Você, o educador, deve praticar (mindfulness).
>
> Planting Seeds [Plantando sementes, em tradução livre], *Thich Nhat Hanh e outros*

Atenção plena ainda hoje

Desde que se tornou mãe, é possível que você escute mais músicas infantis do que as da sua preferência. Resgate aquela música da qual você sempre gostou e escute prestando atenção aos instrumentos musicais e às mudanças de tom.

PARTE 2

Dissecando a mãe reativa

“Quando você for mãe, você vai entender.”

Eu entendi, mãe.

Eu entendi que você também adoecia. Só não podia parar.

Eu entendi que a sua reatividade não era sobre mim. Era sobre todo o peso injusto de todo o resto.

Eu entendi que você abriu mão de si mesma para além do saudável. E eu entendi o quanto é desafiador encontrar a fronteira entre se dar e se preservar quando é de amor incondicional que estamos falando. Entendi, ainda, que é vital aprender a também me amar incondicionalmente.

Eu entendi, mas ainda não sei explicar a sensação divina e sufocante de ser indispensável na vida de alguém. De não poder faltar. O medo e a angústia de não mais estar ambiguamente coexistindo com o desejo de se ausentar por horas… ou dias.

Eu entendi que você se sentiu sozinha e perdida. Inadequada e falha. Culpada e exausta.

Eu me sinto profundamente conectada a você pelo pouco que vislumbrei e compreendi. Me perdoe. Era impossível entender antes, mas disso você entende.

8

Uma passada de pano para os pais reativos?

AQUI E AGORA

Observe a sua respiração por alguns instantes e perceba em que parte do corpo você a sente melhor: no nariz, talvez mais especificamente nas narinas, ou na garganta? Quem sabe nos pulmões, no abdome? Onde?

Renata, sem dúvida, cresceu em um lar caótico. Aliás, hoje, no auge dos seus 37 anos, considera um eufemismo chamar de lar o que lhe parecia um inferno, muito embora, até meados da adolescência, aquela fosse a única amostra que tinha de afeto e segurança. Uma amostra muito pequena, diga-se de passagem. Nunca era fácil o momento em que seu pai chegava do trabalho, já embriagado pelas cinco ou seis cervejas tomadas no bar da esquina, na companhia dos colegas a quem reservava os seus poucos sorrisos. Em casa, para as duas filhas e a mulher, distribuía outras coisas. Sua voz exaltada era acompanhada do rosto vermelho, numa expressão pesada de ódio, a mais leve delas.

Muito da sua agressividade se direcionava a Paola, a esposa, mas nada impedia de chegarem também às duas filhas certos tapas ou golpes desferidos com seu cinto de couro gasto. Não era necessário muito para o gatilho da reatividade do pai de Renata ser disparado. Bastava ele ser despertado pelas risadas das filhas que brincavam na sala enquanto cochilava no quarto após o almoço. Bastava a janta, diária e minuciosamente preparada a seu gosto por Paola , atrasar. Bastava que nessas refeições, não importa o quanto fosse saboroso o que era servido, uma das meninas deixasse algo no prato. Nessas ocasiões, ele obrigava Renata e sua irmã, Vanessa, a comer até dar ânsia de vômito. Uma delas chegou mesmo a vomitar uma vez. Tudo e nada eram motivos e justificativas para a reatividade exacerbada de Osmar. Para os de fora, porém, tratava-se de um excelente pai de família, já que dinheiro em casa ele colocava.

Ninguém viu, afinal, o que ele fez com o cachorro da família, um pinscher minúsculo, quando ele roeu o cavalo de brinquedo de Renata até que se resumisse a um pedaço de plástico irreconhecível. Nessa ocasião, alegando ensinar algo a Bandit, ele afundou por alguns instantes a cabeça do animalzinho numa bacia de água. Ninguém viu que, ao receber a notícia de que a filha mais nova estava de recuperação em matemática, ele a castigou com inúmeras e violentas palmadas, todas dadas no percurso do térreo do prédio em que moravam até o quarto andar. A pé, pela escada. Quando enfim chegaram em casa, onde possivelmente seria ainda mais acalorada a tal correção, ela foi resgatada pelo seu tio Francisco, que a pegou no colo, onde ela pôde chorar, mais pela humilhação do que pelo fracasso escolar. Por outro lado, todos viram quando, em um raro momento de celebração em família, em uma ida a uma pizzaria, a mesma menina levou um tapa na cara por dizer "boa-noite" ao garçom antes de Osmar. Ainda assim, dificilmente nele seria colocada a etiqueta de "violentador" e retirada a de "pai de família".

Quando as meninas se tornaram moças e o natural interesse por rapazes surgiu, as violências se reinventaram. Todo dia ele declarava que elas comiam da sua comida, dormiam sob o seu teto e que, se decidissem ser mulheres na rua, era lá que deveriam ficar. Renata, por isso, chegou mesmo a pedir abrigo na casa de uma tia querida, que não se orgulhava nem concordava com as humilhações a que eram submetidas as sobrinhas. Também nessa fase as surras aconteciam, mas sobretudo aconteceu o estranhamento de Renata e Vanessa, que passaram a reconhecer no próprio pai o seu carrasco. Infelizmente, isso não as impediu de passar por relacionamentos tóxicos ao longo da vida adulta, tampouco de estragar os raros vínculos bons. Ambas, inclusive, tiveram maridos que, de maneiras mais sutis do que Osmar, destilaram reatividade tanto nelas quanto nos filhos que elas colocaram no mundo.

Eu gostaria que Osmar fosse um personagem fictício, mas sinto dizer que não é. Osmar é um compilado de vários pais com os quais cresci, os pais de crianças próximas a mim e também o meu próprio pai. Talvez Osmar seja um pouco do seu, e eu sinto muito se for.

Dito isso, é importante esclarecer que falamos muito sobre reatividade materna, mas não falamos de reatividade materna porque a paterna não existe. Muito pelo contrário. Daria outro livro — como deu tantos outros — a reflexão sobre como, ao longo da história, a violência masculina nos moldou. Sobretudo, não falamos de reatividade materna porque ela é pior do que a paterna. Não mesmo... Teríamos possivelmente muito mais pais do que mães com comportamentos semelhantes ao de Osmar caso decidíssemos fazer uma pesquisa quantitativa sobre o tema.

No mesmo oceano, nunca no mesmo barco

Falar, neste manual, sobre a reatividade materna em vez de também considerar a reatividade paterna não significa adicionar aos ombros já cansados das mães ainda mais peso. Existem alguns porquês que circundam o discurso voltado especificamente para a reatividade de mães. Existem motivos para especificá-la. Ou seja, quando falamos de reatividade materna, não estamos, basicamente, afirmando que apenas as mães deveriam se preocupar e tratar de encontrar os caminhos para se reeducar, como se apenas as suas ações e a falta delas viessem a determinar ou ao menos muito influenciar quem seus filhos virão a ser. Entendamos o enfoque na reatividade materna como a busca por estratégias que nos possibilitarão sermos individual e coletivamente acolhidas e capacitadas a superar o impulso de estourar com as nossas crianças. A nossa geração sabe bem que o preço de ser tratada, na infância, aos tapas e aos gritos, em meio a ameaças e a castigos, é alto. Estivemos pagando por isso com a nossa própria saúde mental.

Sobretudo, aqui falamos sobre reatividade materna e não paterna porque eu, Ana, sou mãe, e não pai. Não estou passando pano para a reatividade paterna; só estou concentrada em promover a saúde mental das mães, mas, para isso, teremos de atravessar o vale sombrio da nossa própria reatividade.

Desde que comecei, nas minhas redes sociais, a falar sobre reatividade materna, as indagações dessa natureza, sobre o motivo de não falar sobre reatividade paterna também, são constantes. Elas vêm de mães exauridas por tantas demandas, inclusive emocionais, que as acometem, e também de uma parcela ainda tímida, mas crescente, de pais que se comprometem verdadeiramente com a educação de suas crianças e que buscam se autoanalisar e se autodesenvolver no cumprimento dessa missão tão, tão importante. Apesar de serem justas ambas as indagações, é necessário esclarecer que a proposta de me direcionar a mães não exclui para pais e outros cuidadores o benefício das reflexões e das estratégias para o autodesenvolvimento e a consequente diminuição dos gritos, das brigas e das agressões voltadas a nossas crianças aqui apresentadas.

Nada impede que este manual chegue a homens que estejam buscando cursar uma trajetória de autodesenvolvimento a fim de não só serem melhores pais para os filhos, mas também melhores parceiros para as mães na missão de educá-los, o que independe de haver um relacionamento conjugal em curso. É possível, por meio do acesso a este conteúdo, promover mais compaixão pela labuta mental e emocional materna, que, para muitas, ou para a grande maioria, não é simples.

O fato é que, quando falamos da reatividade de mães e de pais e dos esforços empreendidos para lidar com ela, não estamos falando de uma coisa só. Não é justo colocar todo mundo no mesmo barco. Podemos, sim, pensar que estamos todos no mesmo vasto oceano, mas alguns de nós contam com embarcações mais confortáveis, estáveis e seguras do que outros, e, via de regra, não somos nós, mães, quem as têm. Muito embora a reatividade paterna possa ser envolta em enorme agressividade, e histórias para endossar isso não faltam — talvez você mesma tenha uma, duas ou mais, lá da sua infância —, aquilo que a fomenta não compartilha da mesma natureza do que fomenta a reatividade materna.

Isabel e Evandro são pais reativos. Seus filhos, Dani e Gabi, desde muito pequenos aprenderam a mentir e a omitir seus banais e cotidianos deslizes infantis, como quando afundaram o botão de liga e desliga da máquina de lavar, mas juraram até a morte que não sabiam do que se tratava, certos de que seriam castigados pela traquinagem. Muito embora ambos, Isabel e Evandro, gritassem com os filhos ao menor sinal daquilo que chamavam de desobediência, as pessoas ao redor do casal, seus parentes e alguns amigos, pareciam ter dois pesos e duas medidas ao observá-los e, então, julgá-los em seus papéis como pais.

Não era diferente quando aconteciam as palmadas. É certo que Evandro as utilizava como recurso disciplinatório, como ele mesmo gostava de dizer, muito mais do que Isabel... Estranhamente, porém, as violências vindas de Evandro eram, aos olhos e palavras de seus amigos e parentes, uma expressão da sua firmeza como pai. Isabel não. Ela era desequilibrada. As suas ações destemperadas seriam duramente sentidas pelos filhos, segundo as bocas que os circundavam.

Sim, dois pesos e duas medidas, mas não apenas no tocante à parentalidade. É ainda sobre a maneira como os subordinados, no contexto profissional, tendem a perceber o tom de voz elevado e a objetividade de um superior de gênero masculino em contrapartida à maneira como veem uma superior de gênero feminino. O primeiro é considerado assertivo e focado, enquanto a segunda é vista como grossa e mal-amada.

A glória de ser um paizão

O que esse microcosmo nos revela pode ser facilmente exportado para outros contextos sociais, inclusive o que diz respeito ao modo como educamos filhos e lidamos com os desafios inerentes a isso, simplesmente porque, no geral, a raiva masculina é amparada, suavizada, percebida como mostra de caráter e força. Ao contrário da feminina, que é associada a um desvio, a uma falha na natureza da mulher, que seria gentil e acolhedora — sobretudo quando estamos falando de mães. De Isabéis e Evandros a nossa geração de mães e pais está lotada.

Os pais, sejam eles bons ou maus em sua função, não são pressionados pelas expectativas sociais de que sejam sempre pacientes e gentis com os filhos, que estejam sempre disponíveis para eles e dispostos a dar amor incondicional com onipresença e onisciência. Ninguém espera que um pai deixe sua carreira, as partidas do time do coração e o churrasco com os amigos... que se anule para viver integralmente o seu paternar. Pelo contrário. Se um homem, ao se tornar pai, trocar fraldas e der banho em seu bebê, ele conquistará a alcunha de paizão entre os seus. Se aparecer numa consulta pediátrica ou numa reunião escolar, então... mais do que admirado, ele passará a ser endeusado. Quanto às mães, de nós simplesmente é esperado que façamos tudo isso sem ousar experimentar nenhuma emoção considerada negativa, e tudo o que fugir desse padrão será considerado anormal, será detestado, julgado, difamado. Será uma aberração da natureza.

Essa simples e clara realidade, por si só, já nos coloca, mães e pais, em lados opostos no espectro dos privilégios sociais. E essa simples e clara realidade é, por si só, um dos mais significativos gatilhos que levam mães a serem reativas com suas crianças — e com elas mesmas. Mais do que isso, essa simples e clara realidade atua como uma lupa que analisa minuciosamente e julga duramente mães que apresentem traços reativos em suas relações com as crianças... e esse olhar pouco interessado no que elas sentem e na maneira como sofrem faz com que se sintam não apenas desamparadas no importante objetivo de se manter calmas na interlocução com os filhos, mas culpadas por não conseguirem, pressionadas a alcançar esse estado de tranquilidade ideal, que pode, sim, ser mais bem sustentado no cotidiano, mas que não será alcançado plenamente por ninguém. É humano se exasperar, se assoberbar, se indignar... e mães são humanas, é sempre bom lembrar.

É humano se exasperar, se assoberbar, se indignar... e mães são humanas, é sempre bom lembrar.

Tratar da reatividade materna dissecando as suas causas, mas principalmente amenizando tudo o que a envolva, para além da esperança e da expectativa por uma sociedade mais consciente da importância de acolher e de cuidar de mães, é urgente. O mindfulness, então, vem à tona não como uma solução mágica, mas como uma proposta que nos permite tanto observar em profundidade o iceberg da reatividade materna quanto criar fontes de calor para lidar com o gelo. Quando aprendemos a acessar essas fontes de calor, o mindfulness se torna o nosso estilo de vida e, consequentemente, o nosso estilo de maternidade.

Atenção plena ainda hoje

Toda vez que você se sente inadequada, seja porque não se sente a mãe que gostaria de ser, seja porque explodiu com seu filho, quais são as sensações físicas predominantes em seu corpo? Onde elas se encontram? Elas são quentes ou frias? Relaxam ou apertam? Tente descrevê-las de maneira detalhada, observando o lugar em que ocorrem e também suas texturas, temperaturas, duração.

9

Raiva, raiva, pra que te quero?

AQUI E AGORA

Observe a posição da sua coluna e do seu pescoço. Você consegue perceber algum ponto de tensão? É possível alinhá-los gentilmente, desenvolvendo uma postura ao mesmo tempo ereta e confortável? Procure se mover com cuidado, assumindo essa postura enquanto solta as tensões com consciência.

Vergonha... Depois de tanta raiva, vergonha. Não era a primeira vez que Cinthia puxava pelo braço, para quem quisesse ver ou não, Heitor, seu filho de 5 anos. Estavam no parquinho havia pelo menos uma hora e meia... Cinthia o levara para que ele gastasse energia, que não era pouca, nem amenizada pelos 83 metros quadrados do apartamento em que viviam em um bairro central, cinza e barulhento de uma grande cidade qualquer.

Naquele momento, naquele parquinho, Cinthia experimentou primeiro o tédio. Uma espécie de preguiça impaciente em ter que testemunhar sua criança saltando infinitas vezes do escorregador para o tanque de areia e, depois, para a gangorra. Tédio esse que a conduziu ao celular, onde buscou por hábito algum pequeno prazer fácil em forma de distração, mas apenas colheu uma leve sensação de falta de ar... ali, recebeu uma visita tímida, mas promissora, da ansiedade. Depois, como era de se esperar, preocupação.

A certa altura, faltavam uns vinte minutos para o início do ritual que culminaria com Heitor entrando no jardim de infância, que se constituía de banho, almoço e dentes escovados. Consciente de que nunca era fácil convencê-lo a deixar aquele playground, ela recorreu logo à técnica que havia aprendido em um ou em alguns perfis de maternidade no Instagram, a antecipação. Direcionou-se ao menino e, com a mão no ombro dele, vocalizando suavemente, avisou: "Filhote, mais dez minutinhos e precisamos ir. Escolhe só mais um brinquedo, porque já é hora de nos organizarmos para a escola."

Nos dez minutos seguintes, tudo escalonou. A peraltice de Heitor, que era, em última análise, uma necessidade legítima de movimento ainda não suprida, bem como a intensidade das emoções experimentadas pela mãe, cuja necessidade, diferente da do menino, era cumprir os horários impostos pelo mundo adulto. Da preocupação fez-se a irritação. Da irritação fez-se a fúria. Da fúria, o grito, os dedos que apertavam com força o braço direito da criança, as perninhas que não podiam acompanhar os passos largos da mãe, arrastando-se vez ou outra na terra vermelha daquele parquinho, terra esta tão rara naquela cidade sem cor. Terra rubra como a face e a raiva de Cinthia.

As camadas daquela cena eram tantas... mas tudo o que todo mundo viu foi uma mãe furiosa. Todo mundo exceto uma mãe ou outra.

Tudo culpa dela, da raiva. Emoção das mais malfaladas e das mais evitadas. Afinal, é quase um consenso entre aqueles que pouco ou nada sabem sobre emoções que deveríamos a todo custo nos esquivar da raiva, já que seria ela a voz do que há de pior e mais negativo dentro de nós, quando, na verdade, ela é, como toda e qualquer emoção, uma mensageira. A raiva dá as caras para nos contar algo importante, e, por isso, com sabedoria, gentileza e atenção, deveríamos escutá-la,

É quase um consenso entre aqueles que pouco ou nada sabem sobre emoções que deveríamos a todo custo nos esquivar da raiva, já que seria ela a voz do que há de pior e mais negativo dentro de nós, quando, na verdade, ela é, como toda e qualquer emoção, uma mensageira.

ainda que esse algo importante seja desconfortável a ponto de revelar em nós algum sentimento negativo sobre os nossos próprios filhos. E está tudo bem se assim for.

Que tipo de raiva é a sua?

A verdade, afinal, gostemos dela ou não, é que todo mundo sente raiva com alguma frequência. Que bom, tendo em vista o serviço crucial que ela nos presta quando, por algum motivo, o nosso espaço interno ou externo é invadido e a sensação de injustiça impera. A mensagem da raiva é, no fim das contas, um enorme farol vermelho que nos convida — quando não nos obriga — a encarar que os nossos valores, a nossa intimidade, as nossas necessidades foram em alguma medida atacadas, agredidas. E a raiva de Cinthia, se analisada com cuidado e sem as lentes foscas da romantização materna, abarca tudo isso.

Sim, todo mundo sente raiva, inclusive animais. Isso acontece devido a missão protetiva dessa emoção. No entanto, quando falamos da raiva materna, é importante dar alguns passos para trás, a fim de observar o cenário de modo mais distanciado, menos implicado, mais panorâmico. Isso porque, se a raiva já é polêmica por si só, que dirá a raiva sentida pelos seres da face da Terra mais idealizados em termos de amor incondicional — nós, mães. Se é incondicional, admite a raiva? É desse tabu que a dificuldade de tantas mães em lidar com a raiva se nutre.

Um fato, é bom esclarecer, é universal: a raiva não é só raiva. Tem raiva que é aborrecimento, mas tem raiva que é rancor. Tem raiva que é fúria, ira, cólera, mas tem raiva que é frustração. Tem raiva que é antipatia. Tem aquela, mais intensa, que é asco, e tem raiva que é só animosidade. Tem raiva que é mágoa, rancor... e tem até raiva que é paixão. Tudo isso se aplica também à raiva no contexto da maternidade.

A raiva não é, portanto, sempre igual. Assim, se quisermos aprender sobre a nossa e com a nossa, é relevante compreender que existem duas variáveis importantes na sua composição: a intensidade e o tempo de duração. A ira, por exemplo, pode nascer, como a que nasceu em Cinthia, a partir do comportamento do filho. A ira tende a ser de intensidade forte, mas de duração curta. É pontual. É como uma explosão. Já o ressentimento que Cinthia tem do marido devido a sua omissão nos cuidados com Heitor ao longo dos cinco anos de vida do menino tem intensidade geralmente moderada. É quase sempre leve, mas a duração é de anos, portanto é longa.

Ambas as raivas, tanto a ira quanto o ressentimento, podem levar Cinthia a episódios de reatividade. Com Heitor, devido à forte intensidade e à curta duração, a raiva provavelmente se manifesta numa reação mais impulsiva, menos calculada e que também gera maior arrependimento, dado o fato de que ela se esvai em pouco tempo, quase sempre logo após a explosão. Já com o marido, a reatividade pode ter outra roupagem, mais frequente e menos intensa, como o famoso pegar no pé, isto é, tende a ser também coerente com a intensidade da emoção, bem como com sua durabilidade. Existem, além disso, tipos de motivações distintas para a raiva, e saber identificar a que sentimos em determinada ocasião pode nos ajudar a lidar com ela de forma mais produtiva.

Eu costumo chamar de raiva justiceira aquela que se indigna diante de injustiças, especialmente daquelas que não são autocentradas, ou seja, que não se limitam a uma problemática que envolva basicamente a pessoa que a sente ou algum afeto seu. É comum que essa raiva se manifeste diante de problemas sociais e ambientais, por exemplo. É muito positivo quando essa raiva desencadeia melhorias, avanços nesses cenários, o que só é possível quando não há resignação, e sim luta. No contexto da maternidade, às vezes podemos sentir a raiva justiceira quando nos indignamos com as condições a que são expostas mães em estados mais vulneráveis, como as mães solo, sejamos nós parte desse grupo específico ou não. É quando a minha emoção transborda, em geral, da minha própria condição, e eu a elevo ao nível de luta coletiva.

Aceite a emoção, mas aprenda a lidar com a reação

Já a raiva autocentrada tem outras camadas. Ela costuma ser mais ensimesmada, ou seja, é ocasionada pelo fato de sentirmos que, de alguma forma, alguém está tentando nos prejudicar ou está conseguindo. Importante ressaltar que se trata de uma impressão subjetiva, que pode ou não ser um fato, afinal é verdade que todo dia pessoas tentam derrubar outras, na mesma medida que é verdade que, apesar de algumas vezes estarmos convencidas de que estão fazendo isso conosco, não passa de um erro de interpretação.

Quando, por exemplo, acreditamos que nossos filhos estão agindo de determinado modo para nos desafiar e, por isso, sentimos raiva e somos reativas, é nesse tipo de raiva que se inclui a emoção autocentrada. Hoje, graças aos avanços de estudos sobre o cérebro infantil em desenvolvimento, sabemos que uma criança, ainda mais na primeira infância, não é neurologicamente preparada para manipular alguém. Em outras palavras, quando pedimos insistentemente que um menino de 4 anos arrume seus brinquedos e ele segue impassível, concentrado em salvar o mundo com o seu super-herói em miniatura, a sua falta de resposta não tem a ver conosco nem é para testar a nossa paciência, mas diz respeito à justa inserção da criança no universo a que ela pertence, a brincadeira.

Especificamente quanto à criação de filhos, o fato de existirem conhecimentos básicos sobre como eles se desenvolvem, e sobre os comportamentos esperados para cada faixa etária, pode ser de grande valia para evitarmos explosões com nossas crianças. Isso porque, quando compreendemos o funcionamento delas, deslocamos as suas ações mais desafiadoras de nós, da impressão equivocada de que essas emoções estão ligadas a um problema pessoal contra nós.

Saber reconhecer, porém, os gatilhos emocionais que ativam o vulcão adormecido que há em nós é ainda mais relevante, porque nos prepara para nos regularmos emocionalmente quando há a ameaça de que esses gatilhos sejam disparados. Sobretudo, é fundamental aprender a nomear (o que estou sentindo agora é frustração, é cansaço, é mágoa?), saber perceber essa condição no corpo (a sensação proveniente do que sinto é um aperto no peito, é um calor na face?) e saber respirar para regular a emoção desafiadora.

A prática de mindfulness, portanto, te ajudará a não estourar tanto com sua criança. Mais do que qualquer informação, mais do que qualquer trauma da sua infância reconhecido, é esse simples e potente processo o que te impedirá, inúmeras vezes, de ser uma mãe reativa. Mas é preciso reforçar: esse processo não necessariamente te levará a deixar de sentir raiva da criança ou de algo que ela tenha feito. Por meio dele, você aprenderá, do modo mais natural que possa imaginar, a não reagir de maneira agressiva e violenta com ela. Emoções são bem-vindas, mas agressividade, não. Fica firmado, portanto, que raiva e reatividade são coisas diferentes. A raiva é uma emoção, enquanto a reatividade é uma possível resposta a ela.

Emoções são bem-vindas, mas agressividade, não. Fica firmado, portanto, que raiva e reatividade são coisas diferentes. A raiva é uma emoção, enquanto a reatividade é uma possível resposta a ela.

E quando a birra é nossa?

Também é útil refletir sobre o quanto da raiva que andamos sentindo e que se transforma em explosões continuamente, no dia a dia com os nossos filhos, seria nada mais nada menos do que birra. Pois é, se analisarmos bem, não são só os nossos filhos pequenos que, ao terem negados seus desejos e necessidades, expressam frustrações irracionais de forma intensa e por vezes extrema. De vez em quando, essa também é a nossa atitude, mas nos distancia de nossas crianças o fato de elas ainda serem neurologicamente imaturas e, em termos de vivências, inexperientes para lidar com emoções desafiadoras; as crianças ainda não lidaram o suficiente com situações frustrantes para responder de forma mais equilibrada a esse desconforto emocional.

Conosco, adultas, é diferente. Nós já alcançamos, segundo a neurociência, a maturidade fisiológica do córtex pré-frontal, a região do cérebro que nos permite melhor regular as nossas emoções, além de já termos trilhado uma bela caminhada de dissabores pela vida, as quais supostamente nos ensinaram a gerenciar as frustrações.

Mas como funcionariam as birras que fazemos com os nossos filhos? Precisamos partir do pressuposto de que o respeito à criança e à infância é, ainda, um conceito muito novo, o que significa que mesmo mães e pais que buscam se melhorar em seus percursos parentais podem cair fácil na armadilha de acreditar que seus filhos, sobretudo quando pequenos, devem agir exatamente como eles gostariam que agissem. Nesse caso, toda e qualquer discordância entre o que ditam os pais e o que expressam os filhos é percebida como desobediência e rebatida com reatividade. A reatividade, por sua vez, é percebida como uma expressão legítima, educativa e necessária para que essas crianças não se tornem adultos sem limites.

Toda e qualquer discordância entre o que ditam os pais e o que expressam os filhos é percebida como desobediência e rebatida com reatividade. A reatividade, por sua vez, é percebida como uma expressão legítima, educativa e necessária para que essas crianças não se tornem adultos sem limites.

Sem limites, mimados e acríticos, porém, costumamos ser nós agindo assim. Ao menos nesse contexto, é o que seríamos. Os nossos filhos não são, afinal, uma extensão nossa, e, muito embora seja parte da nossa função como mães instruí-los e contribuir para que absorvam valores que consideramos fundamentais, é invasivo e desrespeitoso nos darmos o direito de ser reativas com eles porque as nossas expectativas sobre o que fazem e sobre a maneira como agem não estão tão alinhadas assim com a realidade. Por isso a auto-observação que praticar mindfulness nos permite desenvolver é tão relevante.

Quando somos capazes de observar os nossos pensamentos, as nossas emoções, as nossas palavras e as nossas atitudes com uma postura de quase imparcialidade, sem nos julgarmos e nos culparmos por eles, floresce uma relação intrapessoal mais honesta, mais leve, mas não só com os filhos, pois isso se expande e reverbera em todas as relações que temos. Floresce uma postura mais disposta a reavaliar rotas, a reparar erros, a renovar o que precisa e merece ser renovado. Perde voz e espaço, por outro lado, a negação das próprias imperfeições devido ao medo inconsciente da hostilidade da própria autocrítica. Perde espaço a reatividade — a materna, mas não só ela. Tudo isso ocorre graças à mágica da neuroplasticidade parental, o que desemboca no desenvolvimento da sua **inteligência emocional**.

Que está tudo bem permitir que a raiva seja parte de nossa maternidade já sabemos. Que o desafio é domarmos o leão da reatividade, também. Contudo é necessário, ainda, nos aprofundarmos naquilo que costumo chamar de iceberg da reatividade materna. Vamos extrapolar a ponta desse iceberg no próximo capítulo, mas, por enquanto, ficamos com a prática meditativa que considero a espinha dorsal do mindfulness.

MÃES À OBRA Respirar para não pirar

Você precisará aprender a respirar. Para lidar melhor com a raiva e estourar menos com sua criança, você precisará aprender a respirar.

Sim, sei que você respira dia e noite, sem parar. Sim, sei que o seu corpo, assim como o meu, é esse organismo mágico, essa expressão perfeita da criação capaz de te manter respirando sem que você precise se organizar para isso, colocar isso na agenda, desejar isso… Trazer a perspectiva de que nossos corpos respiram sem que essa importantíssima atividade se torne mais uma demanda na nossa grande listinha diária de tarefas a serem cumpridas é, por si só, um alívio. Saber, além disso, que essa mesma respiração espontânea e onipresente é a chave para amenizar o meu estresse, para regular as minhas emoções e, por isso, para melhor me relacionar com os meus filhos, é uma bênção.

> **Saber que essa mesma respiração espontânea e onipresente é a chave para amenizar o meu estresse, para regular as minhas emoções e, por isso, para melhor me relacionar com os meus filhos, é uma bênção.**

Antes de te ajudar a se convencer de que a respiração consciente terá enorme influência no seu maternar não reativo, preciso que você saiba que, segundo uma variedade importante de pesquisas na área da saúde, respirar de maneira superficial — ou seja, sem utilizar considerável parte da capacidade expansiva de nossos pulmões —, em ritmo acelerado e sem perceber o fluxo respiratório, contribui para problemas de saúde física e mental, como pressão alta, ansiedade e até mesmo depressão.

O contrário, portanto, também é verdade. Posso apostar que, em algumas situações em que seus ânimos foram desafiados ao longo da vida, de mais de uma dezena de pessoas você escutou: "respira fundo" (para se acalmar). É muitíssimo provável que você também tenha dito isso para outras pessoas, inclusive para si mesma. O poder calmante é algo tão intrínseco à respiração que naturalmente o reconhecemos, embora, no senso comum, tendamos a cometer um erro crasso: curiosamente, não é na inspiração que se estabelece uma sensação de maior calma, é na expiração.

Quando seguimos, seja por conselhos externos ou por auto-orientação, a sugestão de respirar fundo diante do estresse, da ansiedade, da raiva, tendemos a inspirar fundo, mas também tendemos a não expirar todo o ar inalado. O problema é que inalar de novo sem que os pulmões tenham sido devidamente esvaziados contribui para a hiperventilação, para uma respiração mais ofegante, que, ao contrário do desejado, só vai contribuir para que a sensação de estresse se agrave.

Provavelmente é isso o que tem acontecido sempre que você tenta respirar para não estourar com seus filhos quando está hiperestimulada, irada, exausta. E é por isso que não se sente mais calma. E é por isso que digo e repito: você terá que aprender a respirar para, depois, usufruir da calma que seu corpo sabiamente já sabe disponibilizar para você.

Existe, é fato, uma gama e tanto de meditações e de técnicas voltadas para o exercício da respiração como ferramenta de promoção da saúde física e mental. Em algumas delas, o praticante é instruído a conduzir a respiração em determinados termos, fazendo determinadas pausas, por exemplo, a fim de alcançar esse estado mental e emocional almejado, o da serenidade. Quando falamos sobre atenção plena à respiração, isto é, sobre mindfulness, a condução não é essa. A proposta do mindfulness é basicamente prestar atenção no fluxo respiratório sem intervir na sua intensidade ou no seu ritmo. Apenas observá-lo é, afinal, suficiente para aos poucos equilibrá-lo e, como consequência, passar a usufruir de mais calma e tranquilidade.

O ponto que não pode ser negligenciado aqui é o seguinte: não é suficiente fazer isso, ou seja, concentrar a atenção nas sensações e nos sons da respiração, no caminho do ar passando pelo nariz até chegar aos pulmões, bem como na expansão e na contração da caixa torácica, quando já estamos à beira de um ataque de nervos. Costumo dizer que ninguém aprende a nadar quando está se afogando, o que nos convida a fazer da atenção plena à respiração uma prática cotidiana, da qual poderemos lançar mão, sabendo exatamente o que fazer e conquistando, por isso, a nossa própria regulação emocional em momentos de crise, como aqueles em que a raiva nos domina e tendemos a estourar com nossos filhos.

> **Ninguém aprende a nadar quando está se afogando, o que nos convida a fazer da atenção plena à respiração uma prática cotidiana, da qual poderemos lançar mão, sabendo exatamente o que fazer e conquistando, por isso, a nossa própria regulação emocional em momentos de crise.**

O corpo está sempre no momento presente, sempre aqui, por isso é ele o nosso maior refúgio contra a ansiedade e o estresse gerados por tanta atividade mental — às vezes necessária, às vezes nem tanto — quando o tema é a maternidade. A respiração, por todos os benefícios já comprovados cientificamente, é o mais seguro dos nossos refúgios. No entanto, devido ao fato de vivermos um tempo de desconexão com o corpo e de superatividade mental, não raro encontro nos programas em que oriento mães a praticarem mindfulness mulheres com muita dificuldade de perceber as sensações que fluem em seu corpo físico. Talvez, considerando as experiências que teve com as práticas que sugeri aqui, você se reconheça como uma delas.

Nesse caso, é provável que uma meditação de atenção plena à respiração seja, a princípio, um pouco desafiadora. Pode ser também que não... só entrando em contato com a prática por meio da experiência, o que se sobrepõe em muito a elucubrações, você saberá. Assim, no fim deste capítulo, no qual encontrará um áudio de meditação de atenção plena à respiração, recomendo muito proporcionar a si mesma esse momento.

Gostaria, porém, de sugerir uma prática adicional, que com certeza contribuirá para que você desenvolva a capacidade de perceber, por exemplo, o ar entrando e saindo das suas narinas, bem como os movimentos abdominais decorrentes da inspiração e da expiração. Isso nada mais é que o desenvolvimento da percepção da vida fluindo em você, o que é de uma potência que eu, particularmente, ainda não disponho de lirismo suficiente para descrever — e duvido que um dia isso mudará.

Essa prática simples pode ser uma espécie de atalho no seu percurso de reconexão com o que o seu corpo sente, mas reitero que não é preciso encurtar o caminho. Podemos estar presentes naquilo que a prática nos apresenta, podemos aprender a estar em paz com a ausência de paz em uma meditação, o que nos fortalece, inclusive, para ter a mesma atitude diante da raiva que podemos sentir em situações variadas na rotina como mães.

Para a prática em questão, serão necessárias duas ou três pedras que exerçam certa pressão em sua barriga. Deite-se e ajeite essas duas pedras sobre o seu abdome. A proposta é prestar plena atenção no ar que enche e esvazia os pulmões, de modo que você possa, graças ao peso das pedras, perceber os movimentos abdominais no processo da respiração. Sempre que se der conta de que a mente divagou, buscou escapar do momento presente, encontrando o passado ou o futuro, com gentileza, retorne a atenção ao fluxo respiratório.

Você pode usar o timer do seu celular, marcando cerca de cinco minutos para esse exercício. De qualquer modo, convido você a realizar a meditação de mindfulness de atenção plena à respiração que guio. Acesse-a apontando a câmera do seu celular para o QR code a seguir.

Prática de atenção plena à respiração

Atenção plena ainda hoje

Quando perceber que está a um passo de estourar com sua criança, tente fazer uma pausa. Perceba as sensações de desconforto que vêm à tona neste momento e tente nomear o que sente. Verifique se o que você sente é irritação, frustração, ressentimento, fúria... Talvez se sinta provocada, agressiva, jogada para baixo, humilhada, desrespeitada... Evite responder à sua reatividade desta vez e busque se tornar mais consciente do que você sente.

10

O iceberg da reatividade materna

AQUI E AGORA

Expire completamente o ar que preencher seus pulmões da próxima vez que respirar e, então, permita que o seu corpo inspire novamente de maneira espontânea, sem que você calcule essa ação. Repita por três ou quatro vezes esse ciclo.

QUANDO O ASSUNTO ERAM SEUS FILHOS, SOLANGE PARECIA UMA chaleira, sempre soltando fumaça pelos ouvidos, a ponto de ferver e transbordar frequentemente. Em público, pelo menos, ela se continha, evitava, com cada resto de energia que lhe sobrava, explodir com suas crianças, que pareciam, a cada bronca, a cada sermão e a cada castigo, menos propensas a cooperar.

Nem sempre ela conseguia. A bola de neve de raiva e reatividade ganhava velocidade, rolando montanha abaixo como uma avalanche de proporções gigantescas. Engraçado que, quanto mais reativa se tornava a mãe, mais reativas se tornavam as crianças, o que alimentava o bicho-papão da raiva dentro de Solange e a fazia estourar, espalhando, sem pudor, gritos e ameaças. Consequentemente, João e Vicente, sendo filhotes da espécie humana com neurônios-espelhos bem lustrados, não faziam outra coisa que não fosse imitar direitinho o comportamento da mãe. O ciclo de raiva e de reatividade era uma realidade difícil de ser negada naquela família.

Na superfície, era fácil identificar os motivos daquele caos emocional entre mãe e filhos... Ela, nervosa demais. Eles, desobedientes em demasia. Mas qualquer um que conhece um pouco os icebergs reconhece que o que se vê a olhos nus é só a ponta de uma longa estrutura que mergulha oceano congelante adentro. E, para quem conhece icebergs, não é difícil concluir que o urro de Solange não era o urro dela. Era, para além disso, a exaustão de Solange ao repetir mil vezes a mesma coisa para os meninos, exaustão esta que era antecedida pela tripla carga de trabalho como mãe, dona de casa e professora. Era, antes mesmo disso, sobre abandono paterno. Sobre aquela noite decisiva em que Solange, por amor a si mesma e aos filhos, deliberou com segurança que não suportava mais a maternidade solo sendo uma mulher casada. Ela se assumiu inteiramente só. E se despediu de um relacionamento embasado em mentiras, traições, abandono e negligência da outra parte.

Era, ainda, sobre o fato de Solange haver crescido com pais cuja inteligência emocional era inversamente proporcional à maturidade de sua idade, com pais que jamais lhe ofereceram um modelo de equilíbrio mental para lidar com as questões inerentes ao desenvolvimento infantil, já que, nas poucas vezes em que a menina Solange ultrapassou o medo de se expressar e deixou suas frustrações transbordarem em forma de choro, viu seus adultos de referência lhe darem as costas. "Chora sozinha, porque eu não suporto criança birrenta", "Cala essa boca ou eu vou te dar motivos de verdade para chorar", diziam a ela nesses raros momentos, aos gritos.

A explosão da mãe é só 10% do iceberg

Não, Solange jamais planejou ou desejou agredir, humilhar, amedrontar João e Vicente. Mas é certo que, para enfim ser a mãe que gostaria de ser, isto é, para deixar de ser reativa, não bastava estar consciente de sua reatividade e dos tantos danos que ela mais cedo ou mais tarde traria aos meninos como indivíduos. Não bastava nem menos ver ali, a olhos nus, o quanto as suas relações, no núcleo familiar, estavam sucateadas por isso. Racionalmente, ela sabia disso tudo e até de mais. Ela sabia demais. Havia, porém, na verdade, muito gelo a ser quebrado no longo e profundo iceberg da sua reatividade, para só depois ser possível acessar o centro emocional da coisa toda.

Há ainda o fato de que todo mundo se sente apto a julgar uma mãe reativa ou uma mãe não reativa cujos filhos parecem desobedientes demais para o que a sociedade está disposta a tolerar das crianças. No entanto, fato também é que existe aquilo que se vê, que é público, captável por olhos e ouvidos, mas existe todo o resto, tudo aquilo que é invisível ou invisibilizado na experiência de uma mulher como mãe.

Existe aquilo que se vê, que é público, captável por olhos e ouvidos, mas existe todo o resto, tudo aquilo que é invisível ou invisibilizado na experiência de uma mulher como mãe.

Solange nunca esteve só nisso. Existe para inúmeras de nós, mães, a carga mental, que não pode ser mensurada, pesada, observada. Ela pode ser apenas sentida numa solidão interna também difícil de tocar e, por isso, de descrever. Existem as necessidades básicas negligenciadas, deixadas em um canto da casa, ou com sorte, de improviso, percebidas por todos ao redor como autocuidado. A quem mais, se não a uma mãe, é declarado que tomar banho, escovar os dentes e isolar-se em um banheiro para fazer suas necessidades são práticas de autocuidado?

Existe a exaustão física da casa a ser constantemente arrumada, das roupas que brotam aos montes para serem lavadas, dobradas, guardadas, da louça do almoço que não se lava sozinha, do trabalho que, exclusivamente, para muitas, garante seu sustento e o da sua prole. Muitos têm o dedo apontado para uma mãe que estoura, mas quase ninguém reconhece as refeições puladas por falta de tempo, bem como as noites mal dormidas por falta de opção. Para nós, mães, existe, sobretudo, a falta de letramento emocional, que nos impede de navegar com mais serenidade nesses mares revoltos, os quais, muitas vezes, parecem impossíveis de serem acalmados.

O elefante na sala

É uma tempestade atrás da outra, afinal, a maioria delas imprevisível, desafiando a meteorologia das relações entre as mães e suas crianças. Nesse cenário, a pontinha do iceberg é a explosão, mas, para além do que se vê, há uma imensurável sobrecarga mental, que nutre a raiva, que, por sua vez, leva muitas de nós à reatividade.

O iceberg, além de outros pontos, compõe-se de tudo o que precisa ser realizado por uma mãe em um dia comum. Um dia qualquer de uma mãe pesa, em sua mente, toneladas. É um senhor elefante. Um elefante invisível na sala.

Planejar as refeições. Organizar brinquedos, roupas, o material escolar. Regular-se emocionalmente para contribuir para a regulação emocional do filho em situações como birras. Falhar miseravelmente e, então, lidar com a culpa excruciante. Educar também o pai da criança. Lidar com a enorme frustração gerada por esse fato. Manejar o ressentimento pela liberdade de que goza o pai. Sentir-se mal por se dedicar demais à carreira. Sentir-se mal por não se dedicar o suficiente à carreira. Garantir que sonecas e sono noturno sejam suficientemente reparadores para o filho. Ter atenção aos marcos do desenvolvimento infantil. Correr atrás de estratégias e especialistas para corrigir possíveis atrasos no desenvolvimento. Ser a principal responsável pelas decisões referentes a tudo o que envolva o filho, mesmo quando o pai "ajuda". A escola em que vai estudar, quando é possível escolher uma. A pediatra com quem o filho vai se consultar, quando é possível escolher uma. O esporte que o filho vai praticar, quando é possível escolher um. A atividade cultural com que o filho vai se envolver, quando é possível escolher uma. E, quando não é, buscar uma alternativa razoavelmente satisfatória para cada um dos aspectos mencionados. A metodologia, a teoria, a corrente nutricional... estudar. E tentar. E se sentir um fracasso quando não rolar. Manter a casa em ordem. Criar estratégias para que as crianças cooperem com a ordem da casa. Certificar-se do que falta na despensa. Encontrar tempo em um dia sem tempo para fazer as compras referentes ao que falta na despensa. Pensar no lanche a ser levado para a escola no dia seguinte. No uniforme. No dever de casa. Na atividade avaliativa. Nas notas que não vão bem. Estudar aquele conteúdo de matemática para ajudar a criança a superar suas dificuldades. Irritar-se. Buscar uma professora particular para dar uma mão. Relacionar-se com a escola da criança. Manejar a angústia da separação. Convencer a criança a ficar na cadeirinha do carro, quando há um carro. Preocupar-se com a segurança da criança, quando não há um carro, mas sim um assento comum — ou nem isso — em um transporte público. Encontrar as coisas perdidas e urgentes, do brinquedo ao termômetro quando as doenças trazidas da escola se instalam. Ainda quando elas chegam, suspender até certo ponto a rotina, medir a febre, administrar os dez procedimentos, entre xaropes, lavagens nasais e antibióticos, a serem realizados. Preocupar-se e dormir ainda menos por isso. Decidir-se se a criança está consumindo antibióticos exagerada e desnecessariamente. Considerar tratamentos alternativos. Questionar as suas habilidades como mãe. Questionar se os seus filhos virão a ser boas pessoas. Se são, se serão felizes. Lidar com palpites e comparações bombardeadas diariamente. Comparar-se cruelmente todos os dias. Sentir-se culpada por pedir ajuda com as crianças. Sentir vergonha em solicitar cuidado para si. Não conseguir descansar verdadeira e profundamente. Não saber mais o que é uma noite inteira de sono ininterrupto. Nunca se sentir boa o suficiente. Não saber mais o que fazer para manejar as emoções difíceis relacionadas aos filhos e às próprias expectativas irreais sobre maternidade... e se sentir uma péssima mãe por isso, ainda que dê seus 150 por cento o tempo todo.

As demandas da maioria das mães, em um dia simples, em um dia como qualquer outro, são um universo em expansão, e engana-se quem acredita que elas se limitam a uma lista de coisas a serem feitas. Não é só fazer. Quem dera fosse. Peço inclusive perdão por tudo o que eu não descrevi no parágrafo anterior. Não tenho dúvida alguma de que, se estivéssemos conversando enquanto esperamos as nossas crianças gastarem a energia acumulada no escorregador de um parquinho, com certeza você adicionaria mais um punhado ou dois de demandas que eu não poderia imaginar, porque não as acesso.

Quando o assunto é reatividade materna e suas raízes, o buraco é mais embaixo.

Não mergulhar nas águas gélidas e perturbadoras que nos permitem encontrar e legitimar tudo isso que existe para além da ponta do iceberg também nos impedirá de reconhecer que não há maldade no grito, na impaciência, no pavio curto da maioria das mães. Ainda assim, tudo isso se resume, basicamente, ainda que não à pontinha branca e visível de um iceberg de reatividade, à parte quase visível de sua extensão. Na sua base, no fim das contas, está a inabilidade de muitas de nós de fazer algo que só nós, única e exclusivamente nós, podemos fazer por nós mesmas: sermos — ou nos tornarmos — emocionalmente mais inteligentes. Mas, na estrutura da reatividade de muitas de nós está também uma carga invisível, que em muito extrapola os afazeres mais práticos. Precisamos falar mais sobre ela.

> Quando eu digo controlar emoções, me refiro às emoções realmente estressantes e incapacitantes. Sentir as emoções é o que torna a nossa vida rica.
>
> *Daniel Goleman*

Atenção plena ainda hoje

Sempre que estiver perto de perder a paciência com sua criança, tente fazer uma pausa. Pense no seu iceberg. Se possível, faça uma lista mental de todas as suas demandas maternas físicas, emocionais e organizacionais do dia. E então retorne a sua atenção para o seu corpo. Perceba quais são as sensações que emergem quando você pensa nessas demandas, se há tensão. Trazendo consciência a esse desconforto, dissolva-o respirando conscientemente.

11

A mente-elefante

AQUI E AGORA

Perceba se neste momento a sua mente está toda entregue ao ato de ler este livro ou se ela está sendo tomada por outros pensamentos, como memórias, julgamentos, preocupações com os seus afazeres. É natural que a mente busque por subterfúgios, escape do momento presente. O nosso trabalho ao educá-la consiste em, sempre que nos percebermos ausentes do agora, gentil e calmamente retornar a nossa atenção ao que nos propomos a fazer, o que, no caso, seria ler este livro.

INDEPENDENTEMENTE DAS CARGAS QUE FAZEM PESAR O SEU CORPO, a sua mente, a sua energia e o relacionamento com suas crianças, é provável que a maioria de nós, mães, compartilhemos desta realidade: a maternagem envolve trabalho braçal, mas também estratégico e, sobretudo, mental e emocional. Existe todo um peso nessa carga invisível que se associa intimamente ao que é sentido de forma ardente e descontrolada, reiterada e não digerida. Sentimentos que não são vistos, tocados, verbalizados. Sentimentos não reconhecidos e muito menos legitimados. Eles precisam ficar no porão, escondidos, porque é assim que se evita o (auto)julgamento quando se é mãe, bem como todo o sofrimento e toda a culpa advindos dele. Mas será?

Responsabilidades, preocupações, decisões. Esse desconforto emocional é agravado pelo fato de que, para elas, as mães, casa é lugar de trabalho. Para eles, de descanso. Boa parte da reatividade materna deriva disso. E não, falar sobre isso não busca legitimar a reatividade em si, mas reconhecer algumas de suas raízes, já que sem isso será difícil aprender a lidar com ela de forma saudável. E não, também não se trata de renegar ou evitar resquício de reatividade de qualquer maneira, a qualquer custo. Existem momentos em que a espontaneidade deve se sobrepor à racionalidade, o que torna as nossas expressões e relações mais humanas e mais vivas. Está tudo bem sermos imperfeitas também na frente dos nossos filhos, já que isso os libera do pesado fardo de ter que ser algo próximo de uma perfeição que, bem sabemos, não existe.

Está tudo bem sermos imperfeitas também na frente dos nossos filhos, já que isso os libera do pesado fardo de ter que ser algo próximo de uma perfeição que, bem sabemos, não existe.

O que sugiro neste manual é que, na condição de mulheres e, sobretudo, mães, possamos aprender, pelo nosso bem e pelo de nossos filhos, a sermos mais fortes do que o nosso ímpeto para a reatividade, que não raro também pode ser denominada violência, mas sem que esse convite se torne uma obsessão por performar serenidade e equilíbrio o tempo todo. Ninguém é de ferro e, como eu sempre gosto de sublinhar, mães são humanas. Portanto, imperfeitas.

Além disso, há de se afirmar e de se concordar que já dá um senhor trabalho cuidar bem de si mesma, que dirá cuidar bem de si mesma enquanto se cuida bem — e muitas vezes praticamente sozinha — de uma ou mais crianças. Eu me lembro do momento em que me encontrei no clímax do autocuidado já experimentado em minha vida. Foi em 2020, no auge da pandemia, quando finalmente eu me exercitava todo dia, fazia jejum intermitente, não só mantinha uma dieta vegetariana como uma dieta saudável e cheia de orgânicos, morava em uma casinha no meio do mato, no alto de uma montanha em um vilarejo em Minas Gerais, cuidava da espiritualidade por meio das minhas orações, de forma consistente, meditava por mais de uma hora diariamente, estava com a terapia em dia e havia me retirado de um relacionamento profissional que me esgotava mental e emocionalmente.

Eu basicamente tinha dado *check* em tudo aquilo que, naquele tempo, a meu ver, significava autocuidado. Está certo que, para os meus parâmetros da época, *skin care* e planejamento financeiro não compunham a minha lista de práticas autoamorosas como compõem hoje, mas, para a minha mentalidade do momento, eu havia chegado lá. E eu dei duro para chegar ali e, de fato, considerando o bem-estar que a sobreposição desses bons hábitos me gerou de forma constante, e não com picos de prazer ocasionados por algum alimento rico em açúcar, eu me sentia plena, ainda que o período fosse, no âmbito coletivo, superdesafiador e que uma boa dose de tristeza, quando acessava os noticiários, me inundasse todo santo dia.

O autocuidado que for possível

Eu precisei de constância e de disciplina para cuidar bem de mim, e isso deu trabalho. Isso ocupou a minha mente, me demandou estratégias, informação e decisão — diariamente. Mas o que nos interessa aqui é o fato de que, hoje, quase quatro anos após a maternidade ter chegado para mim, enfim ressignifiquei e redimensionei o que é autocuidado, tendo em vista o que é possível na minha rotina. Sobretudo porque cuidar bem *só* de mim já é um superinvestimento de energia mental, física e de tempo... que dirá cuidar bem de mim enquanto cuido bem, muito bem, dos meus filhos. Considerando isso, preciso ser justa comigo mesma. É bem provável que, dadas todas as intempéries que preciso contornar no meu dia a dia como mãe de duas crianças pequenas para me oferecer qualidade de autocuidado, o clímax em relação a isso na verdade é agora, e não 2020.

Portanto, é necessário que estejamos atentas ao fato de que a explosão que acontece com um filho e da qual provavelmente emerge a culpa e o arrependimento é sempre nutrida por muitos fatores; alguns nós controlamos, mas outros, não. A verdade é que, não importa o quanto você consiga enxugar a sua rotina — e viver uma vida mais essencialista ou até minimalista com certeza é uma boa tática de autocuidado —, as crianças ainda precisarão, por exemplo, de comer. E você também, é bom lembrar.

Seria ótimo, ainda, que ambos os genitores de uma criança dividissem igualmente toda e qualquer função, prática ou mental, relacionada a ela, mas também reconhecemos que esse ideal, na realidade, é raríssimo. Na mesma medida, seria maravilhoso que esses genitores pudessem contar de verdade com a vila, aquela de que precisaríamos para criar uma criança, o que, também já sabemos, é descolado da realidade social individualista em que se insere a maioria das famílias nos tempos atuais. Isso quando a rede de apoio não é, na verdade, uma rede de desgaste, isto é, quando ela se compõe de uma ou mais pessoas que podem até dar certa sustentação para as demandas mais práticas da maternidade e do cuidado com filhos, mas que na mesma proporção consome a mãe com palpites, críticas e descumprimento de combinados.

A verdade é que no fim do dia, minha amiga, tudo fica na conta da mãe. Por isso, serão as mães, apoiando-se umas às outras, as únicas peças dessa engrenagem capazes de fazer a revolução mental, aquela que nos liberará da mente-elefante. Até porque, nessa engrenagem, nós somos as únicas interessadas nisso. Curiosamente, compreendi, graças à clareza mental que praticar mindfulness me proporciona, que, para lidar com a carga mental da maternidade, ou seja, com o elefante invisível na sala, é ilusório desejar que o mundo lá fora se torne um lugar menos hostil para mães. É básico, mas a gente teima em esquecer que não dá para mudar ninguém. É injusto e até cruel que tenhamos de fazer mais isso — a revolução mental —, mas é o que temos para hoje. Para mim, para você e para Carlota.

Sobrecarga mental

Carlota se sentia constantemente exausta. Já havia feito um check-up que indicava que seus níveis de vitamina B12 e de ferritina, muito embora não estivessem dignos de aplausos, encontravam-se dentro do esperado e considerado saudável. É certo que, sendo mãe de um bebê de 1 ano e 2 meses, que despertava, todas as madrugadas, bem mais do que ela gostaria, o corpo padecia. Mas não era aos 3 meses da criança, quando concluída a exterogestação, que tudo necessariamente ficaria mais calmo e claro? Ela já sabia que não, ou não necessariamente. Isso porque ela também tinha uma menina de 5, que contrariava toda e qualquer expressão popular que insistia na máxima de que menina é mais fácil. Carolina, a de Carlota, parecia mais um foguete do que uma criança. A maternidade a tirava há meia dezena de anos da zona de conforto, por isso mesmo tudo o que ela queria — e precisava — era de um lugar quentinho para descansar — por tempo não determinado.

Curioso que a sua exaustão crônica não parecia ser exatamente física. Ou não apenas isso. Nos fins de semana, quando sua mãe costumava assumir a demanda mais prática com as crianças, ocupando-se até mesmo do sono instável do bebê, Carlota iludia-se sobre descansar, mas ainda se sentia... estressada. Dormir um pouco mais e poder responder em paz às mensagens de WhatsApp da semana tinham, sim, um efeito restaurador, mas não zeravam o seu inveterado cansaço. Afinal, ele era permanente, insistente, onipresente. Durante a semana, é justo ressaltar, o seu marido, que também era o pai das crianças, a ajudava muito.

É fato que Carlota detestava — e não sem razão — o verbo utilizado pela mãe e pelas tias para deixar claro que ele estava, em termos de comprometimento com os cuidados com os filhos, bem acima da curva... AJUDAR. Mas que raios de ajuda seria essa se ele era, afinal, o pai e deveria, na opinião de Carlota, se responsabilizar por metade de tudo o que se referia aos seus próprios filhos? Ela já tinha tido, se pensarmos bem, o enorme trabalho de criar, em seu ventre, braços, pernas, fígados, neurônios e mucosas.

É que na somatória de tudo o que demandam um bebê e uma criança, afinal, não estavam "apenas" amamentar, dar banho, oferecer refeições, orientar sobre as tarefas escolares, levar e buscar da escola e das atividades extracurriculares, colocar para dormir, entre tantas outras tarefas. Em relação ao que é tangível e palpável, sim, não se pode negar que Davi, o marido, se comprometia. Mas o que dizer sobre descobrir o motivo do choro, acolher e corregular durante a birra, compreender a metodologia de ensino da escola e decidir se ela se adéqua aos valores da família, perceber a necessidade de levar ao médico e ao dentista, marcar as consultas, avaliar se a alimentação estava nutritiva o bastante, buscar informações sobre suplementação quando não, lembrar do horário das vitaminas, verificar se há roupas para a estação seguinte, comprá-las, pesquisar o custo-benefício dos possíveis fornecedores das festinhas de aniversário, contratá-los ou fazer tudo com as próprias mãos, dentre tantos outros pontos a serem contemplados dentro da cabeça de Carlota?

Ela havia sido, um dia, uma mulher mais leve. Mais legal. Mais galera. Mas Davi parecia alheio à realidade paralela na qual Carlota, desde o positivo do teste de gravidez cinco anos atrás, habitava. Ele, afinal de contas, não tinha entrado com os dois pés no bonde.

O plantão infinito

O bonde. O que faltava a Davi, mas Carlota sabia de sobra, era que não bastava levar Carolina à escola. Essa era apenas uma peça da engrenagem, que também dependia de acordá-la na hora certa, o que significava, ainda, garantir que a sua rotina do sono se desse na hora justa. E garantir tudo isso, quando se trata de crianças, depende de estratégias e de rotas recalculadas, muitas rotas recalculadas. E isso só adiciona mais toneladas a uma mente que já pesa como um elefante. É que não, não era apenas acordá-la e colocá-la para dormir... era, também, pensar sobre isso, calcular isso, questionar-se se as horas de sono eram o suficiente para a menina, se aquela birra supostamente causada pelo biscoito que lhe foi negado não seria, afinal, causada pela falta de mais meia horinha debaixo das cobertas. Isso para citar apenas uma das variáveis que sustentavam — ou não — o bom andamento das manhãs da filha mais velha. O peso da *sobre*carga mental de Carlota, bem como o de outra mãe qualquer, parecia ser, além de pesado, individual, subjetivo e intransferível. Era uma espécie de plantão infinito: 24 horas todos os dias, de todas as semanas, de todos os meses, por muitos anos. E com toda a certeza a única pessoa capacitada para essa maratona era Carlota. Iron Woman.

Mas será mesmo? Essa questão precisa permanecer no centro da mesa até o dia em que retirarmos ele, o elefante invisível e pesado da sala. Afinal, todas essas tarefas, funções e responsabilidades designadas e assumidas por mães não são de caráter fisiológico, como é a gestação ou a amamentação. A tarefa exaustiva de pensar, de calcular, de planejar e de organizar basicamente tudo o que envolve a vida de uma criança não está ligada a um talento reservado pelos céus às mães. E que saúde poderia resistir a essa pesada *sobre*carga, sendo, como dito antes, já bastante complexo tomar conta direitinho de si mesma e de mais ninguém? Nem todos os sais minerais e vitaminas em dia poderiam garantir saúde, muito menos saúde mental, a uma mãe *sobre*carregada. Não basta suplementar magnésio e vitamina D, infelizmente. Quem dera fosse.

A tarefa exaustiva de pensar, de calcular, de planejar e de organizar basicamente tudo o que envolve a vida de uma criança não está ligada a um talento reservado pelos céus às mães.

Apesar de mental, nem tão invisível ou impalpável assim. A carga intangível que assola as mães se revela em um cenário em que, ainda que de forma minoritária, testemunhamos muitos homens se responsabilizando cada vez mais pelos afazeres relacionados aos filhos. Muito embora os avanços não cheguem nem de perto para todas as mulheres, é importante reconhecer que eles existem. E, muito embora sejam justos e necessários, também é preciso concordar que eles não são suficientes.

A vida fácil do pai que ajuda

Carga mental, enfim, é o conceito que abrange o acúmulo de atividades — e pensamentos, reflexões, resoluções sobre elas — que recai sobre os ombros das mães, ainda que muitas de nós estejamos, tanto quanto ou até mais do que os pais dos nossos filhos, inseridas no mercado de trabalho e assumindo os boletos da família. Eu prefiro, porém, renomear a condição como SOBREcarga mental, já que nós, mães, acabamos assumindo integral ou quase integralmente os 50% de responsabilidades não práticas referentes ao outro genitor, o que nos torna sobrecarregadas. A mente-elefante é, portanto, um fenômeno oriundo de uma injustiça. Injustiças geram reatividade porque promovem raiva.

Um exemplo simplório, mas bastante ilustrativo disso, é o do "paizão" que troca fraldas e é socialmente ovacionado por isso, quando, no sistema que envolve essa simples ação, a real protagonista é a mãe, que pesquisou as marcas de fraldas com melhor custo-benefício, absorção e conforto para o bebê. É provável que ela tenha testado várias delas e considerado (ou até optado por) usar fraldas ecológicas. Sem dúvida é ela, e não o "paizão", quem sabe a melhor pomada para assaduras, quem fica de olho quando as fraldas estão acabando e as providencia antes que isso aconteça, quem sentiu primeiro o cheiro de cocô e supôs que era a hora da troca, também quem descartou a suja na lixeira antiodor, que, para surpresa de ninguém, também foi ela quem escolheu após uma série de visitas ao Google ou depois de inúmeros vídeos assistidos no YouTube com indicações de outras mães — e não de pais — sobre os prós e os contras de ter a tal lixeira.

Não preciso nem dizer que, quando o muitas vezes exaustivo processo de desfralde bater à porta, será muito provavelmente a mãe, e não o "paizão", quem o encabeçará a partir do momento que puderem ser notados — por ela, que se informou a respeito — os sinais de prontidão da criança. E, se o assunto são fraldas e a incrível capacidade paterna de trocá-las, penso ser pertinente ressaltar que, quase sempre, quando cabe ao pai comprá-las, ou ele consultará a mãe sobre marca e tamanho ou simplesmente optará por aquelas que estiverem em promoção. Há exceções, mas é óbvio que a regra é essa.

A *sobre*carga mental assola mães quando o mais companheiro dos pais, antes de ir ao supermercado para fazer a compra da semana, envia um WhatsApp dizendo "Faz a lista e me manda". Ou quando solta um "Mas eu ia fazer, é que você não sabe esperar" depois de obviamente ela ter esperado, e muito, por ajuda. Ou ainda "Onde está o termômetro?", "Onde está a carteira de vacinação?", "Onde estão os lenços umedecidos?", "Onde está qualquer coisa referente à vida do meu filho que você, mãe, sabe de cor e salteado onde se encontra, até porque é claro que foi você quem teve que definir o melhor lugar para guardar esses itens?".

Toda essa série de resoluções mentais, que não raro se tornam resoluções práticas, faz com que as mães sejam pessoas mais cansadas e, por isso, menos pacientes. Faz, sobretudo, com que elas se sintam injustiçadas, e isso gera raiva, que, como já dito, gera reatividade. E, quando isso vira rotina e se torna um novo jeito de ser da mulher que se tornou mãe, uma gama de novos problemas passa a se revelar para ela, para suas crias, para seu eventual relacionamento afetivo-sexual. Não só ela perde, todo mundo perde — e muito — nesse cenário.

A mãe está sozinha

A solidão materna é um fato, e muitas são as mulheres que se consideram mães solo ainda que estejam casadas ou em relacionamentos com os pais de seus filhos. Porém, é obviamente ainda mais densa a realidade da exaustão materna quando nos referimos às mais de 11 milhões de mulheres que, no Brasil, segundo uma pesquisa realizada pela Fundação Getulio Vargas (FGV), são a única referência em seus lares, para os seus filhos. O exaurimento e a solidão oriundos da maternidade solo adoecem mental e fisicamente as mulheres submetidas a essa condição. Dito isso, é comum ouvir relatos que denunciam, nesse contexto, ansiedade constante, por exemplo.

Viviane, mãe de três crianças cuja presença paterna era quase nula, não me deixaria mentir. Desamparada pelo genitor de seus filhos, mas também pelo Estado e pela sociedade, buscava a renda que lhes garantia a sobrevivência em trabalhos informais, que lhe davam maior flexibilidade para equilibrar os pratinhos na mesma proporção que lhe submetia a rendimentos menores, menos estáveis, tudo isso abraçado por falta de proteção social. Apesar dos pesares, Viviane era grata a sua mãe, que também fora mãe solo antes dela. Dona Vera lhe havia ensinado o valor e a dignidade do trabalho honesto e a fazer uma boa faxina, o que tornava Viviane uma diarista muito disputada, cuja agenda estava sempre cheia. Na ida e no retorno das casas de seus clientes, quando dava, ela assumia a sua versão motorista de aplicativo. Ali era sua terapia. Ao menos quando a passageira era outra mãe, sobretudo outra mãe que não tinha muito a quem recorrer. Outra mãe que, contar, contar mesmo, contava consigo mesma. Com a força dos seus braços, com a saúde do corpo — que obviamente às vezes faltava —, com a belíssima motivação para jornadas tão intensas de trabalho chamada boletos a serem honrados.

Viviane não era a exceção, era a regra. Vivi vivia angustiada, consumida pelo medo de faltar algo para seus filhos, de adoecer e de não garantir o pão à mesa. De não conseguir oferecer nem o mínimo, de não ser o bastante para forjar bons homens, de ampliar a sua constante sensação de insuficiência, aquela que lhe roubava alguma faísca da espontaneidade que por sorte e por fé na vida ainda lhe sobrava. Tinha medo do que poderia acontecer com o mais velho, de 12 anos, que, diferentemente dos outros dois, que gastavam seus dias em uma creche situada perto da sua casa, passava parte do tempo desassistido, criado pelas ruas. Vivi seguramente estava imersa em uma realidade bem mais precária do que a de Teresa, mãe de Leonardo. Ele era seu único filho. Mas, assim como Viviane era para seus meninos, Teresa era a sua única referência.

Algo particular uniu, em certo momento, essas mulheres… a solidão e todo o restante que derivava dela. Muito embora Teresa fosse engenheira em uma empresa de renome, apesar de contar com um par de amigos que lhe estendiam as mãos em momentos emergenciais e de ter, por pelo menos algumas horas por dia, a sua mãe disponível para cuidar de Leonardo, elas tinham pegado o mesmo trem, o da maternidade solo. Ainda que Teresa estivesse na primeira classe, enquanto Vivi se encontrava na econômica, elas se esbarraram em um corredor. Trocando em miúdos, em uma corrida de aplicativo.

Naqueles 43 minutos de trocas e desabafos, Teresa reconheceu o quanto a sua sobrecarga, em especial o elefante que morava na sua mente, fazia dela uma mãe muito diferente da que ela gostaria de ser. No seu ideal, ela não gritaria nunca com Leonardo, tampouco o castigaria, o ameaçaria, o agrediria fisicamente. Vivi concordava. A pressão sobre os seus ombros, o peso sobre as suas costas faziam toda a insatisfação, ansiedade e raiva serem ventiladas neles, em seus meninos. Era injusto. Com todos. Com eles, com elas. Mas quem poderia julgar Vivi e Teresa?

Ninguém, absolutamente ninguém, embora muita gente o fizesse. Porém, é importante abrir um parêntese, reiterar um ponto. Enquanto mulheres adultas, apenas nós mesmas somos responsáveis pela maneira como reagimos a emoções desafiadoras, dentre elas a raiva. Há quem consiga ter conversas esclarecedoras e assertivas após elaborar o que a sua raiva veio comunicar, por exemplo. São pessoas que podem estabelecer limites saudáveis em suas relações porque compreendem como funciona o mecanismo da raiva e podem interpretar quais das suas necessidades não foram atendidas para que a sensação de estarem sendo injustiçadas e de seus limites estarem sendo ultrapassados viesse à superfície.

Outras pessoas, contudo, a maioria de nós, eu diria, não conseguem, por ausência de recursos internos para lidar com as próprias emoções, responder de maneira construtiva à própria raiva, o que desencadeia situações de descontrole emocional e traz implicações negativas para os seus relacionamentos. Algumas delas se inserem exatamente no escopo da reatividade com nossas crianças.

Nos interessa, porém, compreender que o grito com os nossos pequenos diante de um comportamento que nos desafia muitas vezes tem menos relação com o comportamento em si e mais conexão com a série de situações que nos levaram a estar cronicamente exaustas por causa da nossa *sobre*carga mental. É fundamental entendermos essa engrenagem, uma vez que o mais comum é culparmos terceiros pelas nossas explosões, inclusive os nossos filhos, quando, no máximo, elas podem ter sido escritas em coautoria, sendo o agente da raiva o seu principal autor, e não quem em teoria a teria motivado. Na terceira parte deste manual nós vamos nos aprofundar nessa temática.

Por que delegar é tão difícil?

Especificamente quanto à sobrecarga que desespera tantas mães, fica a provocação: será que Carlota poderia aprender a delegar melhor? Será que eu e você também poderíamos? Sei que essa é uma possibilidade que, definitivamente, não pode ser nem considerada para muitas mães, pois, assim como para Teresa, e sobretudo para Vivi, não há, injustamente, alguém a quem seria possível delegar algo. Mas, quando há, será que acabamos poupando o outro responsável pelas nossas crianças, ainda mais quando são homens, porque, movidas pela inércia social, eles são mesmo sempre poupados? Será que também acabamos poupando esses homens porque nos damos importância demais, somos centralizadoras demais, julgamos ser unicamente nós de fato capazes de cuidar bem de nossas crias?

> **Delegar é uma posição muito difícil para nós, mulheres, o que nos convida a uma reflexão autocrítica: existe certo conforto em ter o poder de decidir tudo?**

A provocação advém do fato de que delegar é uma posição muito difícil para nós, mulheres, o que nos convida a uma reflexão autocrítica: existe certo conforto em ter o poder de decidir tudo? Para mim, a carga se tornou menos pesada quando cedi. Quando aceitei que o pai dos meus filhos cortasse a fruta de modo meio desajeitado para a merenda da escola, bem como que, ao vesti-los de manhã para irem à aula, criasse looks que contrariavam em tudo o meu senso estético. Isso para dar um exemplo bem banal.

O convite é para abrirmos espaço para que os demais cuidadores de nossos filhos possam imprimir a sua individualidade nesse cuidado, o que nos tira da posição onipresente e onisciente que pretendemos ter, mas que não somos — e jamais seremos — capazes de ter. Pequenos atos conscientes e intencionais nos aproximam da mãe mindful e nos distanciam da mãe reativa porque nos levam a habitar um espaço interno de maior aceitação, o que, por si só, é um antídoto contra o elefante em nossas mentes.

Enfim, eu poderia escrever incontáveis linhas sobre carga mental se fosse possível escutar o que ressoa nas mentes maternas do Brasil e do mundo afora. Sobre detalhes do cotidiano que, grama a grama, criam toneladas.

Não é urgente? Então pode esperar

Quando carregamos sozinhas a carga de fazer uma casa, uma família funcionar, esvaziamos as nossas mochilas de nós mesmas, da nossa autonomia, da nossa identidade, do nosso bem-estar mental. Falaremos mais sobre isso adiante, com a profundidade que a questão demanda. E, apesar de toda essa realidade cansativa e concreta precisar ser delineada para que possamos, assim, trazer luz a uma das principais causas secundárias da reatividade materna — já que a causa primária suprema é a falta de recursos para gerenciar as próprias emoções —, é também necessário dizer que expressar e explicitar todo esse contexto não tem a intenção, nem minimamente, de jogar lenha na fogueira e inflamar os ânimos entre mães e pais, isto é, falar sobre como a sobrecarga mental se edifica para a maioria das mães não tem o objetivo de difamar os homens em suas funções paternas.

Volto a dizer que a última geração de pais tem começado a se movimentar rumo a uma postura mais madura e justa, muito embora os que se propõem a isso ainda sejam a minoria, considerando que mergulhar na paternidade é muito mais opcional do que mergulhar na maternidade. Também não desejo apagar as particularidades que podem ser percebidas na interação da mãe com sua criança e do pai com ela. Certamente as condições sociais, fisiológicas e subjetivas desses indivíduos contribuirão para que eles tenham papéis distintos, mas que miram o mesmo alvo, isto é, educar um filho com segurança emocional, material e psicológica o suficiente para que ele entenda sobre limites e sobre amor na mesma medida. Todos seremos beneficiados quando, para além do que nos diferencia, se tornar central o que realmente importa quando, por escolha ou não, a vida nos confia outro ser humano.

Todos seremos beneficiados quando, para além do que nos diferencia, se tornar central o que realmente importa quando, por escolha ou não, a vida nos confia outro ser humano.

Em especial para aqueles que estiverem criando seus filhos juntos, para pais e mães que também são um casal, a harmonia ou a ausência dela, bem como o respeito e o carinho, ensinarão todo dia às crianças sobre o que elas deveriam esperar de relações afetivo-sexuais e sobre como elas devem se portar quando estiverem em uma.

É verdade que todo e qualquer casal passa por um processo de adaptação quando deixa de ser dois e passa a ser três ou mais. Ser um casal é diferente de ser uma família. É verdade também que, quando um homem assume a coautoria da criação dos filhos com a sua companheira, isso a libera de ser quem está sempre garantindo que tudo ficará bem. Estando mais relaxada, ela poderá ser mais ela mesma, e isso não é só justo, é superpositivo para o relacionamento.

Para nós, mães, que seja feita enfim a revolução mental, que é pacífica, sobretudo silenciosa. Quando aprendemos, por meio, por exemplo, do mindfulness, a gerenciar as nossas próprias mentes, em alguma medida as dimensões do elefante se modificam. Começa a florescer, ali, a segurança de que tudo aquilo que é irrevogavelmente essencial pode sobreviver sem que eu processe uma dezena ou duas de pensamentos a seu respeito. Que alívio. Floresce, ainda, a segurança de que tudo aquilo que não é irrevogavelmente essencial, que também não é tão urgente, ou seja, tão prioritário, pode esperar. Reconhecer isso me leva a recalcular a relevância de todas as janelas abertas que compõem a minha própria carga mental como mãe.

Mas, para asserenar a mente, é necessário, antes, escutar o corpo. Um excelente aliado da mãe que deseja amenizar a sua sobrecarga mental é, portanto, o escaneamento corporal, meditação que fizemos no Capítulo 2. Sentir-se frequentemente exausta, ansiosa, irritada e frustrada com a maternidade pode parecer uma condição normal, mas ela é apenas comum, ou seja, o fato de acontecer com muitas mães não significa que seja natural.

Praticar mindfulness com regularidade nos ajuda a reconhecer e lidar com padrões mentais adoecedores — como os pensamentos intrusivos que levam mães a estarem recorrentemente em estado de alerta, acreditando firmemente que algo de horrível está prestes a acontecer com suas crias — e nos habilita a perceber que outras questões de saúde mental, como as que foram mencionadas, nos afogam em um emaranhado sufocante de emoções e de pensamentos que tornam a maternidade um fardo.

Nesse sentido, gosto de lembrar a mim mesma que, para que mães e pais fossem considerados responsáveis e até excelentes em suas funções, bastava que suas crianças estivessem bem alimentadas, vestidas, que fossem à escola e que, em geral, as suas necessidades mais básicas fossem atendidas. No entanto, para as famílias que se formaram nos últimos anos, não é bem assim. As exigências são gigantescas exatamente no momento histórico em que mulheres maternam de maneira mais isolada e solitária do que em qualquer outro período.

Para que mães e pais fossem considerados responsáveis e até excelentes em suas funções, bastava que suas crianças estivessem bem alimentadas, vestidas, que fossem à escola e que, em geral, as suas necessidades mais básicas fossem atendidas. No entanto, para as famílias que se formaram nos últimos anos, não é bem assim.

Eu sei que o tema da sobrecarga mental pode ter pesado para você. E sei disso porque, confesso, do lado de cá, pesou escrever sobre ele. Eu e você sabemos, porém, que o peso, de fato, está em viver com um elefante alojado na própria mente. Mas, para redimensionar — e em certa medida ressignificar — a questão, recorro às famosas palavras de Santa Teresa d'Ávila: é justo que muito custe o que muito vale. Elas me remetem, ainda, ao que Vera Iaconelli disse: ter filhos é perder um monte de coisas, não ter filhos é perder um monte de outras coisas.

Ambas já estivemos dos dois lados dessa trincheira. Mas posso falar apenas por mim: estou pronta para assinar embaixo do que dizem Teresa e Vera.

MÃES À OBRA Reduzir e sentir

Há uma história muito difundida nos meios budistas que pode nos ajudar a entender melhor o peso desnecessário que carregamos em nossas mentes-elefantes, ainda que, sim, a maternidade seja repleta de funções e responsabilidades inadiáveis.

Imagine um rio cujas águas, curvas e nascente existem há muito mais tempo do que poderíamos conceber. Imagine a si mesma se dirigindo todos os dias a esse rio para desfrutar de um banho revitalizante. Em teoria, ou pelo menos de acordo com a percepção que no Ocidente temos, você estaria fazendo a mesma coisa diariamente, o famoso "todo dia ela faz tudo sempre igual", o que, a médio prazo, talvez passasse a ser entediante.

O que a leitura budista dessa situação nos convida a perceber, no entanto, é que você jamais poderia fazer a mesma coisa todos os dias, afinal o simples fato de você entrar em contato com o rio, de algumas folhas das árvores que o cercam caírem sobre suas águas ou de um pedaço de tronco de uma delas passar a navegar sobre elas modifica, em definitivo, o rio. O rio, portanto, continuamente se transforma. O mesmo acontece com você — e comigo.

Cada micro ou macroexperiência que acontece te torna, de forma tímida ou avassaladora, diferente. Reconhecer, sob essa ótica, que a impermanência é um fato nos convida ao desapego. Isso porque um pedaço de tronco que pode parecer, em uma manhã qualquer diante do rio, um importante empecilho para um mergulho é, na verdade, uma situação que será resolvida pelo próprio rio. Em um dia ou mais alguns, a correnteza se encarregará de arrastar o fragmento de árvore.

Quando nos propomos a enxergar a nossa maternidade com essa mesma simplicidade, quando treinamos a mente para enxergar o nosso contexto de maneira mais desapegada, panorâmica, contemplativa, pouco a pouco nos desidentificamos com tantos pensamentos, com tantos problemas que, em nossa ansiedade materna latente, julgamos serem muito urgentes e necessários, mas não são. Amanhã eles serão ontem. Amanhã eles serão o tronco levado pela correnteza.

> Os piores problemas que tive em minha vida foram
> aqueles que nunca ocorreram.
>
> *Mark Twain*

Nesse sentido, me agrada muito certo exercício mental para momentos em que me sinto estressada devido ao elefante que também habita a minha mente. Primeiro, contudo, preciso ser radicalmente honesta com você: ele habita aqui... Desde que me tornei mãe, na verdade, ele se instalou. Antes disso, eu nem reconhecia a sua existência. Quando, entretanto, a maternidade chegou pela segunda vez, ele ganhou importantes toneladas adicionais, o elefante. O meu modo de lidar com ele, o que significa torná-lo menos exaustivamente pesado para mim, é acordar e meditar antes de me entregar à rotina que inclui casa, filhos e trabalho. Assim, parafraseando Jan Chozen Bays em seu excelente livro sobre práticas informais de mindfulness, eu posso domar o meu elefante. Mais adiante contarei o exato passo a passo da prática que o amansa, porque agora me interessa mais compartilhar a estratégia que algumas linhas acima eu havia mencionado.

Quando me percebo engatando a marcha da reatividade porque a minha mente está preocupada ou ansiosa demais com algo, em especial quando isso se refere aos meus parâmetros ainda muito romantizados e irreais de como deveria ser a rotina ou a criação das minhas crianças, eu me pergunto: qual será o impacto disso daqui a cinco anos? Isso será relevante a ponto de ser relembrado? Se a resposta é NÃO, então eu simplesmente trabalho a minha aceitação. Acolho a impermanência e me convenço, racionalmente, de que a correnteza também levará esse tronco.

Um exemplo de como isso acontece na prática é a minha tendência a desejar que a casa esteja em ordem, que os brinquedos estejam em seus postos quando não utilizados. Obviamente, tendo filhos curiosos, saudáveis e felizes, isso não se concretiza, a menos que, por alguma razão, eles não estejam em casa. Ressalto que a minha reflexão aqui não é sobre como conduzir a criança em situações assim... Obviamente, é necessário instruí-la sobre a importância de ser cuidadosa e responsável com seus objetos. Inclusive, a médio prazo, quando os nossos filhos começam, por conscientização e repetição, a aprender a cuidar de suas coisas, uma pequena parte da sobrecarga mental materna e da sua consequente reatividade pode ser dissolvida. Além disso, a minha reflexão incide no universo interno da mãe que, continuamente, adiciona gasolina ao fogo da sua impaciência sempre que se encontra diante de brinquedos espalhados.

Aceitar que certo caos é parte de ambientes em que há crianças diminui o peso do elefante. A aceitação, atitude de mindfulness, é uma bênção, já que nos desobriga. Em paralelo, o que percebo é que, conforme adoto uma relação minimalista com os objetos ao meu redor, a minha mente tende a se organizar melhor. Menos brinquedos, menos bagunça: é matemática simples. Além disso, menos brinquedos, mais oportunidade para que nossas crianças desenvolvam a criatividade e a concentração, em vez de ficarem, como macacos desorientados que pulam frenéticos de galho em galho, alternando desvairadamente entre os muitos blocos, carrinhos, bonecos amontoados.

> **Menos brinquedos, mais oportunidade para que nossas crianças desenvolvam a criatividade e a concentração, em vez de ficarem, como macacos desorientados que pulam frenéticos de galho em galho, alternando desvairadamente entre os muitos blocos, carrinhos, bonecos amontoados.**

Anos atrás, quando li *A mágica da arrumação*, de Marie Kondo, e de fato coloquei em prática o conselho da autora de me desfazer de 70% de tudo o que tinha em casa, senti uma verdadeira clareira mental. Kondo afirma que, por sermos sensíveis ao nosso ambiente, ter menos coisas em casa nos ajuda a tomar decisões melhores, o que a minha experiência confirma. Posso dizer que hoje, como mãe, considero impensável me desfazer de cerca de três quartos de tudo o que temos, mas é provável que, na nossa mudança do Brasil para a Itália, isso tenha acontecido em dimensões até mais extremistas, o que significa que, sim, é possível, muito embora, no momento em que escrevo, esse não seja o meu desejo.

Ademais, na mesma linha da autora japonesa estão estudos científicos que revelam que é muito favorável à redução da ansiedade, por exemplo, habitar em um espaço organizado. O contrário também é um fato. O aumento do estresse, além da piora do humor e da função cognitiva, estão associados a ambientes desorganizados. Como dito, as crianças naturalmente se movimentam — e movimentam tudo ao seu redor, isto é, a sua presença pressupõe desordem. Para que ela seja menor e menos nociva às nossas pesadas mentes, a estratégia mais simples e potente que há é exatamente dar pouca munição aos nossos filhos, ou seja, termos apenas o que de fato nos é necessário.

Em suma, quando temos apenas o essencial em casa, o que inclui objetos de decoração e de cozinha, livros, roupas, brinquedos, liberamos um espaço físico que impacta diretamente no nosso espaço mental. Para nós, mães, trata-se de uma tática significativa na lida com a sobrecarga mental, pois para tantas de nós é desafiador considerar um modo de começar a aliviar a mente, de forma a torná-la mais clara e focada, tamanha a densidade da névoa que a encobre. Destralhar a casa ajuda a destralhar a mente, nos auxilia a encontrar um pouco de tranquilidade interna na medida em que poupamos energia mental.

A lógica do menos é mais não se aplica só quando o tema são brinquedos ou coisas materiais, vale destacar. É imperativo simplificar a vida em geral para desobstruir as nossas mentes. Eu percebo, por exemplo, que, nos fins de semana, quando eu e meu marido assumimos mais compromissos do que tende a ser gentil com as demandas e com os limites de nossas crianças (e com os nossos), criamos uma grande tendência a problemas de comportamento que desembocam em reatividade (tanto da parte deles quanto da nossa). Simplificar não só o ter, mas também o fazer, é, assim, reaprender a viver com o que é essencial, evitando os acúmulos que costumeiramente atravancam os nossos espaços físicos e mentais.

Edificar para si mesma e para a sua família uma rotina arquitetada na simplicidade os levará a redimensionar o que de fato tem valor, bem como o que merece ser valorizado.

Isso é viver a vida no modo mindful. Edificar para si mesma e para a sua família uma rotina arquitetada na simplicidade os levará a redimensionar o que de fato tem valor, bem como o que merece ser valorizado. Mais conscientes e menos mentalmente confusos, resgatam-se os pequenos prazeres cotidianos, desenvolve-se o olhar para o outro, promove-se a gratidão e o contentamento.

Dito isso, destralhe. A casa e a vida. Vai por mim: será um profundo exercício de mindfulness.

Atenção plena ainda hoje

Escolha um cômodo, um armário ou mesmo uma gaveta da sua casa e se proponha a destralhar, a deixar ir tudo aquilo que não seja de fato útil.

12

Ainda somos as mesmas... e vivemos como nossas mães

AQUI E AGORA

Pegue o objeto mais próximo de você e o observe com atenção. Perceba seu peso, dimensões, formas, cores e texturas. Procure observá-lo como se fosse a primeira vez que vê algo do tipo.

FRANCESCO, MEU FILHO MAIS VELHO, ATÉ OS SEUS 2 ANOS E MEIO FOI daquelas crianças que percebem na comida ora uma possibilidade de se fazer de cientista e testar incansavelmente a Lei da Gravidade, ora bode expiatório que lhe permite liberar algum estresse acumulado ao longo de um dia atípico, ora um brinquedo divertidíssimo e curioso. Tudo pode vir a ser jogado no chão — nada fora da curva, nada que uma criança daquela idade não faça. Madalena, inclusive, agora faz o mesmo.

Estou certa de que a maioria das crianças que têm acesso à própria comida, sem que um adulto lhes esteja constantemente trazendo colheradas à boca, em maior ou menor grau tem esse comportamento. Mas eu gosto de dizer que, no geral, quando não estamos nos referindo a fases típicas do desenvolvimento infantil, o comportamento de uma criança revela mais sobre o adulto de referência do que sobre ela, isto é, educar é sobre se reeducar, e haja coragem para fazer isso. Então, o que me interessa revelar — e te interessa saber, tendo em vista o objetivo deste manual — é a minha reação a tudo isso.

No geral, quando não estamos nos referindo a fases típicas do desenvolvimento infantil, o comportamento de uma criança revela mais sobre o adulto de referência do que sobre ela, isto é, educar é sobre se reeducar, e haja coragem para fazer isso.

Na maior parte do tempo do meu maternar até aqui, tenho sido uma mãe receptiva a comportamentos tidos como desafiadores para a nossa sociedade não letrada no que diz respeito ao desenvolvimento infantil. Em parte graças ao conhecimento que sempre busco ampliar e atualizar sobre o tema, mas principalmente graças a minha habilidade para lidar com frustrações e outras emoções mais desafiadoras, habilidade esta lapidada dia após dia por meio do combo mindfulness e maternidade — a grande mestra — nos últimos anos.

Isso, porém, por um bom tempo não se aplicava à situação que mencionei. Eu sentia, a cada nova refeição em que parte considerável da comida acabava jogada no chão, o meu sangue pouco a pouco ferver. É provável que não se possa contar nas duas mãos todas as vezes em que, nesse contexto, o meu tom de voz e as minhas palavras com o Francesco tenham sido reativas, sem muitos resquícios de assertividade combinada com gentileza, como me proponho a fazer no geral. Eu precisaria de alguns pares, bons pares, de mãos para contar esses eventos. E é claro que, após o impulso incontrolável que me levava a alterar o tom de voz com ele, assim que eu recobrava a plena consciência e as rédeas das emoções eu me sentia envergonhada, culpada e triste pela minha reação.

Nunca estaremos no controle (então, desapegue)

Mais do que identificar o gatilho, que no meu caso era o festival de arremesso de comida de Francesco, é necessário reconhecermos — tanto eu quanto você — o porquê de o gatilho para a reatividade ser potente em nós a ponto de ser um gatilho. É importante trazer luz o suficiente para a questão, porque só assim poderemos, enfim, compreendê-la para além de suas obviedades, daquilo que está estabelecido, ou seja, é necessário encontrar o ponto cego que desencadeia a nossa reatividade. Praticar mindfulness pode ser muito útil nisso pelo simples fato de a prática constante nos proporcionar entrar em contato com o que estamos sentindo no momento presente, esclarecendo as nossas emoções e os contextos que as envolvem. O mindfulness não doura a pílula.

Nesse sentido, uma das atitudes que essa prática nos proporciona desenvolver é a aceitação, mas não como sinônimo de resignação ou de desistência. Como explicitei no capítulo anterior por meio da famosa metáfora do rio e de sua impermanência, para que sejamos capazes de transformar ou pelo menos de melhorar a nossa realidade, é preciso saber diferenciar o que está sob nosso controle do que não está.

No geral, temos a impressão equivocada de que crianças são telas em branco nas quais imprimimos as cores e as formas que bem entendemos, o que gera sofrimento não só para nós, mães, mas também para nossos filhos. Boa parte dessa angústia se dissolve à medida que passamos a aceitar que não somos plenamente responsáveis por tudo o que os nossos filhos fazem, por suas preferências, por quem são, pelo simples fato de não ser humanamente possível

Não somos plenamente responsáveis por tudo o que os nossos filhos fazem, por suas preferências, por quem são, pelo simples fato de não ser humanamente possível controlar atitudes, emoções e pensamentos de outra pessoa, ainda que esse outro alguém seja nosso filho.

controlar atitudes, emoções e pensamentos de outra pessoa, ainda que esse outro alguém seja nosso filho. Que bom. Trata-se também de enxergar as crianças como pessoas.

Aceitar não é desistir

A aceitação, portanto, emerge como uma das pétalas da flor da sabedoria, ao lado da paciência, da gratidão, da entrega. Ela surge justamente quando saímos da negação do que é, da ilusão do controle excessivo sobre os eventos e as pessoas que nos circundam e, inclusive, sobre nossas emoções. Com ela, ganhamos mais energia e vitalidade, uma vez que é desgastante demais lutar contra o que não se pode alterar, o que não se pode escolher, definir. É sobre nos incorporarmos da nossa humanidade e acolhermos com humildade e integridade o fato de que somos limitadas, até mesmo em relação ao universo que engloba a nossa maternagem e as nossas crianças.

Resistir em ideias fixas sobre como os nossos filhos, por exemplo, deveriam ser ou se portar nos engessa a ponto de nos impossibilitar de enxergá-los mais profundamente, reconhecendo os limites entre nós e eles. A aceitação, por sua vez, nos permite o exercício de respeitar as subjetividades e os processos de nossas crianças. Além disso, nos fortalece para sermos um suporte verdadeiro e um conforto para elas. A resistência ao que é, ao contrário, promove desconexão entre nós e nossos filhos, isto é, nos afasta.

Importante ressaltar, contudo, que, quando te convido a trazer a atitude de mindfulness da aceitação para o centro da sua maternidade, não pretendo te encorajar a assumir uma postura de desistência diante dos desafios. Definitivamente, não é sobre desistirmos de nossas crianças ou renunciarmos ao que acreditamos. Ao contrário, trata-se de direcionar esforços para o que é possível, de fato, mudar e melhorar, tendo em vista, por exemplo, o nível de maturidade de nossas crianças e as suas personalidades — e os nossos. Li em algum lugar que não podemos mudar o sol, mas podemos colocar um chapéu. Não podemos, ainda, parar a chuva, mas podemos sair de galochas e com uma capa impermeável.

Todo esse catálogo de aspectos que compõem a aceitação nos torna mais conscientes e intencionais na criação dos nossos filhos. Com intenções mais claras, temos melhor noção do que pode surgir a partir das nossas intervenções com eles, dos resultados dos nossos esforços. Mas, curiosamente, aprendendo a nos conduzirmos por meio da aceitação, também nos tornamos mais desapegadas de consequências específicas no que diz respeito a essas intervenções. Isso é libertador e impacta positiva e profundamente a nossa tendência à reatividade.

Dito isso, por que a bagunça nas refeições me afetava tanto? Por que eu conseguia reconhecer o gatilho emocional, mas não contê-lo? Por que me faltava aceitação, ainda que racionalmente eu pudesse compreender esses eventos? O que havia na motivação, na essência desse gatilho, que eu não conseguia enxergar? A resposta era mais simples e óbvia do que eu ousava imaginar. Ainda assim, levou um tempo para que eu pudesse identificá-la, mesmo tentando bastante. Foi em uma conversa com a então pediatra do meu filho sobre o desenrolar dos seus hábitos alimentares que, quase num processo terapêutico, as respostas vieram à tona.

Uma pressão que não alivia

Quando eu era criança — na verdade até a adolescência —, a minha mãe poderia facilmente oscilar, em questão de minutos, entre tranquilidade e aspereza devido à sua mania de limpeza. Ela se despediu desta vida há quase quinze anos, e uma das suas imagens mais preservadas na minha memória é a seguinte: ela sempre rastreava o chão e, quando percebia qualquer resquício de sujeira, se inclinava, levando o dedo indicador à boca e depois ao piso, coletando pequenas imundícies, algo imperceptível para olhos menos treinados — os da maioria das pessoas, diga-se de passagem.

Provavelmente nada a irritava mais do que ver, após suas faxinas quase diárias, um grão ou dois de arroz no chão, grãos esses sempre atrelados a mim e a minha irmã, que, com nossa coordenação motora infantil ainda em desenvolvimento, poderíamos deixá-los despencar da colher durante as refeições. Face enigmaticamente fechada e tratamento de silêncio era o melhor dos cenários em se tratando das reações da minha mãe, já que quase sempre ela verbalizava de forma intensa e descontrolada a sua insatisfação.

A minha criança interior ainda pode acessar o medo e, sobretudo, a insegurança, a constante sensação de que algo poderia desandar a qualquer momento quando estávamos almoçando. A minha mãe, afinal, tentava exercer o máximo de controle sobre quão brilhante o chão de casa poderia estar, e essa rigidez não somente me afetou quando criança como me moldou quando chegou a minha vez de maternar.

Entre o passado e o presente, o caminho do meio

Acho importante e justo registrar que, no geral, minha mãe foi carinhosa e nem de longe eu poderia tachá-la de autoritária. Contudo, sendo ela mais do que mãe, um ser humano totalmente passível de erros, uma mulher de letramento emocional raso, como a maioria das de sua geração, não é de surpreender que ela tenha deixado vir à tona suas sombras de forma reiterada enquanto nos maternava. Isto é, mãe reativa não é só aquela que se enquadra no estereótipo da impaciência e de gritos aos montes. Pode ser qualquer uma de nós em algum momento específico, diante de alguma situação altamente desafiadora em termos emocionais, e é por isso que a cada uma de nós cabe se engajar no propósito de sempre se autodesenvolver. Não para que deixemos definitivamente de sermos mães reativas, mas para que as sejamos com frequência cada vez menor e de maneira mais consciente, de modo a também sermos hábeis em lidar com as consequências da nossa reatividade.

No meu caso, foi assim, compreendendo essa passagem da minha própria infância, que eu enfim concluí que a minha reação à comida do Francesco espalhada no chão era, no fim das contas, a reação da minha mãe. Em alguma medida — e, em alguns casos, de forma bem significativa — ainda somos os mesmos e vivemos como os nossos pais. Ou melhor, ainda somos as mesmas e vivemos como nossas mães. Totalmente guiada pelo piloto automático do condicionamento criado a partir das respostas que minha mãe nos oferecia nesse contexto específico, eu reproduzi uma lógica absurda da educação tradicional, fruto da incompetência emocional de gerações e gerações que vieram antes de nós, que se ancora na ideia de que, para conduzirmos uma criança a se comportar melhor, devemos tratá-la mal, devemos envergonhá-la, dizer a ela que aquela instrução já havia sido repetida inúmeras vezes, fazê-la se sentir inútil e incapaz, problemática.

Importante salientar, porém, que reconhecer todas essas falhas que tradicionalmente vêm sendo cometidas na criação de filhos não nos coloca do outro lado do espectro e nos reduz a mães permissivas. É essa a falácia que vejo sendo muitas vezes propagada por aí, a de que, caso nossos filhos não sejam criados na rédea curta, serão, então, criados de maneira frouxa, fazendo tudo ao seu bel-prazer. Existem, porém, entre o preto e o branco, muitas outras cores, ou seja, há um caminho alternativo, o caminho do meio, como costumamos falar no contexto do mindfulness.

Há, sim, a mãe autoritária, como muitas das que nos criaram, bem como a permissiva e, ainda, a consciente. Todas elas, em algum momento, podem ser reativas. Todas elas podem, diante de certos desafios, estourar com seus filhos, mas, se há algo que aproxima a mãe autoritária da permissiva, é o fato de que elas tendem a ser muito mais reativas do que a consciente. Isso porque a consciente, ou seja, a mãe mindful, diferentemente das outras, se comunica de maneira mais acertada e desenvolve uma relação mais equilibrada com suas crianças, sem regras extremistas, que jamais podem ser quebradas, bem como sem falta de regras, já que a ausência delas faz com que certos limites saudáveis sejam recorrentemente desrespeitados.

Gentileza + limites = respeito

Assim, o mindfulness, que nos conduz a lidar com nossas emoções e mentes, nos ajuda a educar crianças de forma respeitosa, sem violência e agressividade, mas ainda assim com limites claros e firmeza. Nunca se tratou, portanto, de permitir que Francesco seguisse jogando comida no chão, mas sim de conduzi-lo de maneira gentil e, ao mesmo tempo, firme, o que só é possível com certa capacidade de resiliência emocional da minha parte.

Mas e a aceitação? Como ela dialoga com essa proposta? No caso que ilustra a questão, ou seja, a minha história de impaciência com o Fran devido à comida no chão e à minha subsequente compreensão sobre a origem dessa reatividade, considero importante ponderarmos dois aspectos. O primeiro é mais objetivo do que o segundo. Gosto da ideia de que, hoje, graças aos avanços da neurociência na compreensão do desenvolvimento infantil, temos acesso a uma espécie de GPS do cérebro da criança, ou seja, podemos nos deixar guiar por informações bem fundamentadas sobre o que esperar de cada fase do desenvolvimento de nossos filhos.

Reconhecendo que, no processo que engloba a introdução alimentar e o período ulterior a ela, é comum o comportamento da criança que explora o alimento para além da sua função óbvia, aceitar que Francesco atirava a comida no chão — por curiosidade ou simplesmente para comunicar que tinha atingido a saciedade — me pareceu a atitude mais racional, inteligente, sensata e simples que eu poderia tomar. Naturalmente, parar de lutar contra o que se dava não excluiu, jamais, a importância de conduzir o meu filho, com menos pressa e expectativa por um resultado específico, a adotar outro comportamento, por exemplo, o de verbalizar que estava satisfeito. Eureca. Madalena, a minha segunda filha, colhe os frutos.

Já o segundo aspecto diz respeito a mim mesma, como mãe que, inconscientemente, reproduziu — e ainda reproduz e sempre reproduzirá — um traço da minha própria mãe que eu não desejaria repetir. Minhas alunas das turmas de mindfulness para mães, bem como as minhas seguidoras nas redes sociais, costumam relatar a frustração de se dar conta de que "ainda somos as mesmas e vivemos como nossos pais", ou melhor, embora mais conscientes do que eles sobre as implicações de sermos reativas com nossas crianças, ainda o somos, mesmo que saibamos exatamente as atitudes de nossas mães e pais que decididamente gostaríamos de evitar. Aceitar que eles, com seus muitos acertos e erros, são a nossa primeira e maior referência no papel de conduzir uma criança vida afora nos liberta da expectativa irreal e até infantil de escrever uma nova história, em uma página em branco.

Reescrevendo nossa história

Quando nos tornamos mães, é fato que temos a oportunidade de fazer diferente, é fato que somos as autoras das nossas próprias narrativas nessa importante função, na mesma medida em que é fato que somos também personagens coadjuvantes em um sistema mais amplo, que engloba toda uma série de práticas educativas que, não raro, por gerações vêm sendo replicadas e tatuadas nas nossas linhagens. É importante reconhecer a nossa pequenez e, então, aceitar que, para além daquilo de que já estamos conscientes, existe tudo aquilo que nos guia por meio de profundos níveis da nossa mente não consciente.

Não duvido que os nossos filhos, em algumas décadas, revisarão as suas infâncias, reconhecendo as lacunas que de algum modo precisarão ser remodeladas, dando novos passos, na educação de seus próprios filhos, nossos netos, para a promoção de uma humanidade mais plena e feliz. Assim como estamos eu e você fazendo agora. Também como, em algum nível, fizeram nossos pais. Não só não duvido como espero que isso aconteça, simplesmente

Não duvido que os nossos filhos, em algumas décadas, revisarão as suas infâncias, reconhecendo as lacunas que de algum modo precisarão ser remodeladas, dando novos passos, na educação de seus próprios filhos, nossos netos, para a promoção de uma humanidade mais plena e feliz.

porque reconheço que, apesar de nossos esforços e de nossas boas intenções, não seremos capazes de sanar todas as demandas e todas as dores que envolve criar filhos. Aceitar que somos limitadas e imperfeitas nos permitirá sermos melhores mães para eles, mas, para esse tema, teremos todo um capítulo na terceira parte deste manual.

Muitas de nós, mães deste tempo, tivemos as nossas infâncias marcadas por violências, ou ausências, vindas exatamente das pessoas que deveriam se ocupar de nos proteger e de nos preparar amorosamente para o mundo, ou seja, de nossas mães e pais. Apesar de eu acreditar que uma reconciliação com os nossos passados e com os nossos pais nos liberta em boa parte das dores que nos arquitetaram desde quando éramos crianças, também reconheço que, em alguns contextos, a depender da seriedade e da profundidade das feridas, não é o caso. É, acima de tudo, importante entender que, se pudermos trazer luz à educação e ao tratamento que recebemos de nossos cuidadores principais, sobretudo de nossas mães, teremos, então, mais capacidade de reproduzir apenas aquilo que é consonante com o que, hoje, acreditamos ser a educação e o tratamento que gostaríamos de oferecer às nossas crianças por entendermos ser essa educação e esse tratamento de fato edificantes e respeitosos. Educar com essa consciência é educar por meio do mindfulness.

“Engole o choro”: criando pessoas fortes (?)

Com certeza a maioria das mães que nos criaram pode ser fonte de inspiração para nós; o que não deveríamos fazer é copiar e colar o que elas fizeram sem questionar os efeitos disso. Essa reflexão não consiste em uma traição. Não estamos desonrando nossas mães quando optamos por romper com alguns de seus padrões. Ainda assim, é muito provável que, por mais que nos embrenhemos nos detalhes da criação que recebemos, inconscientemente reproduzamos com nossos filhos comportamentos que não nos ajudaram a nos tornarmos pessoas mais fortes, sensatas, felizes e saudáveis. E tudo bem... Mães são humanas, afinal. Tanto nós quanto as nossas.

Nesse sentido, ainda sobre a ilusória concepção de que a educação que damos aos nossos filhos tem a ver, basicamente, com quem somos, com aquilo em que acreditamos, com nossas convicções e valores, é primordial entender em que medida a educação que oferecemos a eles é construída de forma coletiva. Maria Alice que o diga.

Ela jamais havia conseguido nomear como agressão todo o chorume verbal que a ela foi destinado durante a sua infância. Se ela era a destinatária das mensagens violentas, o remetente era a própria mãe, que, por sua vez, quase trinta anos antes, havia também sido destinatária. "Foi bom, mas poderia ter sido melhor" era o mais próximo de um elogio vindo de Vanda. Em geral, diante dos bons resultados da filha no boletim escolar, ela soltava o clássico "Não fez mais do que a sua obrigação". A mãe acreditava, porque assim havia sido forjada, que essas palavras revelariam a Maria Alice a importância de se esforçar ao máximo para ser alguém na vida e, então, não depender da boa vontade de terceiros.

A rigidez de Vanda, no entanto, fez surtir o efeito contrário ao desejado. Na verdade, em parte. É verdade que Maria Alice, diante das tantas vezes que, ao cometer um erro, mesmo o mais insignificante deles, ouvia "Mas já te falei isso mil vezes", aprendeu a estar constantemente em estado de alerta. É verdade que a sua espontaneidade e capacidade de se arriscar foram minadas e enterradas junto à sua autoestima. É verdade, também, que, estando Maria Alice sempre performando em um altíssimo grau de autoexigência, em alguma medida Vanda foi bem-sucedida. A filha aprendera a não confiar em ninguém, a carregar o mundo nas costas, a ser mais do que o suficiente para si mesma. Sem repertório emocional para se dar conta de como seu fardo era pesado, ainda que reconhecesse a dureza daquelas palavras, ela virava e mexia parafraseava a mãe para ensinar, agora, à própria filha como ser uma mulher forte.

Não é um acaso que expressões do tipo "Engole o choro" e "Aqui quem manda sou eu" sejam estruturas quase fixas na língua portuguesa falada no Brasil, uma vez que foram — e são — exaustivamente repetidas em incontáveis famílias e situações, com nenhuma ou pouca alteração. Em inúmeras casas, a inúmeras crianças, ao longo de um enorme período, foi dito "Engole o choro" quando o adulto de referência não pôde lidar com a própria angústia ou irritação diante das lágrimas de seus filhos. Em inúmeras casas, a inúmeras crianças, ao longo de um enorme período, foi dito "Aqui quem manda sou eu" quando o adulto de referência não soube dialogar com seus filhos, horizontalizar a relação com eles, respeitar suas individualidades e direcioná-los com firmeza, mas também afeto. Na mesma medida, "Não fez mais do que a sua obrigação" e "Mas já te falei isso mil vezes" um dia foram palavras da mãe de Vanda. Depois, de Vanda. E, então, da filha de Vanda.

> **Expressões cristalizadas em nossa língua demonstram que a criação de filhos, de fato, ultrapassa as nossas convicções pessoais e muitas vezes se insere no escopo do coletivo e da cultura, de uma reprodução pouco crítica, automatizada e até inconsciente de padrões educativos.**

Essas expressões cristalizadas em nossa língua demonstram que a criação de filhos, de fato, ultrapassa as nossas convicções pessoais e muitas vezes se insere no escopo do coletivo e da cultura, de uma reprodução pouco crítica, automatizada e até inconsciente de padrões educativos. Assim, não é impossível e muito menos difícil que estejamos reproduzindo estratégias educativas — e a comunicação passa por toda e qualquer estratégia do tipo — sem nem sequer questionar a sua validade e se são mesmo justas, ainda que a nossa geração esteja exercendo o importante papel de romper com muitas das práticas autoritárias e agressivas que nos trouxeram aqui, que também foram usadas com nossos pais, avós, provavelmente de modo ainda mais incisivo.

Frases como essas são o espelho de uma educação retrógada, que nos feriu de forma profunda e algumas vezes de modo incalculável. Frases como essas precisam se tornar um registro linguístico do passado se a nossa intenção for mesmo educar com consciência e respeito. Mas tudo bem se estivermos, ainda por um tempo, em certa medida, reverberando-as. Trata-se, provavelmente, de uma faxina linguística a ser feita por gerações e que nos libertará do chorume cultivado também por gerações. Que possamos, então, dar a nossa pequena contribuição, assumir o nosso pequeno papel de agentes transformadores dessa realidade. Trazer mais consciência e reflexão à nossa expressão verbal com nossas crianças é imprescindível para isso, e o mindfulness é um grande aliado nesse sentido.

Esse olhar acrítico para o que foi feito e ainda é reproduzido, como o que se deu comigo quando reiteradamente me alterei diante da comida jogada pelo meu filho no chão, acontece por estarmos no piloto automático, sobre o qual já falamos neste manual. A propósito, quanto menos mindful é o nosso maternar, mais propensas ficamos a essas repetições transgeracionais. Maria Alice, por assim dizer, também se guia no automático ao repetir as falas agressivas da mãe.

Piloto automático... nem mocinho, nem vilão

Esse mecanismo natural e tantas vezes nocivo, porém, não deve ser a todo custo evitado, considerando a sua relevância para a evolução dos seres humanos. É muito útil que não estejamos a todo momento pensando sobre toda e qualquer coisa que façamos, como escovar os dentes, levar o garfo até a boca, caminhar. É excelente, na verdade, que muitos dos nossos afazeres cotidianos sejam realizados no modo automático.

Tanto você quanto eu estivemos, por exemplo, alertas, atentas e plenamente presentes nas primeiras trocas de fraldas de nossos respectivos bebês; no entanto, conforme repetimos essa ação inúmeras vezes, ela passou a ser, prioritariamente, automática, isto é, pensar sobre ela enquanto a executamos se tornou desnecessário, a menos que algo fugisse da normalidade, como uma hipotética situação em que o bebê estivesse assado. O processo de aprender a dirigir um carro e depois fazê-lo também no automático é um exemplo amplamente citado. Realizar atividades como as mencionadas no piloto automático é desejável porque isso permite ao nosso corpo físico poupar energia, já que são muitos os músculos e micromovimentos envolvidos nessas ações.

De outra forma e por outras razões, no entanto, nos abstemos de pensar sobre o porquê de as coisas serem como são em situações em que isso deveria ser imperativo, como aquelas que envolvem o modo como corrigimos e direcionamos as nossas crianças em termos de comportamentos e valores. Nesse contexto, estar no piloto automático pode nos trazer consequências indesejáveis e até graves, já que a perpetuação de intervenções violentas ou infundadas com nossas crianças apenas porque foi assim que fizeram conosco no passado, no mínimo, causará a elas efeitos parecidos com os que foram causados a nossa geração.

Uma pesquisa de médicos canadenses divulgada pela Universidade de Cambridge e citada em uma matéria do site da revista *Veja* traz luz a uma realidade facilmente percebida. Filhos de pais autoritários demais, cujas práticas educativas quase sempre se associam a violências morais, físicas e verbais, têm uma redução importante do córtex pré-frontal e da amígdala cerebelosa, estruturas estreitamente relacionadas à regulação emocional. Autoestima baixa, *looping* em relacionamentos afetivos tóxicos e vícios são algumas das sequelas práticas desse tipo de abordagem educativa, contrariando expressivamente a difundida ideia de que, sendo duras com nossos filhos, estaríamos proporcionando a eles a construção de um caráter mais forte e equilibrado.

Quando, porém, passamos a melhor compreender que estar no piloto automático pode ser muito negativo em certas situações relacionadas à educação de nossos filhos, isso significa que, em alguma medida, já estamos desautomatizando essa condução. Essa consciência, que vem em geral acompanhada de uma atitude mindful na maternidade, o que pressupõe conexão e consciência do momento presente, sem julgamentos, nos permite entrar no modo "ser", o que nos beneficia de muitas maneiras. Uma delas, estreitamente relacionada à possibilidade de intencionalmente reproduzirmos comportamentos dos nossos pais ou optarmos por trilhar outras veredas, se ancora no fato de que a consciência de nossos pensamentos e emoções aumenta nosso leque de escolhas — isto é, por meio dela deixamos de ser controladas pelo que pensamos e sentimos.

Tem a ver com ampliarmos a nossa autoria na condução da educação de nossos próprios filhos. E tudo isso se torna mais provável na medida em que, graças a nossa prática constante de mindfulness, passamos a consentir que as coisas sejam como elas são, estando mais abertas a aceitar emoções agradáveis, desagradáveis ou neutras. Essa habilidade nos proporciona a capacidade de sermos mais contemplativas e menos reativas. Sendo menos reativas, incidimos menos no piloto automático, que não raro nos leva a reproduzir, de forma acrítica, as respostas de nossos pais aos desafios que de alguma forma proporcionamos a eles. Olhar para o modo como fomos edificadas por meio das ações, crenças e discursos das gerações anteriores nos permite romper com as dinâmicas familiares que recorrem a castigos, chineladas e humilhações como recursos educativos. Mais do que isso, nos permite encontrar, como mães conscientes, um novo modo, um caminho do meio que nem por isso se refugiará em uma abordagem educativa permissiva.

Revisitar as nossas infâncias é preciso, mas não só devido ao fato de desejarmos do fundo do coração oferecer às nossas crianças uma experiência mais feliz e serena. Tem a ver também, e talvez principalmente, com oferecer a nós mesmas uma vida mais feliz e serena; afinal, como diz Lya Luft, a infância é um chão que pisamos a vida inteira. Ainda estamos caminhando sobre o chão das nossas, então.

Olhar para trás, porém, não deve ser movido por um desejo de nutrir rancores ou de condenar nossas mães, muito embora também não tenhamos nenhum dever de perdoá-las. Hoje mesmo, antes de escrever este capítulo, aleatoriamente vi um meme no Instagram que buscava fazer piada com uma dor latente. O texto dizia: Você não me afeta, afinal fui criada pela maior das minhas *haters*, minha mãe.

Nem todas as pessoas tiveram mães que erraram tentando acertar, mas podemos, se quisermos e se fizer sentido para as nossas histórias individuais, levar em consideração que a geração de nossas mães não foi, como a nossa, letrada em inteligência emocional. A elas também faltou acesso à informação sobre educação. Não se falava sobre rede de apoio, e a muitas delas, de fato, faltou quem as abraçasse em todas ou pelo menos em algumas das camadas profundas e complexas de que se compõe a maternidade. A geração de nossas mães, além disso, era submetida a uma divisão ainda menos justa de tarefas, ou seja, é provável que os nossos pais tenham sido ainda mais ausentes do que os dos nossos filhos e que as nossas mães estivessem ainda mais sobrecarregadas do que nós. Reencontrar as meninas que fomos e as nossas mães no passado nos permite selecionar, estrategicamente, aquilo que levaremos adiante e os ciclos que serão quebrados. E isso é muito bonito.

A geração de nossas mães não foi, como a nossa, letrada em inteligência emocional. A elas também faltou acesso à informação sobre educação. Não se falava sobre rede de apoio, e a muitas delas, de fato, faltou quem as abraçasse em todas ou pelo menos em algumas das camadas profundas e complexas de que se compõe a maternidade.

MÃES À OBRA Criando pontes, e não muros

Afinar a nossa capacidade comunicativa em prol de nossa conexão com nossas crianças e da consequente educação que damos a elas é um modo sutil, mas muito potente, de romper com práticas geracionais de reatividade que desencadeiam dores e desconexão entre mães e filhos. Pequenos ajustes na nossa linguagem podem, a médio prazo, nos levar a mudanças radicalmente positivas, mas, para isso, é básico aceitarmos que habilidades comunicativas se desenrolam e se aperfeiçoam no curso do tempo.

Os nossos próprios filhos nos revelam isso quando testemunhamos o seu processo gradual, lento e contínuo de aquisição da linguagem. São meses até que uma criança aprenda a pronunciar sílabas e anos para que aprenda a formar uma frase. Isso porque falamos apenas da parte mais técnica — e, por isso, mais simples — da coisa. Se nos debruçássemos em todas as habilidades sociais e de regulação emocional que integram o processo, concluiríamos que, com efeito, se trata de um percurso extenso.

Assim, se você busca resultados instantâneos e que não demandem de você nenhum investimento de tempo e de energia, talvez devesse pular esta seção — ou mesmo deixar este livro. Não pretendo ser dura dizendo isso, e sim reconhecer a natureza de uma transformação que se dá, antes de tudo, dentro. Depois ela se espalha.

É importante chamar a atenção para esse aspecto, pois, nos últimos anos, é perceptível que vêm sendo massivamente publicados na internet, sobretudo nas redes sociais, muitos conteúdos ao mesmo tempo "milagrosos" e simplistas, que buscam oferecer a mães que se sentem perdidas e insuficientes devido a sua reatividade frases prontas, estruturas pré-fabricadas para as mais diversas situações que possam abarcar desafios na lida com filhos. Em alguns desses conteúdos, mães são instruídas a, por exemplo, dizerem "Te amo do jeitinho que você é" em vez de "Se o seu irmão consegue fazer isso, por que você não consegue?". Ainda, no lugar de dizerem "Quantas vezes preciso dizer a mesma coisa?", são convidadas a falarem "Você precisa de ajuda para entender? Vamos juntos nisso."

Nada contra oferecer a mães substituições para frases tão replicadas quanto tóxicas na educação de filhos desde que a sua capacidade crítica, criativa, bem como a sua autonomia e autenticidade, não sejam apagadas. Como diz a lendária música da banda inglesa Pink Floyd, é deprimente que a educação se baseie na lógica do "another brick in the wall", ou seja, na perspectiva de sermos apenas mais um tijolo em um muro cuja função é apagar subjetividades, particularidades, personalidades para cumprir uma agenda, mesmo que a proposta seja se afastar de uma educação embasada em rigorosidade e violência.

Analgésico não cura

Se não houver autenticidade nessas substituições, se elas são apenas o analgésico que trata o sintoma, mas que nem de longe atua na causa, elas serão, com sorte, um bálsamo passageiro, em alguns momentos, para algumas feridas. Isso porque, se não forem proferidas com verdadeiro sentimento e com real compreensão, elas serão percebidas pelos nossos filhos como encenação. Não de forma racional, não com julgamento, mas eles perceberão a falta de genuinidade. Os nossos filhos, gosto sempre de mencionar, nos observam e nos absorvem. Aprendem mais com quem somos do que com o que dizemos. A comunicação mindful, portanto, parte da expressão do que de fato temos dentro de nós, e não da reprodução de palavras bonitas, mas ditas sem verdade.

Assim, para que possamos nos inteirar da complexidade do processo comunicativo, vale apontar que ele é multidimensional, já que extrapola a língua em si. Ele é emocional, também racional. É, por isso, dinâmico, já que não é estático, mas móvel, isto é, exige ajustes contínuos, que impactam e se desenrolam também por meio do seu aspecto corporal. O tom da voz, o silêncio, o ritmo, bem como todo o corpo expressam. A comunicação é, portanto, holística, pois engloba tudo de que são feitas nossas vidas e impacta tudo o que há em nossas vidas, inclusive, é claro, a educação de nossas crianças.

Comunicação consciente

Se nos comunicamos para além das palavras e se educamos por meio da nossa comunicação, então é relevante reconhecer que não só as frases tóxicas que nossos pais nos disseram e que hoje eventualmente reproduzimos a nossos filhos merecem a nossa atenção. Somos mães reativas também quando os ignoramos em momentos de vulnerabilidade emocional, como um ataque de birra, por exemplo. A ausência de palavras algumas vezes grita mais do que a sua presença — e do que os nossos gritos em si. Ignorar os nossos filhos, pelo motivo que for, em especial quando eles precisam de nós, comunica. Informa que eles não são bem-vindos, que nós não somos o seu espaço de afeto garantido, tampouco de segurança.

A ausência de palavras algumas vezes grita mais do que a sua presença — e do que os nossos gritos em si. Ignorar os nossos filhos, pelo motivo que for, em especial quando eles precisam de nós, comunica.

Por isso, comunicação consciente é sinônimo de autoexame constante. Ela é, nesse sentido, um processo que exige paciência de nós. Não só com os nossos filhos, mas conosco, com as partes de nós que nos remetem às violências verbais e não verbais às quais fomos submetidas quando éramos crianças, com a nossa imperfeição e com o fato de que, independentemente das nossas boas intenções, mudar levar tempo. A comunicação mindful exige desaceleração, porque nos convida a reconhecer os nossos padrões, e para vê-los precisamos sair do piloto automático.

A comunicação que desejamos integrar à educação de nossas crianças encontra campo fértil para ser germinada exatamente naquele momento em que se perdeu as contas das vezes que se pediu para o filho ir tomar banho. Também quando se perdeu as contas das vezes que foi ignorada por ele. Quem sou eu para te dizer que, a esta altura, você deveria estar calma? Eu mesma me sinto muito irritada em situações como essa, seja no contexto da maternidade ou em outro. É certo, porém, que há ruídos e falhas no processo comunicativo quando, por exemplo, requeremos algo de nossas crianças e somos solenemente ignoradas por elas. Definitivamente, isso não se dá porque elas são difíceis, desobedientes, complicadas, como muitas vezes costumamos encarar essas situações.

Quando passamos a maternar de modo menos ensimesmado e ampliamos a perspectiva de que nossos filhos, como nós, são indivíduos com anseios, medos, dias bons e ruins, passamos a assumir progressivamente que, quando nos sentimos afetadas por contextos como esse, não necessariamente temos como único caminho reagir de maneira agressiva ao que nos inflama, proferindo palavras das quais provavelmente vamos nos arrepender e não nos orgulhar. No entanto, para darmos respostas mais concretas, instrutivas e gentis aos nossos filhos, sem que nos tornemos papagaios que só fazem reproduzir, sem coração e sem compreensão, publicações do TikTok e do Instagram, é importante sabermos acessar três âncoras que nos trazem de volta ao centro quando uma explosão é uma possibilidade ou já quase uma realidade. Trata-se, segundo o professor e autor de livros sobre a temática da comunicação consciente Oren Jay Sofer, dos três pilares que sustentam a comunicação mindful: **presença, atenção e intenção.**

Respectivamente, a presença se refere à consciência do próprio corpo, por meio do qual investigo a minha experiência e as emoções que emergem dela. A atenção se relaciona à capacidade de manter a mente concentrada no momento presente, na interação que acontece, enquanto a intenção trata da orientação, da motivação guiada pelo coração que cria o contexto para a comunicação com meu interlocutor, no caso, com meu filho. É por meio do cultivo dessa base que se tornam mais palpáveis os nossos desejos de não propagar aos nossos filhos as violências verbais que recebemos dos nossos pais. Isso porque querer não é o suficiente; é preciso saber como fazer e como sustentar essa mudança.

Cada um desses três pilares se ampara pela perspectiva de que, se eu quero receber cooperação do meu filho, precisarei assumir que a comunicação é um fluxo de compreensão — da minha parte para a dele, e vice-versa. Se eu estiver fechada apenas com a ideia de receber da minha criança uma postura de obediência, vazia de qualquer possibilidade de questionamento da sua parte, de senso crítico, autonomia, desejos para além dos meus, então é um exagero chamar de comunicação o que se dá entre mim e ela. Um exagero otimista. É melhor, mais honesto, chamar de comunicado.

Estar presente ajuda a desacelerar

Assim, é totalmente antagônica a essa abordagem a ideia de que "Eu grito porque meu filho não para quieto", "Eu xingo porque meu filho é respondão" ou "Quando meu filho deixar de fazer isso ou aquilo, eu também deixarei de ser uma mãe reativa". Por outro lado, vai ao encontro dessa perspectiva a compreensão de que a maneira como me reporto ao meu filho tem mais a ver com o meu universo interno do que com qualquer atitude ou palavra dele.

> **A maneira como me reporto ao meu filho tem mais a ver com o meu universo interno do que com qualquer atitude ou palavra dele.**

Mas por que cultivar a presença, por meio das nossas práticas diárias de mindfulness, nos auxilia a romper com padrões transgeracionais de violência via comunicação? Primeiro porque, quando estamos presentes, inteiras no agora e conscientes do que se dá, temos menos chances de entrar em divagações que acabam por criar cenários desfavoráveis à compreensão, já que esses jogos mentais não passam de histórias muito bem contadas por nós mesmas para provar o nosso ponto. É isso o que acontece quando questionamos nossos filhos sobre o dever de casa ainda não feito, por exemplo, e, enquanto eles verbalizam as suas razões, mentalmente recorremos a frases feitas que explicitem o quanto são irresponsáveis e o quanto estamos frustradas e decepcionadas com tudo aquilo.

Isso quando não os interrompemos continuamente, adicionando questionamentos cuja finalidade é evidenciar que a razão nos pertence e que a eles cabem apenas alcunhas como preguiçosos ou irresponsáveis. Etiquetar negativamente nossas crianças, aliás, é um desserviço para o desenvolvimento de suas personalidades, sobretudo para o florescimento de suas potencialidades.

Quando estamos presentes, criamos um contexto mais sólido para a conexão em detrimento da necessidade de ter razão, da arrogante necessidade adulta de ter razão. Quando estamos presentes, podemos ter acesso a informações mais apuradas e confiáveis sobre como nos sentimos naquela conversa e sobre como nossos filhos se sentem, o que promove compaixão por nós mesmas e por eles, nos unindo em nossa condição humana. Quando estamos presentes, temos maior controle sobre a tendência a mais falar do que ouvir. Quando estamos presentes, e somente quando estamos presentes, podemos edificar pontes, em vez de muros, na comunicação que estabelecemos com nossas crianças.

No piloto automático, porém, tenderemos a repetir os padrões comunicativos que constituem as referências que nos foram oferecidas, o que inclui quase sempre o hábito adulto de culpar a criança pelas emoções difíceis que se experimenta, por disfunções na rotina da família, pela dificuldade dos pequenos para lidar, por exemplo, com os seus desejos e consequentes impulsos. Esse comportamento comunicativo, ao contrário do que desejamos ao assumi-lo, mina a nossa conexão com nossos filhos. Afinal, qualquer pessoa que se sinta com frequência julgada e culpabilizada instintivamente ficará na defensiva, o que, a depender das personalidades dos nossos filhos e do nível de confiança que eles têm na nossa relação com eles, pode ser ou não verbalizado por eles. Nesse sentido, ainda que seja desgastante lidar com certos comportamentos seus, se revela totalmente vão e ineficiente culpar os nossos filhos se o que pretendemos é conseguir a sua cooperação.

Ainda que seja desgastante lidar com certos comportamentos seus, se revela totalmente vão e ineficiente culpar os nossos filhos se o que pretendemos é conseguir a sua cooperação.

A presença, no entanto, como vem se revelando nas páginas deste livro, precisa ser conquistada em um mundo onde os maiores magnatas da comunicação lucram — e muito — com a nossa desatenção e consequente falta de presença. Podemos realizar práticas de mindfulness bastante simples no nosso cotidiano para, pouco a pouco, nos tornarmos mães mais presentes no sentido mais abstrato e menos físico da palavra, isto é, mães mais atentas e conectadas ao aqui e agora. Pausar por alguns instantes, em momentos variados do dia, para sentir o que é concreto, para além das nossas elucubrações, é um treino não só viável, mas efetivo para isso. Sentir a respiração, focar a atenção nas extremidades do corpo, ou seja, no topo da cabeça, nas mãos e nos pés, bem como perceber a gravidade atuando sobre nossos corpos, são alguns exemplos.

Conforme expandimos a habilidade de percepção do momento presente, a comunicação com nossas crianças naturalmente passa por mudanças profundas. Para os nossos diálogos com elas, trazemos o exercício de desacelerar, de pausar para avaliar as nossas emoções quando eventualmente uma explosão pudesse se desencadear, de nos conectarmos com as de nossos filhos, de reconhecer o que estamos de fato fazendo. Assim, quando falamos, apenas falamos. Quando escutamos, apenas escutamos. Parece simples e até fácil, mas para a maioria das pessoas é muito desafiador manter esse nível de consciência em uma conversa difícil, ainda mais quando se trata de filhos e da ideia adulta cristalizada de que nossas crianças devem se submeter a nós por termos mais quilômetros rodados, ou seja, mais experiência de vida. Infelizmente, os anos vividos não necessariamente nos tornam mais sábias.

Romper com ciclos de reatividade que se propagam por gerações pressupõe romper com essa ideia, isto é, implica acolhermos com profunda curiosidade e aceitação o fato de que não sabemos tudo e que talvez nem sequer saibamos muito. Trata-se de acolher, ainda, o fato de que não temos certeza sobre tudo o que acomete nossas crianças, seja externamente, seja em seus universos internos. Nesse sentido, uma estratégia prática de mindfulness para as nossas conversas com elas é desenvolvermos o hábito de verificar se entendemos o que elas disseram, bem como as suas motivações para as atitudes que, por algum motivo, não nos parecem óbvias ou merecem nossa intervenção. Todo dia, afirmo com tranquilidade, essas checagens me livram de ser injusta e reativa.

Não é o que você diz: é como você fala

Assim, gosto de elaborar uma pequena paráfrase, que contenha a minha compreensão do que foi exposto pela minha criança. Por exemplo, se eu pergunto o porquê de o meu filho ter surpreendido a irmã com um tapa e ele me responder que é porque ela havia pegado um de seus brinquedos preferidos, antes de explicar a ele — mais uma vez — que existem outras maneiras de lidarmos com nossas frustrações, que machucar as pessoas não é uma opção viável, que podemos aprender a emprestar alguns dos nossos brinquedos quando eles não estão sendo usados por nós, me certifico de ter entendido o seu ponto, buscando assimilar qual necessidade sua eventualmente foi desrespeitada naquele contexto.

Ninguém melhor do que ele para confirmar se a minha suposição está certa ou não. Dessa forma, nesse caso, eu poderia perguntar: você está dizendo que bateu na sua irmã porque teve medo de que ela estragasse o seu brinquedo preferido? Caso ele discordasse, eu seguiria criando hipóteses plausíveis: então você quer dizer que bateu na sua irmã porque sente raiva quando ela pega seu brinquedo preferido sem avisar? Assim, até que eu obtivesse informações mais consistentes sobre o que havia por detrás da sua ação inadequada, eu seguiria fazendo tentativas de melhor compreendê-lo, o que é um excelente exercício de conexão emocional. Considero necessário explicitar o porquê de as suposições diante de um comportamento desafiador de nossos filhos serem significativas no processo de estreitar nossa conexão com eles e, por isso, torná-los mais receptivos às nossas intervenções.

Trata-se do fato de que, ao associar uma emoção a uma razão primária — no caso, o medo foi associado à possibilidade de o brinquedo ser estragado e a raiva foi associada ao sentimento de invasão por não ter sido avisado de que o seu brinquedo seria usado —, eu ajudo a minha criança a compreender o percurso de suas emoções, reconhecendo que elas não se encerram em si e que há eventos que as estimulam a virem à tona. Eu verbalizo para o meu filho esse percurso para que ele também aprenda a verbalizá-lo. Basicamente, estou modelando para ele como comunicar ao outro o que sente e por que sente o que sente. Afinal, o ato de expressar as nossas emoções por meio de palavras é parte importante de compreendê-las, de integrá-las e de estabelecer relacionamentos saudáveis com quem possa estar direta ou indiretamente relacionado a elas.

Fazer as observações que mencionei, portanto, ajuda minha criança a organizar para si os acontecimentos de um modo que, possivelmente, ela não teria maturidade emocional para fazer sozinha, o que abre as portas para que os meus posteriores ajustes e observações sejam mais bem compreendidos por ela. Além disso, agindo desse modo, contribuo para que o nosso vínculo se fortaleça, já que exercito a minha empatia, calçando os seus sapatos, buscando a lógica por detrás do comportamento de uma criança pequena para além das minhas definições adultas do que é certo e do que é errado. Ela percebe o meu desejo genuíno de compreendê-la em vez de julgá-la, reconhece em nossa relação um espaço seguro para ser vulnerável e admitir suas motivações sem medo de ser tachada com adjetivos depreciativos.

Em suma, recomendo que você pergunte. Evite afirmar o que o seu filho sente, o que ele fez, quais eram as suas intenções ao fazer o que fez. Além de as perguntas nos manterem em uma postura mais curiosa do que julgadora, abrimos espaço para que a verdade se revele por meio da versão de nossas crianças, que aos poucos se tornam mais emocionalmente despertas e habilidosas.

Naturalmente, isso só é possível se eu cumprir um certo protocolo de linguagem não necessariamente verbal, o que inclui me colocar na altura da criança estabelecer contato visual direto, usar tom de voz firme e sereno e tocar o seu ombro. Caso essas perguntas sejam feitas aos berros da cozinha, quando o desentendimento entre minhas crianças se deu na sala, sem espaço para conexão, é óbvio que elas soarão mais como uma bronca. Assim, este lembrete deveríamos sublinhar com uma caneta marca-texto neon: **a comunicação se dá tanto ou mais pelo modo como digo do que pelo que efetivamente digo ao proferir palavras.**

O que vale é a intenção

Outra estratégia comunicativa que busco nutrir nos meus relacionamentos, em especial com as minhas crianças, é a absoluta clareza da minha intenção, isto é, a que resultado eu pretendo chegar por meio da interlocução estabelecida, seja em momentos mais conflituosos, seja em momentos em que busco fundamentar para elas valores importantes para a nossa família. Reconhecer a intenção que nutrimos, sobretudo nas situações mais desagradáveis, é útil e transformador, desde que sejamos radicalmente honestas conosco.

Hoje, por exemplo, eu me dei conta, em uma intervenção calorosa e pouquíssimo consciente feita com meu filho mais velho, que a minha intenção ao alçar a minha voz, fazer meia dúzia de ameaças e criticá-lo explicitamente não era nobre. Sendo sincera comigo, percebi que a intenção por detrás daquela minha expressão acalorada nem sequer era exercer poder sobre o Francesco, bem à moda antiga, para, então, receber dele obediência cega. Talvez fosse pior. Imersa em um período estressante em que ele e a irmã adoeceram, em que alguns dos planos de resgate da minha subjetividade pós-maternidade foram suspensos, eu precisava ventilar a minha raiva e a minha frustração, que definitivamente não eram sobre eles.

Sobretudo, eu sentia certa urgência para ventilar a minha exaustão. Em vez, porém, de acionar a minha rede de apoio para, então, sair de casa sozinha para uma caminhada meditativa, usei o meu filho como bode expiatório.

Relato esse acontecimento aqui exatamente para lembrar que mães perfeitas não existem, mas que isso não nos isenta da responsabilidade de buscarmos ser melhores e mais justas com e por nossos filhos. Assim, mesmo quando estamos imersas em um processo de profunda autorreflexão sobre a educação de nossas crianças, pode acontecer de identificarmos a intenção norteadora de uma expressão algum tempo depois e já com resultados dos quais não gostamos. Mais importante do que estarmos sempre com a intenção na ponta da língua antes de nos voltarmos aos nossos filhos, é podermos revisá-las quando sentimos que a nossa comunicação não foi construtiva e, então, sem economia, sermos capazes de nos mostrar para os nossos filhos imperfeitas, passíveis de erros, sobretudo sensatas e maduras em reconhecê-los e pedir desculpas por eles. Nada estreita mais relações, nada as fortifica mais do que pedidos de desculpas sinceros.

Palavras faladas, diferentemente das escritas ou digitadas, não podem ser editadas. Elas se tornam fatos no exato momento em que são ditas. Infelizmente, ainda que eu tenha reconhecido a intenção covarde por detrás da minha suposta intervenção educativa com meu filho, não posso rebobinar a fita e criar um novo enredo para aquele momento. No entanto, exatamente por ter acessado a intenção distorcida que me guiou naquela situação, eu pude compreender melhor como me sinto no caldeirão que tenho vivido nos últimos dias, também pude me desculpar e, dentro do que o Francesco pode compreender, explicar para ele o que me motivou a ter aquela reação. Eu pude transmutar o vil metal em ouro, refinar a minha conexão com meu filho e a confiança dele em mim. Eu pude ser uma mãe imperfeitamente humana e presente para ele. Considero esse o poder da comunicação consciente com nossas crianças, isto é, o poder de criar pontes entre o meu universo interno e o do outro, o do meu filho.

Na minha leitura do que é educar uma criança, os frutos da intimidade e da confiança com ela, que se tecem por meio de um processo comunicativo consciente, podem até ser colhidos a médio prazo, mas são muito mais saudáveis do que aqueles que advêm das sementes plantadas com a intenção de nos comunicarmos mais efetivamente apenas para recebermos, da parte de nossos filhos, com menos estresse, o que desejamos. Ainda que esta não tenha sido a motivação principal da minha revisão de intenção hoje mais cedo, pude romper com a mentalidade comum da geração dos meus pais de que as crianças podem ser tratadas aos gritos, ameaças e críticas caso sejam elas a gota-d'água de um balde já cheio de problemas cuja responsabilidade jamais deveria ser atribuída a elas.

Eles vão contar com você

Assim, termos consciência de nossas intenções quando estamos em um diálogo com nossos filhos nos possibilita sair do padrão comunicativo que facilmente se verifica na família, na escola, na sociedade em geral. O padrão é "Entro em uma conversa difícil para sair vencedora dela, e não necessariamente para encontrar um meio de conciliação". Quando, no entanto, reconheço que a diferença é natural, que não precisamos todos pensar, agir e falar do mesmo modo, que o outro pensa, age e fala motivado por suas necessidades, e não pelo desejo de me ferir, posso também ressignificar as minhas intenções, direcionando-as para o destino da compreensão em vez do julgamento e da culpabilização.

Desse mesmo cenário emerge a percepção de que compreender o meu filho não pressupõe concordar e endossar o que ele faz, ou seja, posso compreender uma criança que, movida pela sua imaturidade neurológica em suprimir um desejo forte, descumpre um combinado e come chocolate antes do almoço. Aconteceu recentemente por aqui. Antes de dissertar sobre o fato de que, na nossa família, priorizamos as refeições principais e só depois, em alguns contextos específicos, comemos doces, eu simplesmente fui sincera e afirmei que eu também tenho vontade de comer chocolates em momentos não apropriados e que é difícil lidar com esse desejo. Partimos do mesmo binário, e eu tive a chance, depois de verificar, por meio das perguntas, as suas motivações, de estabelecer uma liderança ainda mais positiva para o meu filho a partir desse episódio.

Na educação tradicional, é provável que a intervenção central nesse caso fosse o castigo, o que gera humilhação e, consequentemente, raiva e desejo de vingança em nossos filhos. Quando, porém, compreendemos, ainda que não concordemos, criamos um novo cenário de intervenções mais pontuais, conscientes e gentis, o que, acredito, precisa ser norteado pela intenção primária, em qualquer interação com nossas crianças, de sermos capazes de ler o que há além do que se vê, como diz uma música dos Los Hermanos que, vinte anos atrás, eu cantava com vontade.

Teremos, então, como mantras a partir deste ponto:

Com a minha criança eu *falo* honestamente, sem reclamações, sem críticas.

Da minha criança eu *escuto* abertamente, sem reclamações, sem críticas.

É importante que as intenções por detrás desses mantras se expandam para as demais pessoas, para os demais relacionamentos, ainda que em alguns deles encontremos dificuldades quase paralisantes. É tentativa, erro, evolução. Nossos filhos não aprendem apenas com o modo como os tratamos, mas com o modo como nos relacionamos com o mundo.

Nossos filhos não aprendem apenas com o modo como os tratamos, mas com o modo como nos relacionamos com o mundo.

Essa intenção que se renova diariamente, em cada oportunidade de nos comunicarmos, é a principal e talvez uma das mais desafiadoras práticas de mindfulness no escopo da comunicação consciente, mas é também por meio dela que podemos viver — e não só entoar — aquele que, na minha perspectiva, é um dos mais profundos e bonitos mantras que norteiam a minha maternidade. Trabalho — em mim mesma — todos os dias para que os meus filhos, enquanto crescem e quem sabe até a vida adulta, tenham como máxima: posso contar para a minha mãe de tudo e contar com a minha mãe para tudo.

Isso define sucesso para mim.

Trabalho — em mim mesma — todos os dias para que os meus filhos, enquanto crescem e quem sabe até a vida adulta, tenham como máxima: posso contar para a minha mãe de tudo e contar com a minha mãe para tudo.

Atenção plena ainda hoje

Quando falar com o seu filho, apenas fale. Quando escutar o que o seu filho te diz, apenas escute.

13

Espelho, espelho meu, existe alguém menos eu do que eu?

AQUI E AGORA

Passe delicadamente uma das mãos em uma parte do seu corpo que tem te incomodado após o processo de gerar uma criança e perceba como você se sente. Caso a sua maternidade tenha ocorrido via adoção, faça a mesma coisa... passe delicadamente suas mãos em uma parte do corpo que você talvez tenha negligenciado desde que se tornou mãe.

Começou na gestação. De repente, Claudia se tornou uma barriga. Muitos mimos, vindos até de gente inimaginável, circundavam o amadurecer da sua primeira filha em seu ventre. E, apesar da inconveniência de um comentário ou outro, imperavam a gentileza e o cuidado para com a nova mamãe. Pois bem, não foi uma ou outra pessoa... foram algumas as que, mesmo sabendo muitíssimo bem qual é o seu nome, passaram a tratá-la na terceira pessoa.

"Como vai a nossa mamãe preferida?"

"E essa mãezinha, já tomou café da tarde?"

Bem simbólico o esvaziamento que esse tratamento, que a ausência de seu nome carregava... bem profético, eu diria. Para Claudia, conforme avançavam as semanas gestacionais, parecia que a mãe mais e mais se concretizava, enquanto a mulher, que também era filha, amiga, companheira, profissional e que tinha ainda tantas outras versões, ficava à deriva. E, junto à inconveniência de um comentário ou outro, que explicitamente deixavam antever que Claudia viria a ser sequestrada de sua própria vida, parecia ter sido acesa ali, em meio a todos aqueles mimos e cuidados com a nova "mãezinha", uma luz vermelha, um sinal de alerta.

É que não havia mais, do momento em que anunciou a chegada de Aurora em diante, quem lhe direcionasse conversas cujos temas fossem carreira, sonhos, viagens, relacionamentos ou outra temática associada à sua vida até então. Ninguém falava com ela sobre o tempo seco demais, a não ser que essa conversa de elevador fosse o prelúdio para um conselho sobre algum cuidado extra com a gestação. Sobre a polêmica das eleições municipais, sobre o aquecimento global, sobre a inflação, sobre o *BBB* ou sobre a nova temporada daquela aclamada série daquele streaming, ninguém mais falava com Claudia.

Claudia se tornara uma barriga.

Impressionante como ela, mulher feita, independente, que tanto havia lutado para não ter de dar satisfação a ninguém, passou, então, a ser submetida a palpites e a mãos que, sem pedir licença, acariciavam seu corpo. Da noite para o dia, na fração de segundo que desencadeou uma fecundação, ou um teste positivo, ou o anúncio da chegada de uma criança ao mundo, a sua vida parecia... pública. Mas esse era só o início do vazio.

Claudia foi, sim, mimada até não poder mais enquanto foi morada de Aurora, que era a primeira filha, a primeira neta, a primeira sobrinha de um núcleo familiar que muito a desejou e que há anos não recebia um novo integrante. Para se ter uma ideia, o seu sogro, que sempre cozinhava os almoços de domingo e oferecia à família mesas fartas nesse dia, no curso de sua gestação realizou todos os seus desejos gastronômicos e a servia antes de qualquer outra pessoa sentada à mesa, fosse quem fosse.

Num desses domingos daquelas quarenta semanas em que ela carregava o rei na barriga, ou melhor, a rainha, ela despretensiosamente comentou com o avô de sua filha: "Ahhh, quero só ver se eu vou seguir tendo essa prioridade toda, sendo mimada esse tanto, depois que a Aurora nascer." A resposta foi curta, mas entregou tudo: "Não vai."

E não foi. De fato, não foi. Nos primeiros dias do seu pós-parto, os orgulhosos, ansiosos e preocupados avós paternos de Aurora acamparam em sua casa. Claudia, que havia sido submetida a uma cesariana emergencial, se sentiu invadida, mas também confusa. Não deveria estar grata pelo fato de aquelas pessoas amorosas ternamente cuidarem da menina, enquanto ela cozinhava o seu próprio almoço, desfazia as malas do hospital, ajeitava a cama e compulsivamente chorava no banho?

No dia da apojadura, quando seus seios se encheram de leite e se instalou uma dor quase tão agoniante quanto a do corte na barriga, recebeu conselhos dos pais do seu marido que poderiam ser considerados, por mulheres emocionalmente mais fortes do que ela, insultos. Ao mesmo tempo que o sogro a pressionava para amamentar a menina, ainda que os bicos de ambos os peitos ameaçassem ficar em carne viva, a sogra a pressionava a ceder à mamadeira e à fórmula. Dali em diante, nada do que ela viesse a fazer seria o suficiente, que dirá bom.

Ninguém perguntou o que Claudia desejava, o que conseguia fazer, como se sentia, se precisava de ajuda e de qual ajuda. Simplesmente não importava. Ninguém considerava essas questões. E a ausência física e emocional do seu companheiro — que não era, de fato, nem companhia — era uma espécie de eco que ressoava a profunda solidão, o profundo mergulho no breu que Claudia estava prestes a fazer. As peladas de quarta-feira do marido, afinal, nunca foram pausadas, tampouco o barzinho com os colegas quando as partidas terminavam. Mas a sua desconexão emocional passava despercebida por todos, mesmo por Claudia. Também, cinco dias após a chegada de Aurora ele já estava reinserido em seu ambiente de trabalho das 8 às 18, enquanto Claudia muito tentava, mas não conseguia tocar nada de concreto que pudesse remetê-la ao que era a vida antes de o sol central daquela casa nascer.

Alguns meses depois, experimentando um apaixonamento crescente pela filha, sem perceber, Claudia havia aposentado seus livros sobre alto desempenho e bem-estar, assim como havia deixado em alguma estante, esquecidos e empoeirados, seus gostos, anseios, autonomia, individualidades. Os contos de fadas de Aurora, cujo nome havia sido inspirado na princesa do clássico "A bela adormecida", eram lidos diariamente para ela por Claudia. Mas foi na leitura de outro clássico que ela teve o aterrorizante insight: espelho, espelho meu, existe alguém menos eu do que eu?

Era para eu estar feliz

O vazio, o esvaziamento de quem se é, até que um dia se olhe no espelho, com vergonha por sentir saudade da mulher que se construiu no decorrer dos anos e com medo da falta de perspectiva daquela que se edificaria em meio à demolição que o nascimento de um filho pode causar. São muitas as emoções envolvidas, e não raro o sentimento de vergonha e culpa por não estar integralmente feliz e realizada no papel mais idealizado socialmente, o da mãe, grita no íntimo, mas não pode ser verbalizado, porque não encontra acolhimento das pessoas ao redor, tampouco autoacolhimento.

Quando a mulher desejou profundamente a maternidade, esse estranhamento pode ser ainda mais desconfortável, um tabu ainda maior, nutrido por uma culpa proporcional ao desconforto. Não é de espantar que esse cenário, o do esvaziamento da mulher que se torna mãe, seja a mola propulsora, para muitas de nós, da reatividade na maternidade. Antes, porém, de mergulharmos nas águas turvas da dor da mulher que se sente perdida ao se tornar mãe, preciso ressaltar que não há nenhuma intenção de generalizar as experiências e condições que vou relatar, ou seja, é evidente que, para muitas de nós, a maternidade foi o ponto de encontro, a virada de chave que trouxe total sentido e preenchimento para a vida.

Contudo, considere que, segundo uma pesquisa feita pela Fundação Getulio Vargas, metade das mulheres se encontra desempregada após dois anos da licença-maternidade. Obviamente, há uma fatia de mães que opta por estar em casa com as crias, que se sente realizada fazendo isso, mas não é destas que estamos falando. Estamos falando de uma geração de mulheres cujo autovalor se concentra, em boa parte, na sua capacidade de serem profissionalmente produtivas. É uma questão a destrinchar, tanto por ser legítimo o desejo de se autodesenvolver profissionalmente quanto pelo fato de ser a maternidade o trabalho mais intenso, importante e desvalorizado que há.

Mas, para além das mulheres que desejam retomar suas carreiras e que se sentem subjetivamente perdidas sem elas, há aquelas que não têm opção, que precisam ser arrimo de casa. Apesar de ser delas a responsabilidade integral ou majoritária do sustento de seus filhos, 51% das mulheres com baixa escolaridade sofrem com o desemprego um ano após o início da licença, de acordo com a mesma pesquisa. São as realidades diferentes sobre as quais falamos, entre tantas outras que se subdividem a partir dessas, mas que apontam para o mesmo mote: o mundo lá fora não está interessado nas mães e não apoia a sua reinserção no mundo adulto. Pelo contrário, busca excluí-las ao máximo, o que acentua vertiginosamente a sensação de estarmos descoladas de nossas próprias histórias quando a maternidade aterrissa em nossas vidas.

O mundo lá fora não está interessado nas mães e não apoia a sua reinserção no mundo adulto. Pelo contrário, busca excluí-las ao máximo.

Movimentos como o *childfree* — livre de crianças, em português — deixam evidente que o repúdio a crianças, além de ser, como todos os outros, um tipo perverso de preconceito, também exclui quando se trata de mães e de famílias em geral. Isso porque esse grupo de pessoas interessadas em incitar e em promover iniciativas em que seja restringida a presença de crianças em estabelecimentos comerciais fatalmente também marginaliza os seus cuidadores principais, isto é, as mães, na maioria dos casos.

Não por acaso as primíparas, isto é, as mães de primeira viagem, não raro vivem uma espécie de luto após a chegada do primeiro filho. O luto de uma vida que não voltará a ser. Não é nem de longe apenas a carreira o que muda drasticamente com a chegada de um filho, afinal. O seu tempo, muito embora se resuma a 24 horas por dia, como acontece com todas as demais pessoas do mundo, ganha novos contornos, novas prioridades. É um tempo devorado pelas mil e uma demandas que maternar pressupõe, o que ocasiona para muitas, assim como aconteceu com Claudia, a sensação de serem coadjuvantes na própria vida.

Claudia, como tantas outras de nós, perdeu e ainda não reconquistou, ainda que Aurora já não seja mais um bebê, a privacidade de ir ao banheiro sozinha, a liberdade de não ter nada para o almoço, a espontaneidade de sair com o marido ou com as amigas — ou sozinha — para jantar em um dia de semana qualquer apenas porque deu vontade. Alguns dos gritos já destinados a Aurora, Claudia acredita terem como razão primária esses detalhes de si que foram perdidos. Ela, porém, integra uma fatia privilegiada da sociedade, que consegue pagar por uma rede de apoio, por exemplo. Outra fatia constrangedora das mães brasileiras não tem ao seu lado sequer um companheiro com quem, ainda que minimamente, possa dividir as responsabilidades referentes à criação de uma criança.

É necessário pensarmos, então, especificamente na realidade brasileira, neste país em que o número de mães solo assusta e entristece. É justificável que essas mães se sintam ainda mais sobrecarregadas e cronicamente estressadas, isto é, envoltas em uma sensação de perigo iminente, nesse contexto tão excludente. Sem as suas necessidades básicas garantidas, sem a perspectiva de oferecer, muitas vezes, o mínimo aos seus filhos, não é de espantar que autocuidado e autoestima sejam mesmo artigos de luxo para muitas mulheres após a maternidade.

Muito mais (pre)ocupada que a sua avó

Difícil e até cruel esperar absoluta calma dessas mães, esperar que elas compactuem com o ideal romântico de mães sempre emocionalmente disponíveis, quando o mais comum, como estratégia de autopreservação, é a reatividade sobressair quando elas se sentem invadidas e negligenciadas. É instintivo, é para a sobrevivência. Mães são seres humanos, vale sempre relembrar, e, sem o acesso a ferramentas de autorregulação emocional, é natural que prevaleça a reatividade como resposta a situações que engatilham emoções difíceis.

A verdade é que, somado a todo o percurso hormonal que, ao menos para as mães que gestam seus filhos, torna a chegada da maternidade uma experiência desafiadora, há também todo um contexto social desfavorável ao reencontro dessas mulheres com elas mesmas. O percurso hormonal não pode ser evitado, mas o contexto social desfavorável sim, poderia. Mais do que isso, o contexto social é adverso ao encontro da recém-mãe com sua nova versão, que naturalmente carrega muito de quem se foi, na mesma medida em que se adiciona muito de quem se tornou nessa metamorfose chamada maternidade.

Sobre esse contexto, é imperativo compreender que a sobrecarga materna, da qual já muito falamos, é agravada pelo fato de que, diferentemente da geração das nossas avós, hoje acumulamos funções na estrutura familiar. Explico... as nossas avós, mais do que nossas mães, tinham como missão de vida se casar, ter filhos e criá-los. Certamente inúmeras dessas mulheres se sentiram aprisionadas nessa função, mas, na prática, era, para a maioria, esse o papel que as realizava.

Hoje, o cenário é bastante diferente. Não é a maternidade e o trabalho doméstico o que realiza uma mulher — ou não só isso. Muitas mulheres desejam uma carreira, e muitas outras, quando falamos em realidade brasileira, precisam colocar o pão sobre a mesa porque seus filhos só podem contar com elas. Para essas mulheres, para a maioria das mulheres, trabalhar é imperativo. Apesar, então, de o papel de provedor não se concentrar mais nas mãos masculinas, é verdade também que o papel de cuidar seguiu destinado às mães. A emancipação feminina em termos profissionais não proporcionou às mulheres uma divisão justa com os homens das obrigações domésticas e da responsabilidade de educar e de cuidar dos filhos. Pelo contrário, apenas as sobrecarregou mais.

A emancipação feminina em termos profissionais não proporcionou às mulheres uma divisão justa com os homens das obrigações domésticas e da responsabilidade de educar e de cuidar dos filhos.

Não à toa, verifica-se uma tendência à retomada de um papel feminino mais tradicional no núcleo familiar. As denominadas *tradwives*, ou esposas tradicionais, se propõem a conduzir a educação dos filhos e os cuidados com a casa, enquanto aos seus companheiros compete o papel de prover a família. Muito embora o discurso dessas mulheres beire, em especial nas redes sociais, o absurdo da romantização de uma condição submissa, essa alienação mostra a lucidez de algumas delas ao optarem por maternar como suas avós porque reconhecem que, ao se engajarem no mercado de trabalho e se tornarem também elas responsáveis pela manutenção financeira e material da família, elas não se tornaram mais livres.

Pelo contrário. Ao fazerem o caminho contrário, há um quê de protesto de quem admite não ser, em hipótese alguma, saudável abraçar o mundo quando o preço para isso é soltar a própria mão. Há estratégia de sobrevivência, o que por si só me parece triste. Quando observamos esse recente fenômeno, porém, parece ficar claro que as *tradwives* são, em sua maioria, mulheres casadas com homens que podem e desejam arcar com todas as despesas da família, isto é, trata-se de uma realidade limitada a setores mais privilegiados socioeconomicamente. O ônus de ter alguém que pague as suas contas, no entanto, é ao mesmo tempo óbvio e uma grande incógnita.

Uma mulher esvaziada

Toda essa estrutura, em alguma medida, permeia a sensação de falta de subjetividade e de individualidade experimentada por tantas mulheres após se tornarem mães. Isso porque, muito embora ser mãe seja uma função, e não a identidade de nenhuma de nós, todo esse cenário nos remete à percepção pessoal e social de que o que somos é MÃES, como se nossos anseios, medos, gostos e características fossem encapsulados nessa condição. Vazias de nós mesmas, ainda que amemos os nossos filhos e — por que não? — a maternidade, as probabilidades de nos tornarmos mães reativas aumentam de maneira considerável.

Eu gostaria de dizer que todos saímos perdendo com isso, porque, se a matemática fosse assim tão simples, poderíamos correr juntos, como família e como sociedade, para o mesmo espaço onde as soluções acontecem. Mas infelizmente há quem ganhe com o esvaziamento da mulher que se torna mãe: o patriarcado — e não necessariamente os homens.

Dito isso, vale salientar que, com a chegada de um filho, o pai da criança não costuma ser submetido a nenhuma dessas radicais e, muitas vezes, dolorosas transformações. Nem o pai participativo, nem o pai presente, que busca com responsabilidade emocional amenizar o desequilíbrio das funções maternas e paternas, passam pela metamorfose. É abissal, na verdade, a diferença entre se tornar mãe e se tornar pai na maioria dos casos, o que pode ocasionar uma distância tão significativa entre as partes de um casal que torna inviável a sua sobrevivência, ocasionando, o que é estatisticamente comprovado, muitas separações e divórcios nos primeiros anos de um filho.

Os ânimos, nesse contexto, podem se exaltar com facilidade devido à privação de sono de ambos ou de apenas um, em geral a mulher, mas também pelo fato de muitas vezes a divisão de tarefas não parecer justa, de o homem não ser capaz de reconhecer o peso da sobrecarga mental materna, de o tempo para a reconexão do casal, bem como a disposição física e emocional para o estreitamento da relação no nível físico e emocional, ser raro. É comum que ambas as partes se sintam abandonadas, exaustas, incompreendidas. Bem como a mulher, o casal vive uma crise de identidade quando um terceiro elemento se adiciona à equação.

Muitas de nós, inclusive, por tudo isso, nos tornamos reativas com os nossos cônjuges, e não necessariamente com os nossos filhos. Aos homens, afinal, pouco ou nada se ensinou sobre o universo complexo das emoções e das reações oriundas delas em casos de escassos recursos para regulá-las, sobre o submundo do feminino e sobre suas inúmeras camadas hormonais, sociais, psicológicas e emocionais, sobre paternidade saudável, ativa, responsável. Para eles, a paternidade é uma escolha, mas para nós, em geral, a maternidade é uma condição intransferível.

Por isso, na maioria das vezes, além de terem que lidar com o incômodo apagamento de si mesmas enquanto aprendem a ser mães, as mulheres se veem diante do desafio de ensinar, à medida que também aprendem, os pais de seus filhos a serem bons pais e bons companheiros para elas.

Além de terem que lidar com o incômodo apagamento de si mesmas enquanto aprendem a ser mães, as mulheres se veem diante do desafio de ensinar, à medida que também aprendem, os pais de seus filhos a serem bons pais e bons companheiros para elas.

A estranha no espelho

Ainda no âmbito do estranhamento diante das pessoas que nos tornamos quando a maternidade chega, de forma menos metafórica e mais literal, há o espelho. Claudia sempre julgou muito a imagem refletida ali, que nunca parecia estar suficientemente adequada aos padrões criados, que ironia, exatamente para serem inalcançáveis. Ela desejava, desde a adolescência, que os cabelos fossem mais alinhados, que os dentes fossem mais brancos, que a barriga fosse menos protuberante e que a bunda fosse maior. Em maior ou menor grau, se dedicou ao longo da vida adulta para que essas questões fossem solucionadas e, também em maior ou menor grau, em todas essas mudanças, encontrou algum grau de satisfação.

Encontrou também novos defeitos em si, sejamos honestas. Nada, no entanto, deixou-a mais desconcertada e com a autoestima mais abalada do que o corpo que veio à tona após o nascimento de Aurora. Não parecia o seu. E ela não gostaria que fosse seu.

Do abdome, mesmo após emagrecer os 14 quilos adquiridos, tinha pânico. Pavor a ponto de desenvolver uma insensibilidade à região, em partes devido à cesariana, mas muito devido ao dissabor estético, à gordura localizada, à diástase. Ao que não era mais. Dos cabelos, cuidava muito bem. Economizava de lá e de cá para sempre ter à mão uma máscara e um xampu daquelas marcas profissionais importadas, cheias de tecnologias. A baixa hormonal pós-parto, no entanto, é para quase todas implacável, e para Claudia foi. Os fios fortes e volumosos daquelas quarenta semanas se fizeram xoxos e opacos.

Os seios, desses, sim, sempre havia gostado, já não tinham mais contornos delicados. Eram sempre desproporcionais entre si, o tamanho de suas aréolas havia dobrado, e ela temia o momento em que atravessaria o desmame e, provavelmente como suas primas e amigas, teria de lidar com peitos murchos e caídos. Uma influencer ou outra em sua timeline a convidava a honrar aquele corpo-templo milagroso, capaz de criar gente, mas era ensurdecedor o barulho da sua mente e de todo o restante do mundo afirmando que ela havia perdido beleza e, por isso, valor.

A sensação superou o primeiro ano de Aurora e se estendeu pelos seguintes. Ela cortou os cabelos algumas vezes, os deixou crescer todas as vezes que os cortou. Renovou o guarda-roupa. Sentiu-se uma mulher crescida vestida com aquelas saias que já não eram míni e com aquelas camisas de botões de seda. Não pôde, contudo, desfazer-se dos vestidos floridos e decotados que já não combinavam com a imagem que o espelho mostrava e menos ainda com o que só ela podia enxergar sobre si mesma, pois se tratava do que é intangível e ao mesmo tempo imenso. Levou um tempo até que a Claudia que mora dentro encontrasse a Claudia que se vê por fora, até porque levou um tempo até que elas se reconstruíssem após o abalo sísmico denominado puerpério.

Forasteira dentro da própria casa

Não sei você, mas eu me reconheço na Claudia quando revisito a minha estreia na maternidade. Não é um único fator que, isolado, tem o poder de nos fazer sentir forasteiras nas nossas próprias vidas. Não se resume ao fato de que as nossas necessidades passam a ser, por um bom tempo, tempo este que a gente não dimensiona quando termina, muito menos urgentes do que o da pequena pessoa que estamos aprendendo a amar com tudo o que temos. E, muito embora compartilhemos alguns desses fatores, é inquestionável que a maternidade é uma experiência subjetiva, composta por variáveis únicas para cada uma de nós.

Para mim, por exemplo, no processo de gestar Francesco e nos seus primeiros meses, estar inserida em outra cultura, distante da minha família de origem e dos meus amigos, bem como de tudo o que consistentemente me constrói como indivíduo, foi preponderante para que eu me visse em um processo de esvaziamento — até enfim me sentir esvaziada. A Ana deu lugar à mãe do Francesco. Aquela Ana corajosa, aventureira, minimalista, profissional ousada e em expansão, de repente se encontrou presa em um apartamento de uma pequena cidade no interior da Itália, cercada de mais tralhas de bebês e suas minúsculas roupas do que gostaria e com sua interessante carreira como educadora e instrutora de mindfulness bugada, ou, na melhor das hipóteses, pausada. Houve dor no processo de reconhecer que a mulher que eu tanto admirava, a minha versão pré-maternidade, parecia cada vez menos viável, visível ou palpável, cada vez mais envolta em névoa, líquida, me escapando fácil e rapidamente pelas mãos.

E, no exato momento em que redijo estas exatas linhas, três anos depois, a Ana que sempre sonhou em escrever um livro é interrompida pelo clamor de sua segunda filha, a Madalena, que logo ali, no tapete de atividades que se encontra a meio metro de distância, emite, do alto de seus quase 6 meses de vida, alguns rumores, que anunciam que, se Madalena não for atendida mais do que depressa, vai começar a chorar.

E agora, dez minutos depois do fato acima descrito, quando escrevo estas outras linhas, já com Madalena em meu colo, apoiando-se no meu braço esquerdo enquanto tenho só o direito para mais fluidamente digitar, penso que, antes de me tornar mãe, eu costumava acreditar que caberia ao bebê se adaptar à família, que eu tocaria meus projetos durante o sono dele, que seria fácil e prático terceirizar seus cuidados. Ledo engano. A verdade é que, assim que nos reconhecemos grávidas, todas as nossas escolhas, do pedido no delivery de uma sexta à noite à transição de carreira, estarão implicadas por aquele microscópico grão de areia dentro da gente.

Para muitas mulheres, o puerpério é como um divórcio do mundo exterior. Importante ressaltar que hoje consideramos defasada a ideia de que o resguardo dure cerca de quarenta dias, o que consideraria superficialmente a recuperação física após a experiência de um parto vaginal ou de uma cirurgia cesariana.

A Organização Mundial da Saúde atualizou o conceito de puerpério e nos abriu a possibilidade de melhor vivenciar essa fase que necessariamente provoca mudanças significativas ou mesmo ressignificações em nossas jornadas como seres humanos. Legitimar a complexidade da fase que sucede o nascimento de um filho é libertador para nós, mulheres inseridas em um mundo que exige de nós produtividade e perfeição estética mesmo nessa situação.

O *looping* do puerpério

Segundo a OMS, o puerpério se inicia logo após o parto e é classificado de acordo com a seguinte referência: puerpério imediato, do 1º ao 10º dia pós-parto; puerpério tardio, do 11º ao 45º dia após o parto; e, por fim, aquele que até então não era devidamente reconhecido, o puerpério remoto, que se inicia por volta do 45º dia após o parto, mas não tem um término previsto. Sim, você leu direito. Dito isso, talvez a sua angústia ou a simples sensação de inadequação desde que se tornou mãe se justifique pelo fato de que, independentemente da idade do seu primeiro ou do seu último filho, você ainda esteja emergindo nas profundezas nem sempre límpidas do puerpério.

Parte da reatividade que muitas de nós podem ter experimentado nessa fase está na dificuldade de aceitar as coisas como elas estão — porque elas não serão assim para sempre. Para algumas, é fato, pode ser mais duradoura essa fase. Especialistas apontam, afinal, que o puerpério emocional pode se estender por cerca de dois anos. Certas mães, porém, podem afirmar, na subjetividade das próprias experiências, que o conflito entre quem fui, quem sou e o que conseguirei ser a partir disso pode extrapolar os dois primeiros anos da maternidade. E é fato que algumas simplesmente parecem não se reencontrar ou se reinventar depois dos filhos, o que tem relação maior com a sensação de falta de bem-estar em nossas próprias vidas cotidianas — e a consciência disso — e com a falta de compreensão de que não se trata de alcançar um resultado específico, e muitas vezes idealizado, na maternidade ou em outras áreas das nossas vidas.

Principalmente para as mães de primeira viagem ou para aquelas que emendaram uma gravidez na outra, o sentimento de *looping*, como se tivessem se metido em um labirinto cuja saída parece não existir, pode ser intenso. Em paralelo, parece que todas as 24 horas disponíveis em um dia foram reservadas, sem sua permissão, para o que quer que seja que esteja relacionado ao seu maternar, e isso desgasta... esvazia. Por exemplo, eu me lembro bem de, no meu primeiro puerpério, devido à baixa produção de leite, passar todo o tempo em que o Francesco dormia estimulando as mamas simultaneamente com duas máquinas extratoras de leite elétricas, com as quais, em extrações vitoriosas, eu conseguia, somando ambos os recipientes, cerca de — apenas — 50 mililitros de leite.

No meu segundo puerpério, que acontece exatamente no momento em que redijo estas linhas com Madalena no colo ou conversando com ela enquanto troca olhares doces e sedentos por atenção, o tempo se divide, nem sempre igualmente, entre ela e minha criança de 2 anos e meio. O que eu sinto é que, caso eu não tivesse um repertório vasto sobre mim mesma, ou seja, caso eu não houvesse trilhado, desde a morte precoce dos meus pais, cerca de quinze anos atrás, uma trajetória de autodesenvolvimento que me ofereceu, dentre outros caminhos de autoconhecimento e de autorregulação emocional, o mindfulness, eu teria me rendido ao estresse, à desesperança e à raiva que, não raro, senti e ainda sinto.

Felizmente, cultivei ao longo dos últimos anos recursos que me permitem ver a situação de forma menos ensimesmada e mais panorâmica, encontrando, em meio ao caos, contentamento em cada fase vivenciada no meu maternar.

No entanto, mesmo com toda essa bagagem, me senti — e ainda me sinto — em processo de adaptação à nova vida que veio à tona com a vida de meus filhos e em luto por aquela que terminou. Parte considerável do meu desejo de ensinar mindfulness para mães se justifica exatamente pela percepção de que, se é difícil para mim, pode ser ainda mais difícil para as mulheres que não puderam, não quiseram ou não sentiram necessidade até então de mergulhar e de aprender a se cuidar, se curar, se amar com profundidade e sem distratores.

A nossa capacidade de autorreflexão pode mudar os rumos de como lidamos com as nossas novas versões nesse contexto. Dito isso, a fusão emocional que acontece entre mãe e bebê nos primeiros meses é sentida na pele por todas, mas é ainda mais explícita e diversamente experimentada por aquelas que já trilharam algumas jornadas de autodesenvolvimento. As que já se encontram mergulhadas em si não deixam de sentir o baque da percepção de vazio, do questionamento "E agora, quem sou eu?" que a maternidade escancara, mas tendem a viver esse período com mais inteligência emocional, com mais aceitação, com mais presença e consciência.

Apesar disso, nem a mais meditada, elaborada e analisada das mães poderia não se afetar pela realidade de que, não raro, tomar um banho bem tomado se torna artigo de autocuidado, e não mais de higiene, o que não acontece simplesmente pela dificuldade para encontrar uma aresta de tempo e de disponibilidade para isso, mas também porque, quando se tem mais do que pouquíssimos minutos para um banho, é comum se questionar se o choro insistente do bebê que se escuta ao longe é real ou imaginário.

Mas o que tenho aprendido é que a pior de todas as coisas que podemos fazer quando ficamos vazias, a menos proveitosa de todas elas é lutar contra o vácuo. Se colocarmos todas as cartas na mesa, se ousarmos dimensionar a imensidão multifacetada do tornar-se mãe, ficará óbvio que é inútil e contraditório desejarmos estar indiferentes a isso ou pretendermos seguir as mesmas de antes. Como, então, atravessar esse furacão, esse deserto, esse tsunami? Aqui, falamos metaforicamente sobre furacões, desertos e tsunamis, mas pensar no que que são, de fato, furacões, desertos e tsunamis pode ser útil para chegarmos a uma resposta... e o que há de mais óbvio é que ninguém que está diante desses eventos ousa tentar pará-los.

Dessa forma, cultivar a atitude de mindfulness da paciência, no seu sentido mais profundo, é o primeiro passo para sobrevivermos ao furacão, ao deserto, ao tsunami. É essencial compreender, nesse sentido, que a paciência da qual falo não é a paciência que, não raro, as mães tentam desenvolver para lidar, por exemplo, com as birras de suas crianças.

No futuro, o presente vai ser bom

Não estamos falando da paciência como sinônimo de tolerância, de lidar um pouco mais e melhor com essas situações estressantes até que se sucumba a uma explosão. Segundo o professor Jon Kabat-Zinn, "a sabedoria da paciência é profundamente curativa e revigoradora. Ela está diretamente relacionada com o reconhecer, assim como uma criança não reconhece quando tenta fazer a borboleta sair antes da hora do casulo, que certas coisas não podem ser apressadas, pois elas acontecem no seu próprio tempo. Então, se aprendermos, com efeito, a ser pacientes com nós mesmos, estaremos de fato habitando o momento presente, de modo que teremos um grande conforto e uma grande profundidade, tanto na aceitação quanto na sabedoria associada a tudo isso". Tem a ver com aprendermos a estar conectadas ao curso da vida sem lutar contra ela.

O convite da paciência sob a ótica do que nos inspira Kabat-Zinn é o de não nos apegarmos ao que foi bom na vida antes da maternidade, como se fosse possível resgatar e reviver momentos apenas porque estamos emocional e mentalmente agarradas a eles. Assim, vale o lembrete de que, muitas vezes, quando estamos lidando com situações conflitantes e difíceis, tendemos a romantizar o passado, e isso ocorre porque a nossa memória é semelhante a um filme, no qual podemos escolher ângulos, versões e edições que favoreçam as nossas teorias pessoais sobre como os fatos se deram.

A aceitação vem como um *sim* para a nova mulher que você pariu junto do seu filho, mesmo que parir aconteça de modo figurado, por meio de uma adoção, por exemplo. E a aceitação só floresce quando aprendemos, conscientemente, a gerenciar uma mente viciada em vagar do passado para o futuro, do futuro para o passado. Praticar mindfulness nos ensina a gerenciá-la.

Diante de tudo isso, eu preciso te lembrar, minha querida, com a mesma ternura que busco me lembrar, de tentar encontrar contentamento na fase em que você está. Sem subestimar sua tristeza ou sua raiva, caso você as sinta, permita que a alegria também encontre o seu lugar no lar que vem construindo. Você vai voltar da longa peregrinação. Vai dormir de novo. Vai comer suas refeições sem ser interrompida. Vai se enxergar novamente ao olhar no espelho. Vai sair sem culpa e sem filhos. A casa vai voltar a ficar organizada. E talvez você venha a sentir saudades dessa bagunça. Você vai voltar a fazer planos profissionais e ganhar dinheiro. As suas paixões tornarão a ter espaço. Talvez algumas dessas coisas — ou todas elas — já estejam se realizando. Mas as suas crias, elas nunca mais dependerão tanto de você, em tantos níveis e aspectos, quanto dependem no exato dia de hoje. Fique aqui. Fique em paz enquanto está aqui.

MÃES À OBRA A mesma, porém outra

Eu sou mineira. Já mencionei isso? Fato é que, muito embora eu goste bastante de ver, de passear e de viver pelo mundo, há um fio forte, resistente e invisível que me conecta à terra onde nasci e cresci, e, certamente, a sua geografia provoca em mim um grande senso de identidade, bem como muitas reflexões. Talvez por isso, por ter essa relação tão íntima com o mar de morros que constitui a zona de Minas Gerais de onde venho, a meditação da montanha, de Jon Kabat-Zinn, me permitiu, nos meus dois puerpérios, me resgatar, me lembrar de quem sou, para além de quem estou ou estava.

Importante dizer, porém, que essa prática meditativa pode ser não só para mim, mas também para você, uma espécie de resgate, o que independe de onde você nasceu, cresceu, se prefere a praia ao cerrado. Isso porque o arquétipo da montanha é poderoso.

Na psicologia, o conceito de arquétipo explica as imagens que representam determinados padrões de comportamento vinculados a um certo papel social, e a imagem da montanha se inclui nisso. Nesse sentido, as 22 cartas dos arcanos maiores do tarô, por exemplo, simbolizariam jornadas espirituais e lições de vida de modo universal, ou seja, podem ser atribuídas ou identificadas nos trajetos individuais e subjetivos de qualquer uma de nós, para além de nossas idades, profissões, etnias, singularidades. O louco, a sacerdotisa, a torre e a carruagem, bem como qualquer outro arcano maior, seriam, dessa forma, representações da jornada humana.

O louco se refere ao começo e ao fim, simboliza o potencial humano, inclusive o de ser livre. A sacerdotisa, por sua vez, evoca o nosso universo espiritual interno, a nossa intuição. A torre remete à destruição que antecede os recomeços, portanto se refere ao caos que, em certos momentos da vida, experienciamos. Já a carruagem simboliza a vitória. Mas, para alcançá-la, esse arcano nos convoca a agir com determinação e direcionamento.

Carl G. Jung, psiquiatra suíço e fundador da Psicologia Analítica, falou sobre os arquétipos por detrás das cartas de tarô, mas também reconheceu que os arquétipos estão disponíveis em diversos sistemas simbólicos, em qualquer expressão cultural. Há estudos que colocam lado a lado, por exemplo, as divindades femininas e suas especificidades em religiões e culturas distintas, isto é, reconhecem uma figura sagrada de características femininas que evoca o amor, a força ou a prosperidade nas mais diversas religiões e expressões espirituais do globo. Isso porque os comportamentos revelados pelos arquétipos estão no inconsciente coletivo, o que faz com que sejam interpretados de forma parecida por todas as pessoas.

Outro exemplo disso é a leitura que se faz das fases do ciclo menstrual da mulher em estudos vinculados ao feminino consciente. Nesse contexto, associa-se a fase pré-ovulatória à imagem da donzela, sendo normalmente representada pela Lua Crescente ou ainda pela primavera, considerando a energia criativa que circula nesse momento. Já na fase ovulatória, recorre-se à imagem da mãe, uma vez que aqui tendemos a nos sentir atraentes, confiantes, estamos mais comunicativas e abertas ao outro. Curioso como o arquétipo da mãe nem sempre vem ao encontro da mãe que nasce quando nasce uma criança.

Além da mãe, a Lua Cheia e o verão se vinculam à fase ovulatória. Na fase pré-menstrual, por sua vez, utilizam-se os arquétipos da feiticeira, da lua minguante, do outono para representar esse período que nos convida à transmutação, pois, apesar de estarmos desenergizadas, estamos também sensíveis e, por isso, mais aptas a reconhecer o que demanda mudanças em nossas vidas.

Por último, no período menstrual, a anciã — ou a bruxa em algumas abordagens — vem ao encontro da lua nova e do inverno. Nesse momento, o corpo clama por recolhimento e interiorização. Muito embora a energia física seja escassa, o nosso inconsciente e potencial intuitivo estão vibrantes. Atividades que demandam muita disposição física tendem a ser menos prazerosas, uma vez que o corpo de fato solicita desaceleração.

Muito embora a minha ideia seja, por meio das fases do ciclo menstrual, ilustrar como se manifestam os arquétipos, considero interessante revelar que, diante das características de cada fase menstrual, práticas meditativas específicas podem ser priorizadas. A meditação da montanha, que tem um relevante viés introspectivo, pode ser ainda mais profunda se realizada na fase menstrual. Importante destacar, ainda, que o efeito no seu universo interno das meditações realizadas esporadicamente são comparáveis às atividades físicas realizadas com essa mesma frequência, ou seja, é mais interessante meditar regularmente, mesmo que as práticas sejam curtas, do que realizar grandes imersões uma vez ou outra.

Em suma, os arquétipos seriam, para Jung, uma herança humana imaterial, resultado do que inúmeras gerações anteriores viveram em suas jornadas individuais e coletivas. Dessa forma, assim como todas as referências mencionadas podem nortear uma mulher a melhor gerir a sua produtividade de acordo com o seu ciclo menstrual, a imagem da montanha pode ser muito significativa no reencontro consigo mesma quando ela se torna mãe.

Não é por um mero acaso que esse arquétipo é invocado por Kabat-Zinn. Na antroposofia, por exemplo, ele representa o sexto setênio do ser humano, ou seja, a época que compreende sua vida dos 35 aos 42 anos. Por coincidência, entrei no universo da maternidade exatamente quando estava à beira de completar 35 anos. A minha segunda filha, por sua vez, nasceu quando eu tinha 37. Talvez o efeito positivo da meditação da montanha em mim também se explique por esse viés.

Na antroposofia, o momento em que nos identificamos com a montanha é o período da nossa biografia em que pausamos. Ali, avaliamos. Avaliamos a nós mesmas, as nossas escolhas profissionais, os nossos relacionamentos. Avaliamos a necessidade de mudar, de permanecer, de extrapolar. É um convite para nos reconhecermos no mundo, também para um agir guiado pela sabedoria que se cultiva na lida dos anos. Surge o desejo de compartilhar essa sabedoria com o outro, no âmbito íntimo, da família, com os filhos, por exemplo, ou fora dele.

Independentemente de você estar na faixa etária sugerida pelos estudos antroposóficos, o início da maternidade não deve ser resumido em determinado tempo, uma vez que é particular a maneira como cada mulher digere as mudanças e as novidades que lhe são apresentadas quando chega um filho. Eu mesma me sinto nos prelúdios da minha jornada materna. Estou só começando. É essa universalidade, o fato de atingir pessoas diversas, nas suas fases diversas de vida, o que nos leva a encontrar conforto na meditação guiada de Jon Kabat-Zinn.

Na cosmovisão andina, por sua vez, as montanhas são seres vivos. Além disso, os Apus, na crença inca, são os espíritos da montanha. Na verdade, em diversas leituras, filosofias, crenças, religiões, culturas, a montanha é o espaço do autoencontro, da profundidade e da elevação mental e espiritual, da resistência, da essência, da permanência e da mudança. Podemos recorrer, para melhor elucidar essa referência, ao monte Olimpo, residência dos deuses gregos, mas também ao monte Sinai, onde Moisés recebeu os dez mandamentos, ou ao monte Everest e toda a mística que o envolve com os monges tibetanos.

A montanha é, nesse sentido, para a mulher que busca se reconhecer quando se torna mãe, uma imagem que a convida à introspecção, quiçá ao isolamento. Mas não só. Acessar a essência da montanha nos engrandece no momento em que, não raro, nos sentimos perdidas, vazias e impotentes, incapazes de gerir o nosso próprio tempo, alheias ao mundo acontecendo para além de nossas casas. A montanha não se abala, afinal. Faça chuva ou faça sol, ela segue consistentemente enraizada, colada ao solo. As estações mudam, as árvores perdem e refazem suas folhas, mas a montanha segue tranquila, a despeito das condições meteorológicas. Ela sabe quem é, reconhece o que é perene e acolhe as suas estações.

> **Acessar a essência da montanha nos engrandece no momento em que, não raro, nos sentimos perdidas, vazias e impotentes, incapazes de gerir o nosso próprio tempo, alheias ao mundo acontecendo para além de nossas casas.**

A montanha trazida à luz da atenção plena nos ensina o que é a nossa verdadeira essência, bem como a resiliência. Para nós, mães em busca de uma identidade perdida, ela ensina a estarmos mais conscientes das mudanças enquanto cultivamos também as nossas raízes, ou seja, o que é inexaurível em nós mesmas, o que nos sustenta de maneira profunda.

Mas como o mapa não é o território, é justo que, agora, entremos em contato com a montanha menos pelo intelecto e mais pela experiência. Boa prática.

Meditação da montanha

Atenção plena ainda hoje

Quando você sente uma espécie de vazio interior, qual é a sensação física relacionada a essa condição emocional? Caso esse estado de espírito se manifeste nos próximos dias, busque perceber como o seu corpo o manifesta.

Re-nascer

Por fora, ela quase parecia ela.

Quase. Porque, muito embora tivesse recuperado o exato peso que a balança indicava dias antes de descobrir que preparava outra pessoa, a distribuição daqueles quilos em seu corpo não era, definitivamente, a mesma.

Quase. Porque os cabelos que nasciam em sua fronte tampouco tinham a mesma textura daqueles que ali se encontravam antes de caírem cerca de quatro meses após o nascimento de seu menino.

Quase. Porque, apesar de insistir, as saias, as calças e as regatas que traduziam perfeitamente seu estilo antes de ser mãe agora pareciam as roupas de uma vida atrás. Ou da vida de outro alguém.

Mas dentro. Poxa, dentro não tinha disfarce. Tudo estava transformado ou minimamente mudado; ela só não sabia ainda dimensionar o quanto e quão definitivo isso era. Os seus medos. As suas prioridades. Os motivos dos seus risos. A razão das suas lágrimas. Afinal, quem era a mulher que tinha sido raptada, assim sem direito a resgate, por um pequeno ser humano que, àquela altura, pesava pouco mais de dez quilos?

Mas não só a subjetividade do seu universo interno. Também a gestão das suas horas era refém daquele bebê. Não havia minutos para o que antes lhe demandava horas. As amigas pareciam existir em um universo paralelo. Liberdade, espontaneidade eram apenas verbetes no dicionário ou conceitos utópicos. Ela quase parecia a mesma mulher, mas não, não era. E isso doía. Rasgava. Não enxergava luz no fim do túnel. Mas haveria de ter.

Com tempo, com autocompaixão, com aceitação, honrando também tudo aquilo que jamais voltaria a ser. Ela haveria, sim, de renascer para além da mãe.

Tudo o que não era

Não era sobre o meu filho. Era a carga mental. A lista interminável de decisões a serem tomadas, de roupas a serem dobradas, de refeições a serem preparadas e servidas. As meias a serem recompradas. A tela a ser evitada. A pediatra a ser remarcada. Os boletos a serem quitados.

Não era sobre o meu filho. Era sobre a minha exaustão contínua. Era sobre a privação de sono. Por dias. Por meses. E anos. Era sobre neurotransmissores em pane. Era falta de sol. De vitaminas. De pé na terra. Mas não era sobre meu filho.

Não, não era o meu filho. A verdade é que era sobre a crueldade dos julgamentos externos. Eram os palpites não requisitados. Eram os olhares inquisitórios exigindo que a minha criança fosse mais adulta que os adultos que nos sentenciavam. Era o espaço vazio, nunca de fato ocupado pelos outros 50% de que se compõe ele, o meu filho. Eram as mães perfeitas do Instagram, era a (auto)comparação (auto)destrutiva.

Não era culpa do meu filho. Era culpa do vazio interior. Era a falta de espontaneidade. Os dias emendados, todos iguais. Era o escasso tempo para tudo aquilo que outrora me nutria ou simplesmente me distraía. Era a carreira interrompida. Era a falta de identidade. Era a falta de mim.

Não era o meu filho. Era a minha criança ferida. Eram as referências deturpadas do tempo em que a filha era eu. Eram os gritos que me criaram. O amor distorcido que me foi dedicado e ensinado.

Nunca foi sobre ele, o meu filho. Mas era sobre os meus pensamentos intrusivos. Era a mente acelerada. Era eu, mais do que ele, hiperestimulada. Era a falta de silêncio, tanto fora quanto dentro.

É verdade. Nunca foi sobre meu filho. Era sobre o meu conhecimento pífio a respeito do desenvolvimento do seu cérebro. Era sobre a reprodução de ideias absurdas e difamatórias, cristalizadas e injustas sobre a infância. Mas não, não era sobre ela, sobre a minha criança.

Contra fatos não há argumentos: nunca foi sobre o meu filho. Era o meu letramento emocional raso. Era o meu limiar baixo para a frustração. Era a minha impulsividade, a minha raiva não canalizada. Era a minha birra. Não, não era a dele.

A reatividade que transbordou: sempre foi sobre mim, mas também sobre o mundo que me desamparou. Que o desamparou ao me desamparar. Mas eu sei — e você sabe — que não era sobre os nossos filhos.

PARTE 3

Em paz com a mãe imperfeita

O seu filho não é seu por acaso.

O seu filho é você. Não literalmente. Mas ele é o seu reflexo... há um espelho invisível entre você e ele.

O seu filho é a maior oportunidade que a vida lhe deu até então para se (re)conhecer. Não importam seus anos de terapia ou de quanto retiros espirituais, meditativos você tenha participado. Seu filho te (e)leva a outro nível de (auto)encontro.

O seu filho é a sua prática espiritual. Não importa o quanto você ore, a religião com a qual se identifica. Se por meio dessa relação você não se propuser a verdadeiramente acessar e se aprofundar na sua luz e na sua sombra, todo o restante não passará de representação. De encenação.

O seu filho talvez se pareça demais com você. Talvez não se pareça nada. O que quer que esse espelho revele é exatamente o que você precisa ver. Talvez tenha a ver com autoaceitação. Talvez com tolerância. Simplesmente confie na sabedoria da vida: ela não erra quando te entrega a imagem impressa no espelho chamada filho.

O seu filho é o convite diário para o deleite. Para a vida que se vive neste instante, sem pensamentos demais sobre o ontem e o amanhã. Para a presença, que é o presente, literal e metaforicamente.

Honre essa criança como se ela fosse a pessoa mais respeitável e amável que caminha pela face da Terra. Porque ela é.

14

O mito do tempo de qualidade

AQUI E AGORA

Faça uma pausa e alongue as partes do seu corpo que parecerem tensas neste momento.

HOJE, MAIS CEDO — BEM CEDO, NA VERDADE, ALI PELAS CINCO DA manhã —, abri meu computador para seguir escrevendo este livro, que sem dúvida é uma das maiores realizações da minha vida, como já mencionei. Sonho de menina, de moça, de mulher. Sonho.

O ponto do qual eu deveria repartir, exatamente este, tinha como título provisório “O mito do tempo de qualidade”. Muito embora eu tivesse, mentalmente, boa parte da mensagem que eu gostaria de transmitir nesta obra sobre esse tema, por algum motivo me senti congelada, vazia de conteúdo consistente sobre ele. Não consegui redigir uma palavra, apesar de já ter feito — e registrado — uma tempestade cerebral que se tornou uma série de tópicos sobre o que é, o que não é e como ter tempo de qualidade com nossas crianças, segundo a minha leitura de maternidade baseada em mindfulness.

Enquanto eu tentava fazer das minhas ideias linhas e parágrafos redigidos, os meus filhos acordaram, e te peço paciência, porque em breve vai ficar claro o motivo de eu relatar a minha pequena crise criativa e o curso da minha manhã.

Antes, porém, preciso te dar um contexto. Acabamos de retornar, menos de um mês atrás, para a Itália, país de origem do meu marido. Essa mudança parece estar sendo mais indigesta para o meu filho mais velho do que eu imaginava e muito mais do que eu gostaria. Francesco tem um temperamento sereno, mas nas últimas semanas tem apresentado alguns episódios de agressividade que eu atribuo a toda a transformação da sua rotina, em especial ao fato de que agora ele passa parte dos dias com os avós, ao contrário da irmã, que ainda é um bebê que eu amamento e, por isso, permanece em casa, comigo. Me refiro ao ciúme até então inexistente ou bastante tímido exatamente porque parte desse comportamento agressivo se direciona a nossa pequena Madalena.

Dado o contexto, voltemos a minha manhã de pouca inspiração para a escrita. Quando as crianças acordaram, ambas requeriam a minha atenção, cada uma delas ao seu modo — e eu, como toda mãe de dois ou mais, ativei a minha versão polvo e disponibilizei braços e abraços para ambos, dando o meu melhor para eles, o que muitas vezes significa ficar em falta comigo mesma, como nesta manhã em que o trabalho ficou em segundo, terceiro plano, para que fossem atendidas as necessidades das minhas crianças — muito embora o que eu quisesse mesmo era continuar tentando escrever. Não é um lamento, deixo claro. É um fato. De mãe imperfeita para mãe imperfeita, me sinto à vontade para compartilhá-lo com você.

Fecho esse parêntese para seguir descrevendo as primeiras horas deste dia de verão no hemisfério Norte, quando Francesco pediu para se sentar no meu colo, o que aconteceu enquanto eu seguia olhando para a tela do computador com um enorme sinal de interrogação estampado na minha testa. Pouco tempo depois, ele se levantou e começou a perambular próximo à geladeira, o que eu interpretei como um sinal de que o meu menino gostaria de tomar seu café da manhã. Quem costuma servir essa refeição a ele é o seu pai, mas hoje, como eu estava por ali, perguntei o que ele gostaria de comer. "Maçã e iogurte", ele respondeu. Sugeri que preparássemos juntos, e ele prontamente concordou. Conversamos e rimos e, enquanto ele comia, lavei algumas vasilhas da noite anterior que ainda se acumulavam na pia.

Pouco tempo depois, a *nonna* ligou, perguntando se já poderia buscá-lo para aproveitarem o sol fraco das primeiras horas do dia, já que no verão o sol das horas seguintes beira o insuportável. Francesco se animou, mais bem-humorado do que tem estado nos últimos dias. Antes de sair, solicitei que ele arrumasse os brinquedos que se espalhavam pelo chão e me dispus a ajudá-lo. Feliz, ele concordou, colaborou... e, mais uma vez, fiquei surpresa, uma vez que ele tem sido bastante resistente diante de convites do tipo, em que a sua colaboração é solicitada.

Como assim tempo DE QUALIDADE?

Quando ele saiu, pensei nesse curto tempo com Francesco, cerca de uma hora, e no que poderia ter acontecido de diferente para que ele apresentasse mais disposição e disponibilidade, alegria e leveza do que vinha apresentando em seu padrão do último mês. O letreiro em neon, então, se acendeu na minha mente: TEMPO DE QUALIDADE. E essa mesma mente retrucou o seu próprio insight: como assim tempo de qualidade?

Todos os dias, quando ele chega dos avós, eu me sento para brincar com ele, todos os dias almoçamos juntos, ele tem passado as manhãs comigo, leio livros para ele e o coloco para dormir. E um novo insight se sobrepôs ao meu questionamento: COMO você se propõe a fazer tudo isso tem relevância.

Dito isso, seja radicalmente honesta consigo mesma: Como você tem se proposto a viver esses momentos com o seu filho, Ana? O conceito de tempo de qualidade, afinal, demanda profundidade, é bem menos óbvio e clichê do que parece... Requer, sobretudo, um exercício constante de empatia. É mais sobre qualidade do que sobre tempo. E qualidade pressupõe autenticidade, legitimidade, para além da capacidade de seguir um script que inclua determinados tipos de atividades e afazeres. Desse diálogo interno desencadeou-se uma reflexão que agora compartilho com você.

É desafiador, mas precisamos descer das nossas arrogantes tamancas adultas e, em alguma medida, horizontalizar o nosso relacionamento com nossas crianças, o que inclui reconhecer que o que consideramos tempo de qualidade nem sempre é o que os nossos filhos necessitam de nós. Inundadas pelas idealizações e cobranças que maternar neste tempo implica, podemos estar mais conectadas com as ideias difundidas, por exemplo, nas redes sociais sobre como deveria ser esse tempo do que de fato estarmos profundamente conscientes e presentes, observando as nossas próprias necessidades, bem como as de nossos filhos, enquanto ele transcorre.

É desafiador, mas precisamos descer das nossas arrogantes tamancas adultas e, em alguma medida, horizontalizar o nosso relacionamento com nossas crianças, o que inclui reconhecer que o que consideramos tempo de qualidade nem sempre é o que os nossos filhos necessitam de nós.

A natureza da minha desconexão com o Francesco no contexto ilustrado é essa, isto é, temos nos esquecido de que tempo de qualidade deveria ser o espaço em que fortalecemos os nossos laços afetivos com os nossos filhos ao mesmo tempo que eles desenvolvem suas habilidades socioemocionais. Passamos a acreditar, por exemplo, que esse deve ser um tempo destinado à diversão, o que não procede.

Foi essa leitura simplista e equivocada o que fez do tal tempo de qualidade mais uma demanda exaustiva para Emília. Toda a sua vida era, por assim dizer, um conjunto de demandas exaustivas, mas a pressão interna — e externa — para performar a mãe bacana aos sábados, domingos e feriados, a fim de, com sorte, remediar a ferida aberta que, diziam, a sua ausência causava em seus trigêmeos, fez esgotar o tiquinho de sanidade que lhe restava.

Emília trabalhava fora. E trabalhava muito. Um pouco por necessidade, muito pelo privilégio da escolha e das oportunidades que sua família de classe média quase alta lhe havia proporcionado, Emília priorizava a carreira. Sua subjetividade se constituía muito disso, é verdade. Era questão de sobrevivência não literal viver mergulhada nos projetos que, vez ou outra, lhe rendiam prêmios ou, pelo menos, elogios. Só que dizem as más línguas que cada escolha pressupõe uma renúncia, e renunciar a uma presença mais concreta na vida de seus filhos lhe cobrava um preço alto.

Por isso, o suco de cada segundo daqueles dias deveria ser destinado a construir memórias com as crianças. Boas memórias, memórias afetivas. Caso contrário, qual seria a sua participação no crescimento de Gil, Caê e Chico? Ela com certeza se resumiria a uma mãe figurante, quando todo o seu corpo — e todas as vozes ao seu redor — lhe dizia que o certo era ser mãe protagonista.

Na tentativa de ser uma mãe memorável, cuja descrição nas narrativas dos três futuros homens extrapolasse, quando fossem à terapia, a de que ela não fazia outra coisa se não trabalhar, Emília buscava garantir alegria a eles nesses momentos que gastavam juntos, levando-os incessantemente a shoppings, parques de diversão, lanchonetes, lojas de brinquedos e tudo o mais que pudesse dar prazer aos trigêmeos. Não admitia nem para si mesma, mas tinha verdadeiro pânico de lhes dizer um "não". Medo de perder o seu amor, já que ele apenas poderia, quem sabe, ser recuperado no fim de semana seguinte.

De segunda a sexta não haveria tempo para isso, uma vez que as agendas, infelizmente, não batiam. Ela passava o dia no escritório, enquanto eles o passavam na escola integral. Então, quando, por desventura, não podia sustentar o nível de entretenimento que se esforçava sobre-humanamente para oferecer aos meninos, era um deus nos acuda. As três crianças se frustravam de forma tão intensa que pareciam se tornar nove.

Quando presença é sinônimo de ausência

Num dia qualquer, quando o sol já tinha ido dormir há horas, dirigindo do trabalho de volta para casa, onde encontraria os filhos também já adormecidos, ela se deu conta de que toda aquela energia destinada a fazê-los felizes não havia sido produtiva naquilo que mais desejava, isto é, ser a principal referência das crianças. Na noite anterior, afinal, quando os três queimaram simultaneamente em febre, foi a avó que eles chamaram. Era ela quem lhes preparava o café da manhã, quem os levava e buscava da escola, quem contava histórias antes de dormir, quem lhes colocava de volta nos trilhos quando, ao mesmo tempo, eles desafiavam as regras da boa convivência, afinal.

Com Bárbara, parecia diferente, mas era parecido. Ao contrário de Emília, porém, ela era onipresente. Passava as 24 horas dos 7 dias da semana disponível para Bia, sua menina de pouco menos de 1 ano. Ninguém, absolutamente ninguém poderia duvidar de que ela era uma mãe fantástica, costumava pensar. Era obcecada pela ideia de passar tempo de qualidade com a menina, pois havia escutado em um podcast famoso destinado a mães que crianças que gozavam de muito desse tempo tendiam a, dentre outros benefícios, usufruir de melhores resultados acadêmicos no futuro. Ela queria o topo para Bia, e não media esforço para escalá-lo.

Foi assim que caiu feito um patinho na armadilha da hiperestimulação. Bárbara não parava de falar. Nunca. Narrava cada microcoisinha que acontecia no seu cotidiano com a garotinha, a fim de que ela pudesse aprender sobre o seu microcosmo, para que, então, pudesse desenvolver bem a sua fala — mas para o que serviria falar antes das outras crianças, sobre isso Bárbara não tinha refletido.

Além disso, assim como as sonecas da Bia, que eram organizadas e executadas pela mãe com rigor militar, todo o restante de práticas que compunham a sua rotina era envolto em propósitos bem claros, definidos e estrategicamente realizados por Bárbara. A comida era necessariamente servida em pratinhos de bambu com divisórias que, por hipótese alguma, permitia que os alimentos se misturassem. A mãe havia se convencido de que isso contribuiria para futuros bons hábitos alimentares da menina. Cada fase do desenvolvimento psicomotor de Bia seria, porque assim havia sido até então, acompanhado com determinação e metas pela mãe que, assim como Emília, sugava cada segundo do tempo que tinha disponível com a cria. Ambas, porém, tanto Bia como Bárbara, acabaram exaustas pelo contínuo imparável de estímulos. Acabaram reativas, cada qual a seu modo, porque, como disse Ashleigh Brilliant, às vezes a coisa mais vital a se fazer é descansar.

A verdade que desafia a lógica é que não se equivocaram nem Emília nem Bárbara na quantidade de tempo que dispensavam aos seus respectivos filhos. Mas faltou a ambas, diante das singularidades de seus contextos e escolhas, dançar no tom.

> **Ter tempo de qualidade com seu filho é uma das muitas demandas antes não explicitadas, mas que hoje compõe a infindável lista de critérios para ser uma mãe perfeita, já que ser simplesmente uma boa mãe já não basta.**

Ter tempo de qualidade com seu filho é uma das muitas demandas antes não explicitadas, mas que hoje compõe a infindável lista de critérios para ser uma mãe perfeita, já que ser simplesmente uma boa mãe já não basta. Engana-se, porém, aquele que acredita que os desafios inerentes ao escopo do tempo de qualidade são restritos às mães que estão no mercado de trabalho. As que se dedicam integralmente à casa e aos seus filhos não raro se declaram consumidas pela maternidade, resumidas a esse papel, esvaziadas de si, como bem vimos, e, embora quantitativamente tenham mais tempo com seus filhos do que as mães que trabalham, é notório que isso não lhes garante mais tempo de qualidade. Na prática, quanto ao tema deste capítulo, é bom salientar que há muita culpa por parte dos pais, mas, como de costume, ainda mais por parte das mães, a quem costuma ser atribuído o papel de cuidadoras, quando o tempo de qualidade não sai como o esperado.

É cruel, porque, quando nos descolamos do ideal que pressupõe uma conexão única em um contexto de alegria, nos sentimos falhas e incapazes de oferecer aos nossos próprios filhos experiências engrandecedoras. É cruel quando dimensionamos todos os desafios inerentes à organização e à estruturação de um núcleo familiar, o que também pode nos levar a uma questão autêntica: a partir de quando a mãe é cobrada nessa função extra — e superconsumadora — de oferecer às suas crianças atividades, para além da própria vida acontecendo, que lhes desenvolva física, emocional e intelectualmente? Desde quando a mães foi introjetada a ideia de que, para de fato estarem conectadas às suas crianças, elas devem se sentar e brincar com seus filhos?

Brincar não deveria ser mais uma função

Não questiono a grandeza do brincar, tampouco a importância de termos tempo de qualidade com nossos filhos, mas sim se deveríamos lapidar melhor esse conceito para que essa proposta seja de fato significativa — e justa — para todos.

Antes, porém, de nos aprofundarmos em aspectos abstratos, isto é, em conceitos, cabe refletir sobre tempo como uma dimensão quantitativa. Nesse sentido, o quanto pais e mães estão com seus filhos é, sobretudo, uma questão socioeconômica, e não existe uma possibilidade de conduzirmos crianças nesta vida de modo mais consciente, ou seja, mais mindful, se não nos propusermos a ver a realidade como ela é.

Assim, como exigir que mulheres que são arrimo de casa tenham o mesmo tempo e energia para suas crianças que mulheres que se dedicam integralmente aos filhos enquanto as suas necessidades e as deles são garantidas? É básico considerarmos que famílias financeiramente vulneráveis em geral têm um ou ambos os genitores das crianças envolvidos em duplas ou triplas jornadas de trabalho.

Mas a realidade do outro lado do espectro não é mais animadora. Famílias mais abastadas, como a de Emília, que conseguem financiar entretenimento aos seus filhos, tendem a terceirizar os momentos que, em teoria, se destinariam a ser compartilhados por pais e filhos. Atividades conduzidas por monitores e restaurantes com playgrounds são escolhas que, muito embora reúnam em um mesmo espaço as crianças e seus pais, não promovem verdadeiramente a sua união. Nesses casos, infelizmente, o ter, ainda que nem sempre de forma explícita, sobressai em relação ao ser e ao estar junto.

Precisamos aceitar que tempo de qualidade, então, assim como praticamente todos os aspectos que envolvem a temática da parentalidade, é relativo. Variáveis concretas, como o contexto socioeconômico, são tão decisivas quanto aspectos mais subjetivos, como a saúde mental dos genitores de uma criança. Eles precisam ser considerados, a fim de que o tempo de qualidade de fato cumpra a sua função em vez de ainda mais nos sobrecarregar e nos induzir à ideia de que deveríamos ter uma performance específica para sermos boas mães.

Maternar de modo mais consciente requer de nós reflexões e questionamentos constantes. Além disso, seria ótimo — e confortável —, caso se tratasse de uma questão a ser resolvida com matemática, uma equação a ser solucionada, que pudesse nos revelar, objetiva e exatamente, de quanto tempo nossos filhos necessitam em nossas companhias para estarem emocionalmente nutridos. E de quanto tempo nós precisamos da companhia deles, porque também nós precisamos de nossas crianças, e não só o contrário. Mas não funciona assim. Também nossas crianças são únicas em suas características e necessidades, o que só faz reforçar o convite para que estejamos atentas e presentes em nossas jornadas como mães.

É um bálsamo a compreensão de que o pretenso tempo de qualidade dedicado às nossas crianças não precisa ser tão intricado quanto era para Emília e para Bárbara, tampouco tão longo quanto complexo como era só para a última delas. Por esse ângulo, mais valem alguns minutos de atenção, interação e presença no sentido mais profundo — e mindful — dessas palavras do que horas conduzidas por falta de espontaneidade, reatividade ou ausência emocional e mental, ainda que se verifique a presença física.

Essa afirmação, porém, não nos autoriza a passar pouco tempo com nossos filhos, apenas nos acena a fazer o melhor que pudermos com o tempo que tivermos. Assim, para além das condições financeiras que podem proporcionar certos tipos de experiências — ou não —, o segredo para o tempo de qualidade parece ser a capacidade de mães e pais inspirarem em seus filhos a qualidade de estarem presentes, o que única e exclusivamente poderemos alcançar por meio do nosso próprio exemplo, de quem somos e de como nos relacionamos com a vida

O segredo para o tempo de qualidade parece ser a capacidade de mães e pais inspirarem em seus filhos a qualidade de estarem presentes, o que única e exclusivamente poderemos alcançar por meio do nosso próprio exemplo, de quem somos e de como nos relacionamos com a vida.

Crianças são supersensíveis e sabem detectar, inconscientemente, quando estamos cumprindo tabela, ou seja, quando estamos supostamente tendo um tempo dedicado a elas apenas porque, racionalmente, reconhecemos a importância disso, mas não somos capazes de manter mente e coração presentes. Com certa frequência, recebo de mães mensagens em que dizem não se sentirem capazes de estar conectadas aos seus filhos quando desejam dedicar a eles tempo de qualidade, o que, quase sempre, na percepção dessas mulheres, deveria acontecer em um momento de brincadeira.

Em seus relatos, elas me contam que é constante a sensação de que se trata de uma perda de tempo, considerando a infinita lista de demandas a serem resolvidas por elas, o que gera angústia, ansiedade e culpa. Não é óbvio ou explícito, mas o comportamento de suas crianças considerado por elas desafiador não raro encontra ali as suas raízes.

A desconexão que sobressai numa tentativa de ampliar a conexão torna seus filhos mais agitados ou até alienados, alheios ao que lhes acontece e ao que acontece ao seu redor, já que nós, seres humanos, temos o pertencimento e a conexão como duas de nossas necessidades básicas e quando, na infância, elas não são atendidas, é totalmente natural que emoções e reações perturbadoras venham à tona. Trata-se de uma mensagem, de um pedido de socorro que a maioria das mães e dos pais de nossa geração demonstram ser incapazes de decodificar.

Telas: use com moderação

Além disso, no tempo em que vivemos, no mundo em que nos encontramos, é imprescindível, ao falarmos sobre tempo de qualidade, discorrer sobre o uso de telas e de tecnologia, seja por nossos filhos, seja por nós mesmas. Definitivamente, não sou a educadora — menos ainda a mãe — que abomina esse uso, muito embora eu entenda, até porque os resultados de inúmeras pesquisas sérias e o que facilmente se pode observar de maneira empírica não me deixariam negar, que é necessário estar com os olhos abertos sobre quais são os limites saudáveis para isso e como, eventualmente, poderíamos ter as telas como um trunfo.

Apenas para citar um exemplo, é válido assistir a um filme ou ao desenho preferido do seu filho com ele de vez em quando, sobretudo se o que é retratado na obra se torna também uma pauta entre vocês, se abre a possibilidade para diálogo, se existe alinhamento com os valores da família. O pretexto único do entretenimento é também, obviamente, muito bem-vindo. No entanto, é útil que sejamos honestas sobre um tópico essencial: nas nossas casas, somos nós quem usamos as telas ou são elas que nos usam?

> **Nas nossas casas, somos nós quem usamos as telas ou são elas que nos usam?**

Eu me lembro de, alguns anos atrás, em um workshop de mindfulness para profissionais da infância, mostrar aos meus então alunos uma imagem de uma criança com um prato de comida e um celular em sua mão. Os olhos não se voltavam ao alimento, mas sim à tela. Depois que ofereci esse estímulo inicial, provoquei: Esta imagem é familiar para você? Crianças e adolescentes com os quais você convive podem ser representados por ela? E você? Essa imagem pode ser uma representação sua também?

Massivamente, eles afirmaram se reconhecer e reconhecer seus alunos, pacientes e mesmo filhos naquela foto, que, em resumo, simulava um cérebro cuja atenção havia sido capturada. Um cérebro desconectado e, portanto, pouco consciente do momento presente, o que em última análise pode ser interpretado como uma desconexão com o corpo que, fatalmente, significa uma desconexão com as próprias emoções. Parte importante dos nossos jovens — e de nós mesmas — se encontra assim, e, se estamos desconectados do próprio corpo, é pouco produtivo pensarmos sobre resiliência emocional.

Raquel Lhullier e Tamara Russell, em *Aprendendo a amar os seus dragões*, nos alertam sobre a Economia da Atenção, que seria, segundo Davenpart (2002), a economia que tem crescido em torno do uso da tecnologia. O produto é a atenção de quem a utiliza, e as empresas pagam enormes quantias para capturá-la e mostrar coisas para comprar e influenciar o pensamento e o comportamento. Assim, perdemos, dia após dia, o controle do nosso recurso mais valioso. Algumas pesquisas sugerem que passamos mais de 60% do nosso tempo divagando. Dito isso, proponha-se a seguinte reflexão:

- O que, hoje, recebe a sua atenção da melhor qualidade?
- Você se considera uma pessoa multitarefa, isto é, costuma fazer inúmeras atividades ao mesmo tempo?
- Qual é a qualidade da atenção que você tem oferecido às pessoas com quem se relaciona?
- Como estar mais atenta?

Quando afirmo que não se trata tanto da quantidade de tempo, mas de quão significativo ele é para as pessoas que se relacionam, penso na corriqueira cena que presencio nos parquinhos que frequento com os meus filhos: um dos pais com a atenção toda voltada ao celular, que é manipulado por uma das mãos, enquanto a outra mecanicamente impulsiona a criança sentada no balanço. Não é um exagero a nossa

> **Não é um exagero a nossa preocupação com o tempo de tela dos nossos filhos quando, notoriamente, o nosso extrapola em muito o saudável e nos rapta do que de fato importa?**

preocupação com o tempo de tela dos nossos filhos quando, notoriamente, o nosso extrapola em muito o saudável e nos rapta do que de fato importa?

Fazendo uma autocrítica, muito embora não tivesse a ver com a temática das telas, o evento que se deu entre mim e o meu filho, que relatei no início deste capítulo, também aponta para esta direção: promover entre nós e nossos filhos tempo de qualidade como sinônimo de tempo significativo.

Haverá sempre uma oportunidade

Um tempo de qualidade, então, pode se manifestar em tarefas cotidianas e até banais, como preparar o café da manhã com as nossas crianças, desde que isso aconteça com presença, desde que os nossos corações estejam aqui e abertos. Foi esse o detalhe que diluiu o gelo do ciúme, da insegurança diante das mudanças e da sensação de não pertencimento do Francesco na descrita manhã, e não exatamente o fato de estarmos passando tempo juntos, pois, quantitativamente, esse não era um problema para nós. Em outros casos, para outras mães e seus respectivos filhos, contudo, pode ser que seja exatamente esse o imbróglio, é válido advertir.

Seguindo a perspectiva de que tempo de qualidade não é sinônimo de diversão, é plausível mencionar algumas pesquisas que reforçam a importância de partilhar refeições em família como fermento para o bem-estar e para a qualidade de vida. Uma delas, realizada na Universidade de Minnesota e apoiada pelo grupo Barilla, revelou, após uma análise de mais de 3 mil pessoas na Itália, na Alemanha e nos Estados Unidos, por cerca de três décadas, que refeições compartilhadas potencializam emoções e sentimentos positivos. Na mesma linha, pesquisadores da Universidade de Illinois concluíram, em uma pesquisa com mais de quinhentas crianças em idade escolar, que os momentos em família à mesa são fortificadores de bons hábitos alimentares.

Endossando as duas pesquisas, um estudo conduzido pela Associação Americana do Coração (American Heart Association) relacionou a diminuição da probabilidade de desenvolvimento de transtornos emocionais e alimentares à realização de refeições com os familiares, o que se mostra ainda mais incisivamente benéfico para as crianças.

Embora a grande maioria das pessoas faça refeições diariamente, é também um fato que, para muitas de nós, não é tão simples que isso aconteça com a família reunida, considerando as necessidades e particularidades das agendas dos seus integrantes. É também, no entanto, uma escolha começar hoje mesmo a, em alguma medida, priorizar esses momentos, sem criar expectativas extravagantes sobre como eles deveriam acontecer, sobre todos estarem presentes, sobre um prato especial ser servido em uma mesa posta. Não que tudo isso não seja expressivo ou agradável, mas, como dizem por aí e eu assino embaixo, feito é melhor do que perfeito.

Importantíssimo salientar, porém, que às vezes o tempo de qualidade será desconfortável, pois ele é também ocasião para redirecionarmos e alinharmos comportamentos e valores com nossas crianças. É nosso papel como mães orientá-las, e nem sempre isso ocorre sem nenhuma natureza de atrito. Gosto, assim, da perspectiva de que o tempo de qualidade não precisa ser divertido, mas precisa fazer sentido. Uma conversa profunda ou simplesmente pontual, em que limites são convocados, em que se buscam alternativas para equívocos, em que desculpas são pedidas, por exemplo, pode ser um tempo de qualidade inenarrável. É importante nos letrarmos na habilidade de decodificar do que nossos filhos precisam no momento presente, o que remete a um relacionamento estreito com nós mesmas antes de desejarmos tê-lo com eles.

Às vezes o tempo de qualidade será desconfortável, pois ele é também ocasião para redirecionarmos e alinharmos comportamentos e valores com nossas crianças.

Um fluxo de dar e receber

O que quase ninguém menciona, mas eu gostaria de destacar, é que o tempo de qualidade não deve se limitar ao universo da criança. É importante que esses momentos nos enriqueçam também, isto é, precisamos aprender a tornar esse tempo um fluxo de dar e receber — pelo nosso bem e pelo bem dos seres humanos que estamos arquitetando. Dessa forma, o tempo de qualidade pode servir, em algumas situações, para trazer os nossos filhos para o nosso mundo, permitir que eles nos conheçam, que aprendam sobre nossas bandas preferidas, sobre os hobbies que nos relaxam, sobre o restaurante de comida exótica que nos oferece uma experiência gastronômica ímpar. Não é, porém, sobre eles gostarem ou aprovarem o que lhes apresentamos.

Um dos maiores equívocos que nossa geração de mães tem cometido quanto à educação de nossas crianças é a mania insana de colocá-las no centro de tudo, sempre. Isso acontece quando insistimos em remediá-las — e não deslocamos o olhar para o contexto e para nós mesmas —, quando elas apresentam comportamentos considerados socialmente disfuncionais, mas também quando concentramos em seus gostos, desejos e necessidades todas as escolhas relacionadas ao lazer da família.

Chama-se de infantocentrismo a prática de colocar a criança no núcleo de tudo, isto é, das questões, das decisões, das atenções da família. Isso provoca uma expectativa exagerada sobre ela, bem como uma negligência com os demais integrantes da família. Nossos filhos merecem nos conhecer. Ao permitir que eles nos conheçam, nós também nos reconhecemos em meio ao processo de esvaziamento a que somos submetidas quando a maternidade vem. É também muito gratificante, além disso, encontrar, com os nossos filhos, atividades que sejam prazerosas para ambos ao serem vivenciadas, isto é, interesses em comum que fortificam a tão invisível quanto forte linha que nos mantém conectadas a eles.

A maneira mais genuína de criar espaço para o famigerado tempo de qualidade, portanto, acontece quando, curiosamente, não nos esforçamos.

Tem a ver com a vida correndo, mas não a vida guiada pelo piloto automático. A questão é a intenção. Mais uma vez, é a consciência que emerge do cultivo constante da intenção.

A atitude de mindfulness "não lutar" ou "não se esforçar" está intimamente atrelada a essa abordagem, porém, gosto de salientar, ela não tem nada a ver com jogar a toalha ou com uma desistência desinteressada e covarde do que é importante para nós. Ela vem, na verdade, ao encontro de uma profunda aceitação das coisas como elas são, o que, inclusive, assim como a intenção, já foi mencionado e sugerido neste manual.

Quando nos instalamos nos valores e preceitos da meditação de atenção plena para nos conduzirmos no percurso da parentalidade, assumimos que há um caminho do meio em que habita a sabedoria, no qual, ainda, a percepção de que menos é mais se propõe. Isso significa que buscar a simplicidade como estilo de vida se mostra não só necessário como satisfatório, e sobre isso também já te falei quando conversamos sobre adotar uma casa e uma rotina mais minimalistas.

Afinal, como mães da geração da informação, parece que estamos sempre apontando para um alvo, objetivando algo, desejando chegar lá, no Olimpo das pretensas mães perfeitas, o que também parece nos gerar um desconforto emocional perene e, diante das tantas falhas que acabam por nos acometer, alavanca a nossa reatividade.

Dessa forma, é válido nos propormos a viver momentos especiais, memoráveis com nossas crianças, mas é na vida que acontece, em sua simplicidade e naturalidade, que deve morar a maioria dos instantes de tempo de qualidade que compartilhamos com elas. Só assim a proposta do tempo de qualidade se torna sustentável para a maioria de nós.

É válido nos propormos a viver momentos especiais, memoráveis com nossas crianças, mas é na vida que acontece, em sua simplicidade e naturalidade, que deve morar a maioria dos instantes de tempo de qualidade que compartilhamos com elas.

A rotina é poderosa

Um longo estudo realizado pela Universidade de Harvard, o maior sobre a felicidade humana já feito, revelou que crianças que desde cedo são envolvidas em afazeres domésticos tendem a ser mais bem-sucedidas na vida adulta do que as que são privadas disso. Não se trata de estabelecermos regras rígidas, mas sim de as envolvermos na construção do bem-estar de toda a família. Isso promove nelas a sensação de que são úteis.

É gratificante cooperar e pertencer. Além do desenvolvimento da autonomia de nossos filhos, ajudar a manter o ambiente doméstico harmônico pode ser uma tarefa a ser realizada em duplas, o que também promove a oportunidade de, ao executá-las, viver um tempo de qualidade compartilhado entre nós e nossas crianças. Ressalto, no entanto, que, quando permitimos que nossos filhos exerçam o seu natural interesse em participar e colaborar, as nossas expectativas devem ser ajustadas ao que eles, de acordo com sua maturidade, sejam capazes de realizar.

A rotina, mais do que os eventos excepcionais, como passeios ou viagens de férias, nos oferece os momentos que, a longo prazo, de fato, farão diferença para nossas crianças, que lhes construirão bases seguras como seres humanos, o que reiteradamente nos recordam as pesquisas realizadas no âmbito das refeições em família. Por isso, é legítimo nos fazermos, vez ou outra, esta pergunta: Quais momentos do cotidiano têm potencial para se tornar, dia após dia, memórias a serem guardadas para sempre?

Não sou, definitivamente, do tipo nostálgica em excesso, mas entendo que algumas práticas essencialmente mindful estão desaparecendo neste mundo acelerado em que, tristemente, encaramos mais a tela de nossos celulares do que os olhos dos nossos filhos, mesmo quando estamos com eles.

Pode ser tempo de qualidade, porque agrega imensurável sentido às nossas vidas, enquanto também nos incita a hackear o sistema, plantar algo com nossos filhos que, mais cedo ou mais tarde, venha a parar em nossas mesas. Para a maioria de nós, é possível criar uma horta vertical ou simplesmente cuidar de um vaso de alecrim, manjericão ou tomilho.

Ler um livro, alguns parágrafos ou um capítulo inteiro todas as noites antes de ir para a cama, escrever cartões de aniversário para os nossos entes queridos e amigos do coração, consertar objetos estragados em vez de imediatamente descartá-los e substituí-los por meio de um clique em um site de entrega rápida: todas essas práticas nos aterram ao momento presente e nos devolvem aos nossos filhos. Nem todas elas são, por natureza, divertidas, mas todas agregam sentido aos nossos relacionamentos com nossas crianças.

MÃES À OBRA Mais céu, menos cel

Diz a lenda que a bela indigena Naiá um dia se apaixonou por Jaci, a lua. Muito embora a jovem continuamente fosse cortejada por bravos guerreiros, era por Jaci que ela esperava, aflita e esperançosa, durante todo o dia. Quando a sua amada despontava no céu azul-escuro, Naiá a perseguia, em uma corrida insana, a todo custo — mas sem sucesso — tentando alcançá-la… até cair exausta.

Diziam os pajés que vez ou outra Jaci descia até a terra em busca de moças jovens que, com ela, ascendiam e se tornavam estrelas, vivendo para sempre em sua companhia, mas a sorte não parecia sorrir para Naiá, que era solenemente ignorada por sua amada.

Doente de amor não correspondido, Naiá, em uma noite triste, viu sua sorte mudar. De repente, Jaci tornara-se acessível, já que sua imagem se refletia nas águas de um lago espelhado. Sem pensar duas vezes, tomada pelo impulso de viver no céu, privada de razão, movida apenas pelos seus desejos e ilusões, Naiá descolou-se da terra, inclinou-se em direção às águas e mergulhou em Jaci, afogando-se sem socorro.

Jaci, comovida pelo sacrifício da jovem, decidiu transformá-la em estrela, mas de um modo único… Naiá deixou de ser gente para, então, ser Vitória-Régia, a estrela das águas, de perfume e beleza inigualáveis, que só se abre quando, no céu, desponta Jaci.

Sorte a de Naiá, que, bem ou mal, caiu nas graças de Jaci, que lhe permitiu uma bela reviravolta. Virou estrela, ainda que das águas, e não dos céus.

Para nós, que não somos personagens de lendas amazônicas, o disco toca diferente. Custa caro descolar-se da terra. Viver com a cabeça nas nuvens, remoendo o passado, ansiando pelo futuro ou simplesmente entregue à fixação pelo desejo do que não temos talvez não nos custe a vida de forma literal, mas, metaforicamente, sim.

Relaciono a fixação pela lua na referida lenda à falta de presença, ao quanto estamos coletivamente absortos pelas ilusões e pelas falsas promessas que tomam vida por meio de um aparelho que, apesar de caber na palma de nossas mãos, nos promete entregar o mundo. Falo do famigerado celular. Estamos irracionalmente apaixonados e dependentes dele, mas a recíproca não é verdadeira, assim como não era para Naiá.

Entre os itens que, somados, compõem o alto preço que temos de pagar por isso está a incapacidade de tantas mães e pais da nossa geração de cultivar presença profunda e honesta quando estão compartilhando com seus filhos alguma experiência. A sua atenção, nesses momentos, facilmente é atraída para a notificação que chega, uma simples consequência do seu uso irrefreado e irrefreável.

Muita vida é desperdiçada nesse processo, que, mais cedo ou mais tarde, deixará escancarado que a infância é um instante e que o tempo, infelizmente, não dá ré.

Naiá pagou com a própria vida, mas nós também pagamos com as nossas e com as de nossas crianças. Isso porque muita vida é desperdiçada nesse processo, que, mais cedo ou mais tarde, deixará escancarado que a infância é um instante e que o tempo, infelizmente, não dá ré.

Por isso, além de todas as sugestões que apresentei na seção anterior deste manual, com uma atenção especial, aponto esta: que saibamos — ou que possamos aprender a — conduzir a infância de nossas crianças e os nossos momentos com elas na base do mais céu, menos cel. Aqui, ao contrário do que se acessa na lenda da vitória-régia, o céu assume o seu literal sentido, já que é extremamente positivo oferecermos aos nossos filhos e a nós mesmas a oportunidade de estarmos mais ao ar livre do que o que temos, quase sempre, estado.

Sem dúvida, ainda que talvez cada vez mais raros, você já vivenciou momentos em que andou descalça na grama orvalhada da manhã, se deitou direto na areia morna de uma praia ou cultivou uma horta, um jardim, em que eventualmente tenha colhido um pé de alface. Essas experiências, simples e quase sempre econômicas, constituem a prática de *grounding*, também conhecida como enraizamento ou aterramento, que vem se popularizando pela sua acessibilidade e inúmeros benefícios, entre os quais se destacam o fortalecimento do sistema imunológico, a cicatrização de feridas, a melhoria do sono e a redução do estresse. Simples e conscientemente assim, podemos virar o jogo do tempo sem qualidade que impera em incontáveis, provavelmente na maioria das famílias.

Parte da beleza do *grounding*, que floresce quando interagimos física e regularmente com o nosso ambiente, se revela na reconexão com o solo que nos sustenta, o que nos leva também a uma reconexão com os nossos instintos, com o nosso corpo e, como consequência, com o aqui e agora. Neste momento em que nossos celulares se comportam quase como extensões de nossos corpos e nos roubam de nossos filhos na mesma medida que os roubam de nós, o simples ato de se abster do aparelho diariamente ou algumas vezes durante a semana para, com nossas crianças, interagir com a terra é revolucionário e, por isso, revolucionará a nossa relação com eles e conosco.

Apesar de nós, pessoas adultas, infelizmente já termos nos esquecido o bastante da sensação satisfatória e energizante que se desencadeia quando os nossos corpos entram em contato com a terra, felizmente os nossos filhos não. Na verdade, muitas de nós buscam, por ignorarmos quão nutritiva a terra é para nós — e não estou falando de alimentos —, fazer com que eles também tirem da cabeça a necessidade quase sempre urgente de estar em contato com ela.

Hoje mesmo eu, que sou adepta há anos do *grounding* e que busco, intencionalmente, incentivar minhas crianças a praticá-lo, por um fragmento de instante estranhei o fato de que Madalena, assim que avistou o nosso jardim sofrido pelo inverno, estação em que, aqui por estas bandas, pouco é manuseado, atirou-se instintivamente para a terra. No fragmento de segundo seguinte, reconheci a beleza do momento e me alegrei por ela ter e tão abertamente se entregar àquela oportunidade depois de meses de poucas ocasiões para fazer isso, considerando que seu primeiro inverno na Europa lhe rendeu mais gripes, resfriados — e até uma pneumonia — do que gostaríamos.

Na regra, porém, a mentalidade adulta foi convencida de que o manuseio da terra ou o caminhar sobre ela sem os nossos frequentes sapatos de solados duros e grossos é sinônimo de sujeira. A natureza, a terra, contudo, são medicina. Os nossos pés são, por sua vez, potencializadores da cura que elas podem gentilmente nos oferecer, uma vez que os nervos que os compõem têm correspondência com os principais órgãos do corpo humano.

Muito embora a proposta para que tenhamos mais tempo de qualidade com os nossos filhos parta da simples convicção de que, com mais céu e menos celular, naturalmente criamos a atmosfera necessária para que a reconexão entre nós e eles aconteça, é relevante assinalar que os benefícios verificados em práticas de aterramento não têm nada de aleatórios. Isso porque a terra é, naturalmente, uma fonte de elétrons e de campos elétricos sutis, que são indispensáveis para a circulação sanguínea, para a sincronização dos nossos ritmos internos com os ritmos da natureza e para outros processos fisiológicos que impactam direto a nossa saúde mental.

A terra, cuja carga é negativa, nos doa os elétrons livres que se encontram em sua superfície e estes são distribuídos pelo corpo, que se beneficia de seus efeitos antioxidantes. Além disso, vale ressaltar que o conceito de *grounding* é a base da bioenergética, corrente da psicoterapia que reconhece haver uma relação estreita entre a mente e o corpo, o que está em total consonância com o mindfulness. Desse modo, entende-se que, ao aterrarmos o corpo, a mente também passa por um processo de estabilização que nos permite termos melhores condições de cultivar presença para, assim, termos disponibilidade física, mental e emocional para desfrutar do tempo de qualidade com nossos filhos.

O que sugiro, então, é que possamos, literal e metaforicamente, cuidar, na raiz, do que nos impede de estarmos de fato entregues em um pretenso tempo de qualidade com os nossos filhos no momento em que esse tempo potencial transcorre. Não é uma possibilidade, afinal, ajustar nossas falhas, sanar nossas dores, erradicarmos nossas dificuldades para, só então, nos propormos a viver um tempo de qualidade com eles. É preciso tentar enquanto, idealmente, não se consegue. É preciso, como diz uma querida amiga minha, trocar o pneu com o carro andando.

Assim, a prática do aterramento não apenas nos convida a desacelerar e resgatar os valores que, efetivamente, nos importam e nos levam adiante. Ela também pode ser, quando realizada com nossos filhos, um simples, efetivo, bonito e livre de tecnologia tempo de qualidade, já que ansiedade, reatividade, tristeza e medo podem significativamente ser reduzidos por ela.

A prática de aterramento é naturalmente mindful, mas eu recomendo que você adicione mais uma dose de consciência a ela por meio da sua intenção. De pé, descalça, em contato direto com a terra...

- assuma uma postura relaxada, flexionando levemente os joelhos;
- leve gentilmente a sua atenção para as pernas e para as solas dos pés, para o modo como anatomicamente elas se relacionam com o solo;
- perceba pernas e pés sustentando o peso do corpo;
- imagine que seus pés têm raízes, que se aprofundam na terra;
- sinta a terra debaixo de seus pés oferecendo a você segurança e conforto no momento presente.

Estar com os pés descalços é uma das maneiras mais simples, potentes, belas e econômicas de cultivar a sua saúde mental e física. É, ainda, uma prática que muito facilmente podemos expandir para toda a família, promovendo todo esse bem-estar também para as nossas crianças, até porque ela pode, mas não precisa ser feita de forma meditativa. Podemos simplesmente tirar mais os sapatos e nos reconectar com a terra e, sobretudo, conosco. Assim, demandará de nós menos esforço a conexão com nossas crianças que, por sua vez, se fará mais simples e leve.

Como se vê na descrição acima, trata-se de soltar a tensão para melhor sentir o contato com o solo, enquanto o contato com o solo nos ajuda exatamente a liberar a tensão. Esse processo que se retroalimenta nos ajuda a, mental e emocionalmente, deixar ir aquilo que nos acorrenta.

Caso você deseje fazer uma prática de mindfulness formal de aterramento, aponte a câmera do celular para o QR code abaixo.

Prática do aterramento

Atenção plena ainda hoje

Com total intenção, proponha-se a ter um tempo de qualidade com o seu filho livre de dispositivos eletrônicos. Durante esse tempo, observe atentamente as suas emoções, pensamentos e tendências a se julgar, a julgar a situação, bem como a sua tendência a divagar.

Absorver o exterior

Que os meus filhos amem as coisas já não amadas: o assobio do vento, o pé descalço sentindo a terra enquanto a terra também sente os pés descalços, o despertar entoado por uma família de passarinhos que mora na árvore em frente à janela.

Que os meus filhos valorizem as coisas há tanto não valorizadas: as histórias dos avós, a comunhão à mesa, as caminhadas em companhia cara.

Eu espero que meus filhos reconheçam o prazer de ler um livro com uma xícara de chá morno, o valor de não fazer nada vez ou outra, a paz de respirar em silêncio, de olhos fechados, enquanto a atenção suavemente repousa em cada movimento da in e da expiração.

Que os meus filhos saibam que é permitido sentir. E que se permitam.

O lembrete é uma nota no celular, bem como é uma nota mental revisitada todo dia: inspirar meus filhos a sentirem a chuva, a cheirarem o mato e a abraçarem as árvores em um mundo que os impele a desenfreadamente consumir e descartar objetos, experiências e pessoas.

Que os meus filhos sejam, façam, pensem e sintam tudo isso na mesma proporção que eu seja, que eu faça, que eu pense e sinta tudo isso. Os meus filhos, afinal, sempre foram melhores em me absorver ao me observar do que a me escutar.

15

As mensageiras

AQUI E AGORA

Descontraia os músculos da testa neste momento. Faça um breve escaneamento nas partes do seu rosto e, intencional e gentilmente, solte as tensões que perceber.

"Se chorei ou se sofri, o importante é que emoções eu vivi." A música de Roberto Carlos era, se não me falha a memória, uma das preferidas da minha mãe quando eu era criança. Ou talvez fosse "Detalhes". Bem mais tarde, quando passei a frequentar cerimônias com a medicina da Ayahuasca, me marcou o hino de um amigo, Kanvar, que diz: vejo coisas belas e coisas feias. Graças a Deus, estou enxergando.

Ambas as canções me remetem à mesma percepção que nutro hoje, mais experiente na louca viagem chamada vida, muito devido aos meus dois companheiros nesta saga, Francesco e Madalena: embora existam emoções agradáveis e desagradáveis, prazerosas e difíceis de serem experimentadas, não existe emoção ruim. Todas são bênçãos que nos norteiam nesta romaria.

Sem dúvida, um dos aspectos mais fascinantes da experiência humana se relaciona ao modo como cada indivíduo sente, percebe, lida e comunica as suas emoções. É esse, afinal, um dos aspectos que nos tornam únicos, como uma espécie de impressão digital não material que imprimimos em nossas vivências.

Me encantam essas singularidades porque, embora todo mundo esteja sujeito a absolutamente toda e qualquer emoção, o modo como cada um se relaciona com elas, das mais às menos agradáveis, depende de uma série de fatores que envolvem dimensões fisiológicas, como prontidão neurológica para geri-las, bem como elementos relacionados a habilidades treináveis para fazer isso — e o mindfulness é a minha ginástica neurológica predileta quando o assunto é desenvolver inteligência emocional.

Apesar do fascínio que elas exercem em mim, reconheço que, para a maioria das pessoas, elas se inserem no escopo daquilo que não se pode controlar e, por isso, são interpretadas por muitos como indesejáveis, sinal de fraqueza, ainda como antagônicas ao racionalismo. Animais também as sentem, não é mesmo? Talvez por serem uma dimensão pré-verbal da nossa natureza, de modo bastante pejorativo, é etiquetada como "selvagem" a pessoa que profundamente contata as suas emoções. Quanto à maternidade, acredito que, nestes tempos em que pensar se torna uma função delegada a uma inteligência artificial, maternar com consciência das próprias emoções é o ato mais disruptivo que podemos, silenciosamente, movimentar.

Nestes tempos em que pensar se torna uma função delegada a uma inteligência artificial, maternar com consciência das próprias emoções é o ato mais disruptivo que podemos, silenciosamente, movimentar.

Devido à ignorância sobre as emoções, no geral elas são evitadas, escondidas, menosprezadas, subjugadas. Nos afastamos de nosso universo emocional na tentativa de não lidar com a sua intensidade, mas a repressão não faz com que a raiva, o medo, a tristeza desapareçam do mapa. Afinal, a emoção que não se expressa no nível consciente se fará presente de outras formas, por exemplo, na somatização de sintomas físicos que não raro se agravam e se manifestam como doenças, o que já é assumido por médicos e cientistas.

> As emoções não expressas nunca morrem. Elas são enterradas vivas e saem de piores formas mais tarde.
>
> *Citação amplamente atribuída a Sigmund Freud*

Cada emoção com sua função

"Engole o choro": assim como outras expressões fixas da nossa língua no contexto da educação, que já foram mencionadas, ouvimos e talvez ainda perpetuamos expressões do tipo e toda a violência de que são feitas, a fim de não termos que lidar com a intensidade emocional das nossas crianças. Por tudo isso, por sermos filhas desse contexto sociocultural, somos mais uma geração de mães semialfabetizadas na linguagem das emoções, o que obviamente impacta a relação com nossas crianças, em geral nos induzindo à reatividade ou à apatia diante dos seus desafios emocionais. Ambas as consequências são graves e perpetuam a tendência a um mundo mental e emocionalmente adoecido.

Nesse contexto de tanta desinformação, uma questão fundamental se direciona ao que seriam, de fato, as emoções, já que há muita confusão a esse respeito. Importante, por isso, também esclarecer o que não seriam as emoções, tanto no nível prático quanto no conceitual. Isso porque, quando determinado evento desencadeia um processo interno, com frequência tendemos a acreditar que nossos pensamentos, julgamentos, interpretações e histórias são nossas emoções. Processos mentais, no entanto, não devem ser classificados como emoções, e muitas vezes exatamente pelo fato de eles serem confundidos com elas, somado, como consequência disso, à pouca habilidade para administrá-las, camadas de sofrimento são adicionadas aos universos internos das pessoas em geral.

Isso acontece quando, por exemplo, entramos em histórias mentais avassaladoras, críticas e pessimistas, que nos envolvem em uma realidade paralela em que algo de muito ruim está prestes a acontecer com um filho. Desconheço uma mãe que, durante um simples resfriado, não tenha se deixado arrastar por pensamentos que narravam uma iminente tragédia. Como o cérebro humano não é bom em distinguir pensamentos fictícios de pensamentos congruentes com a realidade, emoções vinculadas ao medo e à ansiedade vêm à tona na tentativa de nos preservar desse possível futuro nefasto. Por isso, muito embora emoções e pensamentos sejam aspectos diferentes da condição humana, em nosso processo de autodesenvolvimento é fundamental estudá-los como um sistema do qual o elemento corpo também faz parte. Pela nossa saúde mental e pela de nossas crianças, é útil sabermos diferenciar uma emoção de um pensamento.

Cada emoção tem uma função importante no nosso percurso como seres individuais e coletivos. Elas são experienciadas no corpo, diferentemente do que se costuma acreditar sobre elas, isto é, elas não são — reitero — pensamentos, concepções e interpretações. Pelo contrário, são um mecanismo anterior a tudo isso, uma resposta natural do nosso organismo a estímulos internos e externos, influenciando diretamente o modo como pensamos e, por consequência, nos comportamos.

Gosto da ideia de que emoções são mensageiras que nos trazem sinais preciosos sobre o mundo a nossa volta, nos auxiliando a nos colocarmos nele de modo a respeitar as nossas necessidades básicas. É útil, portanto, que elas sejam percebidas, independentemente de gostarmos ou não delas, como âncoras que nos convidam a aportar no momento presente, uma vez que elas de fato nos proporcionam informações muito valiosas sobre as nossas demandas atendidas ou não, o que afeta bastante a qualidade do nosso relacionamento com nossos filhos.

Se estar intimamente em contato com elas faz de nós mães selvagens, que abracemos, então, essa faceta imbuída de sabedoria ancestral.

Por que gritamos?

> **Mais do que a sobrecarga mental, o esvaziamento de nossa individualidade ou mesmo as referências que tivemos de nossos pais no passado, é a falta de habilidade para lidar com as nossas emoções o cerne da nossa reatividade.**

Assim, mais do que a sobrecarga mental, o esvaziamento de nossa individualidade ou mesmo as referências que tivemos de nossos pais no passado, é a falta de habilidade para lidar com as nossas emoções o cerne da nossa reatividade, seja ela endereçada a nossos filhos, a nossos companheiros ou a quem quer que seja.

Angelina, porém, não só não reconhecia isso como vivia justificando para si mesma, para suas crianças e para o mundo que o seu cansaço devido a sua carga mental a deixava com dificuldade para ter paciência para explicar — de novo — determinadas coisas ao seu filho mais velho. Impulsivamente, sem que ela pudesse calcular ou decidir, chegava com certa regularidade o seu protesto impaciente, na forma de grito ou, em cenários melhores, no formato fala mansa, mas com dentes e olhos cerrados de dar medo.

Já a sua companheira, a outra mãe de suas crianças, Luciana, era capaz de conter as explosões que Angelina não conseguia. Ela também acumulava funções e responsabilidades. Sendo um casal homoafetivo formado por duas mulheres, é provável que as disparidades que costumam ser percebidas em casais heterossexuais fossem menos intensas, afinal.

Assim, Luciana — e nisso ela não se diferenciava de Angelina — também se sentia irritada quando, quase todos os dias, precisava pedir uma, duas, três, quatro vezes e até mais para que sua filha do meio guardasse os brinquedos que dominavam todo o território do seu apartamento, que nem era tão pequeno assim, é bom ressaltar. Independentemente do fato de serem parceiras e de buscarem ser equânimes na divisão de tarefas da casa, dos cuidados com as crianças e até mesmo dos boletos, o que saltava aos olhos em seu entorno era a maneira como cada uma delas lidava com as questões múltiplas de suas maternidades, que brotavam e se reproduziam de modo bem considerável, como costuma ser.

Os limiares entre a paciência e a falta dela eram bem distintos para Angelina e Luciana. Ambas, em algumas situações, acabavam explodindo e se arrependendo de suas reações logo depois. Mas a frequência e a intensidade com que isso acontecia com Angelina eram diametralmente opostas ao que se verificava em Luciana. Sobretudo, nas trajetórias que as tornaram indivíduos para além das afinidades que as levaram a compartilhar a vida, diferenciou-as o fato de que Luciana havia aprendido a se responsabilizar pelo que fazia e pelo que deixava de fazer, sem ocupar muito do seu tempo em investigar ou em diagnosticar o quanto as demais pessoas poderiam tê-la influenciado a reagir de forma ostensiva quando a raiva a visitava. Angelina, por sua vez, era uma caçadora de culpados, o que a impedia, obviamente, de olhar com profundidade para si mesma e de enxergar além. Luciana, inclusive, era, vez ou outra, imputada pela sua reatividade.

A reatividade de Angelina tinha uma função que, caso pudesse ser lida por ela, com certeza lhe conduziria mais a uma atitude mindful de autocuidado do que à angústia que nutria desconexão, culpabilização e mal-entendidos entre ela, sua companheira e seus filhos. À medida que Angelina aprender, como Luciana tem aprendido, a se responsabilizar pelo que sente, ela será capaz, inclusive, de decidir se é o caso de falar, isto é, de comunicar o que lhe acontece internamente aos demais envolvidos na situação que catapultou a emoção em questão ou de simplesmente, em silêncio, se situar em relação a isso.

Os prejuízos da não compreensão das emoções, afinal, não compensam. Até porque muitas vezes não se embasam na justiça, já que o que se sente não tem relação direta com o que se comunica quando, por exemplo, Angelina diz que não suporta mais viver naquela casa, mas o que de fato sente é irritação pela constante bagunça feita e refeita pelos três filhos. Luciana, ao contrário, é eficiente em compreender que a bagunça é só o estímulo, a causa imediata que desencadeia um sentir subjetivo. Entre a emoção de fato e esse evento, no entanto, estão causas mais internas, que englobam a capacidade — ou falta dela — de lidar com as próprias emoções. Luciana, diferente de Angelina, assume que emoções são informações, e não fatos.

As emoções e as necessidades não atendidas

> **Se faz sentir, faz sentido. A sabedoria inerente a essa colocação habita no fato de que toda e qualquer emoção merece acolhimento, escuta, consideração. As nossas, as de nossas crianças, a de qualquer um.**

Li muitos anos atrás, em algum blog, que, se faz sentir, faz sentido. A sabedoria inerente a essa colocação habita no fato de que toda e qualquer emoção merece acolhimento, escuta, consideração. As nossas, as de nossas crianças, a de qualquer um. Se uma emoção nos visita, então há uma mensagem a ser apreendida, e ela se relaciona diretamente a uma necessidade atendida ou não.

Isso, porém, não significa que, se faz sentir, é verdade. Não é porque me senti desrespeitada pelo meu filho, por exemplo, que a minha criança foi de fato desrespeitosa ou que teve a intenção de me desrespeitar. Fica mais proveitosa a relação com as emoções quando assumimos que elas são, invariavelmente, de quem as sente e não sobre quem supostamente as estimulou.

É verdade que as emoções, cuja função primordial não é nos agradar ou desagradar, mas nos guiar, podem ser desencadeadas por eventos factuais e que se dão no momento presente, bem como é real que elas podem emergir de um pensamento ou de uma lembrança. Até mesmo a consciência sobre a natureza delas quando nos acontecem vai interferir em nossa maneira de lidar com elas.

Além disso, é superútil, em nossas trajetórias como mães, termos conhecimento sobre as *big six*, isto é, as seis principais emoções humanas identificadas por Paul Ekman, importante pesquisador da área da psicologia. Conhecê-las é, afinal, nos conhecermos e, que belo, conhecermos nossos filhos, para melhor guiá-los na romaria da vida.

As vantagens de ser uma mãe selvagem

Neste livro, nos dedicamos inteiramente à raiva em um dos seus capítulos, destrinchando suas particularidades e o fato de que ela é fundamental para a nossa autoproteção e para a proteção do que nos importa. Reitero que, quando canalizada com consciência, ela é positiva e extremamente potente. Pudemos assimilar que ser uma mãe imperfeita, que se encontra com a raiva e até com a reatividade vez ou outra, nos humaniza. Quando aprendermos a abraçar a nossa imperfeição com inteligência e estratégia, ensinaremos às nossas crianças que sentir raiva não nos torna más, bem como não justifica sermos agressivas, e é esse o comportamento que, pouco a pouco, também elas internalizarão.

Além da raiva, compõem o esquadrão das *big six* as seguintes emoções: a alegria, a tristeza, o medo, a surpresa e o nojo. A primeira delas é eficaz em nos conectar uns aos outros por meio de momentos de satisfação. É, em maior ou menor grau, ansiada e buscada por todos. Para muitos, sobretudo para os que perseguem incansavelmente experiências gratificantes a todo custo, ela também pode ser fonte de frustração. As altas expectativas em relação à maternidade se inserem nesse escopo, na mesma medida em que aprender a vivê-la por meio do mindfulness e, então, ser capaz de se contentar com a beleza e com a profundidade dos momentos simples com os nossos filhos, nos aproximam da genuína alegria.

Já a tristeza, que não raro encontramos, por exemplo, quando deparamos com as profundas mudanças que maternar impõe às nossas vidas, funciona como um metabolizador de experiências de perda, de decepção, de dor, de frustração. Queiramos nós ou não, elas são parte da vida, e é maravilhoso que a tristeza exista para nos ajudar a atravessá-las. Assim, como a alegria, ela permite às pessoas se conectarem umas com as outras, mas de maneira diferente. Por meio dela, nos encontramos na empatia, no reconhecer também a dolorosa humanidade e imperfeição alheia.

O medo, por sua vez, assim como qualquer outra emoção, deve ser escutado, mas com cautela. Essa emoção primitiva nos protege de eventuais perigos, é como um anjo da guarda. Contudo, se não nos propusermos a diferenciar o que é um bom e o que é um mau conselho dado por ele, nos encontraremos frequentemente com a ansiedade. Afinal, mães enfrentam muito o medo de que algo de ruim aconteça com seus filhos e, como já mencionei antes, podemos entrar em histórias pouco ou nada verossímeis, mas que nos conduzem a estados de verdadeiro sofrimento.

Também o nojo tem função protetora, sendo ele muito eficiente em nos afastar de situações potencialmente perigosas e tóxicas, não só no nível material, mas também no existencial. A repulsa experimentada por muitas mulheres diante da entrega cega à maternidade, por exemplo, pode ser interpretada como um mecanismo de sobrevivência de sua própria subjetividade, isto é, pode ser vista como um recurso instintivo para preservar a própria identidade ou a sua versão pré-maternidade.

A surpresa, por sua vez, pode ser positiva ou negativa, a depender do contexto. Diante da natureza impermanente da vida, ela nos auxilia a nos adaptarmos com certa rapidez e habilidade às mudanças de rota que nos são impostas, e nós, mães, sabemos mais do que ninguém que os nossos filhos, em especial os bem pequenos, são verdadeiros caldeirões de imprevisibilidade.

Esse panorama, apesar de simples, visa esclarecer que cada uma das emoções que experimentamos, além do fato de vir a ser agradável — ou não —, é parte de um mecanismo brilhante que permitiu que a nossa espécie sobrevivesse e evoluísse até aqui. Subjugá-las à mente racional é, hoje, tão comum quanto prejudicial a nós mesmas e aos nossos relacionamentos. Afinal, sendo filhas e netas de mães e de avós que não tinham recursos para lidar com suas emoções, perpetuamos a reatividade justificada,

> **Sendo filhas e netas de mães e de avós que não tinham recursos para lidar com suas emoções, perpetuamos a reatividade justificada, por muitos, nas bases de uma educação coercitiva e autoritária, que, como sentimos em nossa pele, não nos ofereceu a força mental e emocional que em teoria ofereceria.**

por muitos, nas bases de uma educação coercitiva e autoritária, que, como sentimos em nossa pele, não nos ofereceu a força mental e emocional que em teoria ofereceria.

Nesse sentido, quanto à educação de nossos filhos, ainda mais importante do que ter acesso ao GPS do cérebro da criança é termos contato com as nossas próprias emoções e competências para melhor lidar com elas, isto é, resgatarmos as mães selvagens que nos habitam, aquelas habilmente letradas na linguagem pré-verbal e pré-racional de suas emoções.

É sobre nadar contra a corrente — e é também, curiosamente, o que nos libertará da nossa reatividade e nos permitirá maternar com mais consciência.

Uma lógica ilógica

Débora, no entanto, estava cega demais para perceber isso. Ela se sentia irritada com o mundo sempre que ele não lhe oferecia em troca o que ela achava ser de seu merecimento. Ela apenas desejava que a balança estivesse equilibrada, ou seja, caso ajudasse um colega de trabalho atarefado e atrasado a cumprir um prazo, assumia que ali existia um acordo não verbalizado de que, quando fosse ela a atarefada e atrasada do escritório, o colega lhe estenderia a mão.

É que ela não sabia dar sem receber, nem receber sem dar, sentia que estava sempre em dívida com alguém ou que alguém estava sempre em dívida com ela. Quando não era respeitado o acordo lógico de dar e receber instaurado por ela sem que a outra parte tivesse de fato concordado com ele, sentia uma raiva quente embrulhar seu estômago. A raiva se tornava uma má água, uma sensação não movimentada, não expressa, assim como os acordos que só existiam em suas deliberações mentais. A mágoa se tornava tratamento de silêncio. Algumas vezes, dias. Outras, anos sem direcionar palavras, olhares ou o que quer que fosse ao "traidor" da vez.

E quando chegou Joaquim, seu primeiro filho, ela natural e inconscientemente importou para a sua relação com a criança a lógica ilógica que a conduzia em suas trocas com as demais pessoas. Em especial quando o bebê pouco a pouco foi se fazendo menino, Débora exigia que ele, no mínimo, reconhecesse todo o seu sacrifício, todas as horas, energia e dinheiro que lhe dedicava, o que significava, trocando em miúdos, jamais importuná-la com birras e afins. Tratava-se de uma criança não autorizada pela mãe a ser criança, emocional e neurologicamente imatura, incapaz de medir consequências e de relacionar causas.

Joaquim, nos delírios de Débora, deveria ser grato e, por isso, perfeitamente obediente. A mãe, todo o tempo, esperava daquele menino de menos de meia década de mundo mais maturidade do que ela mesma, de fato, tinha. Débora tinha uma convicção inabalável de que a irritação que lhe causava o comportamento obviamente infantil de Joaquim, bem como a tristeza que lhe habitava, eram culpa e responsabilidade do filho, como se ela não tivesse nada a ver com as emoções que nasciam, cresciam e moravam dentro... dela.

Débora ressoava o tempo todo o maior dos muitos mitos sobre as emoções humanas e provavelmente o mais perigoso deles é que as nossas emoções são culpa ou responsabilidade de quem, em teoria, as causou. Acreditar que o amor e a alegria experimentados quando nos apaixonamos por alguém são diretamente relacionados ao indivíduo em questão pode gerar certo nível de dependência emocional na mesma medida em que atribuir aos nossos filhos a razão da irritação que sentimos nos mais diversos contextos que envolvem os seus comportamentos motiva a nossa reatividade com eles.

Tatue isto em sua mente: as nossas emoções são intransferíveis. Elas são, afinal, um mecanismo extremamente arrojado de nosso organismo em comunhão com o ambiente para que possamos acessar, interpretar e cuidar das nossas demandas na condição de seres humanos. Ninguém, a não ser nós mesmas, é responsável pelo que sentimos, isto é, se me perguntassem qual é o meu conceito preferido de liberdade, eu diria que é

> **Se me perguntassem qual é o meu conceito preferido de liberdade, eu diria que é saber o percurso para reconhecer, elaborar e responder positivamente às minhas emoções.**

saber o percurso para reconhecer, elaborar e responder positivamente às minhas emoções.

É tão injusto quanto aprisionante esperar que terceiros nos ofereçam isso. E é especialmente equivocado e desproporcional esperar isso dos nossos filhos quando crianças. O antídoto para esse mal é desenvolvermos a nossa inteligência emocional, ou seja, segundo o autor que popularizou esse conceito, Daniel Goleman, é desenvolvermos a capacidade de nos autorregularmos emocionalmente.

Para que a autorregulação emocional seja possível, é necessária a autoconsciência, muito beneficiada por práticas de mindfulness. Precisamos, portanto, ser capazes de reconhecer, nomear, elaborar as emoções que sentimos — mas não apenas isso. Além do gerenciamento positivo das emoções intensas e desafiadoras, o indivíduo emocionalmente inteligente ainda goza da capacidade de engajar as suas emoções na busca pelos seus próprios objetivos, o que Goleman nomeia como motivação. A empatia, da qual trataremos adiante, somada à capacidade de edificar e dc manter relacionamentos saudáveis, também é abarcada nas qualidades da pessoa emocionalmente inteligente, e eu ousaria dizer que é difícil maternar sem ser escrava da própria reatividade caso não sejamos proficientes nessas habilidades.

Quanto à expectativa de que nossas crianças tenham inteligência emocional, é necessário dizer que, nesse caso, a banda toca diferente. Especialmente até por volta dos 6 anos, isto é, no período que abarca a primeira infância, crianças não são capazes de regular as próprias emoções desafiadoras, que não raro incidem sobre elas de forma intensa e, em alguns casos, recebe socialmente a alcunha de birra ou pirraça.

Buscando a serenidade para corregular

Quando nos habilitamos a regular as nossas próprias emoções, diante da maternidade, também nos qualificamos para corregular as de nossos filhos, ou seja, em um trabalho de equipe, oferecemos a eles a nossa serenidade para que eles possam se acalmar diante de um eventual caos emocional. Desde o seu nascimento, afinal, nossos filhos são dependentes das nossas expressões faciais, cheiro, calor, tom de voz e calma para se sentirem seguros e, pouco a pouco, se ancorar no mundo em que chegaram. Trata-se, a meu ver, de uma das características que mais nos fortalecem como espécie o fato de que a conexão emocional não só favorece a sobrevivência, mas nos prepara para a vida.

Por aqui, acontece todo dia. Quando Madalena está cansada demais ou frustrada porque algo que desejava lhe foi negado, ela busca a minha presença, o meu conforto para se acalmar. Com Francesco, nesta fase em que sente medo de monstros no armário e de dragões malvados, ele busca a mim para tranquilizá-lo com palavras e com conforto físico, na garantia de que eu sempre estarei, seguramente, ali para ele. Hoje à noite, por exemplo, ele chegou preocupado à minha cama, dizendo que havia acordado e sentido medo ao se perceber sozinho. Eu respondi: "Filho, agora você não está mais só, a mamãe está aqui." Abracei o meu menino, que imediatamente distensionou e adormeceu.

Não tenho dúvida de que você também poderia citar inúmeras ocasiões em que explicitamente o seu filho requisitou a sua presença tranquilizadora para que, então, todo o seu sistema pudesse confiar que é permitido relaxar.

A médio e a longo prazo, considerando que a neurociência assegura que o cérebro humano só se torna fisiologicamente mais maduro para regular suas emoções a partir dos 25 anos, as nossas crianças, que se tornarão adolescentes e, enfim, jovens adultos, passarão a ser capazes de se autotranquilizar. Ressalto, no entanto, que não é dito que, aos 25 anos ou um pouco depois disso, o indivíduo é capaz de fazer isso. Conheço pessoas com o dobro dessa idade que ainda não são. Para que isso aconteça, será necessário que, durante a infância de um indivíduo, o seu adulto de referência incansavelmente, incontáveis vezes, corregule as suas emoções quando ele se encontrar emocionalmente vulnerável. É necessário, ainda, que esse adulto modele a habilidade de lidar com suas frustrações, tristezas, raivas e angústias de maneira saudável. Aprendemos, afinal — e tenho certeza de que não é a primeira vez que digo isso neste manual —, mais observando do que escutando. É assim que o cérebro humano trabalha.

Mas venhamos e convenhamos. Quando o assunto é corregulação emocional, é tudo muito lindo — e simples — nos livros sobre maternidade e nos perfis de Instagram sobre o tema. No momento, porém, em que nossos filhos desafiam profundamente os nossos limites ou em que a nossa criança ferida ressurge das cinzas, é inquestionavelmente desafiador ser essa presença segura, na qual nossas crianças encontram respaldo emocional e por meio de quem seus cérebros constroem redes neurais que as levam, com tempo e perseverança, a se tornarem capazes de se autorregular emocionalmente.

É ótimo, nesses momentos em que, por uma razão ou outra, entre as quais podemos incluir ausência de recursos para nos regularmos emocionalmente ou mesmo a exaustão que não raro nos abate, contar com outros adultos de referência dos nossos filhos para que possamos recobrar o nosso centro e, então, nos apresentar inteiras para eles. Devido à imperfeição que nos garante a nossa humanidade, esses momentos acontecerão aos montes, e a melhor maneira de lidar com eles, certamente, não é os negando.

Um dragão por um chocolate

No último fim de semana, por exemplo, o meu marido, pai dos meus dois filhos, foi convocado. Em geral, sou eu a pessoa que apaga os incêndios de ambas as nossas crianças, e talvez por isso, bem como pelo fato de eu ter vivido uma catarse emocional numa imersão de autoconhecimento da psique feminina no último domingo, eu não tinha o que entregar para a minha criança quando, diante de uma negativa para comer mais um pouco de chocolate, ela veio abaixo.

Naquele dia específico — mas está na minha agenda me permitir fazer isso muitas outras vezes —, encarei o meu companheiro e disse "Tocca a te", ou seja, na sua língua materna, para que não ficasse dúvida alguma sobre o que eu pretendia informar, "É com você".

Bastante surpreso, ele respondeu que, como eu bem sabia, Francesco aceita apenas a mim nesses momentos e que ele jamais teria vez naquela situação. Aconselhei-o: não peça que ele simplesmente se acalme, redirecione-o para o maior dos interesses que vocês têm compartilhado. Felizmente ele compreendeu que eu falava de dragões.

De fato, porém, quando ele abordou o nosso filho, foi com intensidade que Francesco o afastou, gritando: "MAMMAAA." E Davide prontamente respondeu: "Sabia que acabei de ver um dragão no jardim?" Fran foi até ele, já permitindo que o pai o acolhesse em seus braços, e questionou: "É mesmo, babbo? E como era esse dragão?"

Aqui, abro um parêntese. Todo dia, pai e filho passam tempo juntos discorrendo sobre supostos dragões que eles avistaram no trabalho, na escola ou onde quer que tenham estado. Existe um fio forte de conexão que, com sabedoria, foi lançado como bote salva-vidas na situação descrita. Quanto mais tempo de qualidade investimos, então, nas nossas conexões com nossos filhos, mais facilmente seremos capazes de promover corregulação emocional quando isso for demandado, uma vez que, sem um vínculo potente é difícil poder se considerar a âncora que lhes possibilitará crescer com resiliência e segurança emocional.

Eu não me surpreenderia se você me questionasse: mas, Ana, distrair a criança na tentativa de acalmá-la não é errado? E eu prontamente responderia: depende. Se no lugar do chocolate fosse oferecido um presente ou uma fuga no celular por meio de um desenho animado, eu contestaria a tática. Nesse caso, ela foi adequada porque se embasou na conexão entre pai e filho e levou em consideração a extrema imaturidade emocional de uma criança de 3 anos. Afinal, até mesmo nós, adultos, buscamos nos distrair para lidar com emoções difíceis. Eu mesma, vez ou outra, encontro acolhimento em alguma comida afetiva, que me remeta a algum lugar ou memória confortável. É válido apontar, porém, que, quando utilizava esse recurso de maneira inconsciente, mais de uma década atrás, me deparei com uma situação de compulsão alimentar, o que tratei graças à psicoterapia e a recursos do comer consciente ou *mindful eating.*

Quanto aos nossos filhos e à sua imaturidade neurológica, é um excesso esperarmos que eles aprendam uma lição enquanto estão vivendo um momento de descompasso emocional. Ninguém aprende a nadar, afinal, quando está se afogando. Assim, é mais útil explicar em outro momento o porquê de ser necessário estabelecermos um limite para a ingestão de chocolates, o que motivou, no caso, o inconsolável choro do meu filho.

Quanto aos nossos filhos e à sua imaturidade neurológica, é um excesso esperarmos que eles aprendam uma lição enquanto estão vivendo um momento de descompasso emocional. Ninguém aprende a nadar, afinal, quando está se afogando.

Além disso, assim como não discutimos a relevância de ensinar a eles sobre higiene pessoal, deveríamos também dialogar, esclarecer e encaminhá-los quanto às suas emoções, tanto de forma preventiva ou rotineira quanto em retomadas de situações desafiadoras vivenciadas, que podem ser, junto a nós, elaboradas por eles e satisfatoriamente integradas.

A conversa com Francesco, quando ele já não se encontrava mais sufocado pela irritação e pela frustração, aconteceu, foi produtiva e, com certeza, contribuiu para o desenvolvimento da sua inteligência emocional, bem como fortaleceu um limite saudável e necessário para a sua saúde: não é permitido em nossa casa comer chocolates à vontade.

Recarregue a sua bateria emocional

É válido nos lembrarmos, em todo esse processo de corregulação emocional, dos nossos limites e da nossa imperfeição. A minha atitude nesse caso poderia facilmente, aos olhos da sociedade que tudo cobra e quase nada dá às mães, ser julgada como inadequada, como se eu tivesse faltado ou falhado com o meu filho por ter convocado o pai para regulá-lo. O que ela demonstra, ao contrário, é que sei reconhecer os meus limites e que, assim como o que acontece com Francesco quando eu o corregulo emocionalmente, pude também contar com uma figura em quem confio em um momento de vulnerabilidade emocional.

Muito embora eu siga sendo integralmente responsável pelas minhas emoções e pela maneira como as conduzo, é também natural e desejável que eu não carregue o mundo nas costas por isso. Só uma mente serena pode reconhecer isso e estar em paz com o fato de ser limitada e imperfeita. A propósito, quando assumimos que precisamos de ajuda, o que fazemos é ser responsáveis pelas emoções que nos desafiam. Somos uma espécie que se desenvolveu por viver junto e, por isso, por cooperar. Pode parecer um contrassenso, além disso, mas tem valor permitir que, vez ou outra, os nossos filhos nos vejam não só irritadas, mas também limitadas. É uma excelente oportunidade para modelarmos para eles um comportamento satisfatório em contextos assim.

É, portanto, uma espécie de herança imaterial a que deixamos para os nossos filhos quando nos capacitamos a lidar com as nossas próprias emoções e, por isso, somos também capazes de ajudá-los a lidar com as suas. Afinal, como já dito, as crianças são exímias farejadoras de falta de autenticidade, isto é, não basta uma boa atuação de serenidade na tentativa de confortá-las quando, por dentro, estamos em ebulição. Tampouco significa que, para acolher os nossos filhos, devemos estar indiferentes, desidentificadas de suas dores.

Há um recompensador percurso de aceitação da nossa humanidade e, por isso, das emoções intensas e por vezes difíceis que nos atravessam, o que, quando ensinado aos nossos filhos, além de se sentirem menos vulneráveis diante dos desafios do mundo que os cerca, acaba por ensiná-los também a melhor gerenciar as suas frustrações. Como o cérebro humano é um excelente imitador, sempre que demonstramos empatia pela dor e pela dificuldade de nossos filhos, eles também aprendem a demonstrá-las pelos outros, o que os torna mais hábeis em desenvolver relacionamentos saudáveis com as demais pessoas.

Além disso, os ditos comportamentos desafiadores se tornam cada vez mais raros quando os nossos filhos são sistematicamente acolhidos, não importa o que tenham feito, do que sintam e de como expressam isso, já que, quando aprendem o percurso da regulação emocional, eles também aprendem a comunicar suas emoções e necessidades de maneira mais equilibrada.

Compensa. Se tem algo inegavelmente recompensador na louca viagem chamada vida, é nos apropriarmos de nossas emoções e oferecermos aos nossos filhos o impagável presente de sermos exemplo e colo — incondicional — para eles.

MÃES À OBRA Asserenando

A prática de mindfulness é, hoje, amplamente recomendada por profissionais da saúde mental como uma valiosíssima ferramenta para o desenvolvimento da inteligência emocional, já que, por meio dela, aprendemos a entrar em contato com as nossas emoções sem julgá-las como boas ou ruins. Ao contemplarmos de forma mais imparcial uma emoção, criamos um espaço interno entre o que a estimulou, por exemplo, o seu filho que acabou de rabiscar a parede recém-pintada, e a reação a esse evento.

Isso significa que a impulsividade dá espaço à respiração consciente, e, assim, podemos responder de forma mais assertiva e gentil aos desafios que como mães vivemos todos os dias.

Sendo honesta com você, não posso prometer que você se sentirá menos frustrada diante da parede riscada caso passe a praticar mindfulness com constância. Posso, contudo, apostar que, caso você de fato aprenda a praticá-lo e faça dele o seu estilo de vida, o que engloba introduzi-lo na sua rotina por meio de práticas formais e informais, você se tornará capaz de, muito mais frequentemente, contornar a sua frustração antes que ela se torne uma explosão, uma culpa e um vão entre você e seu filho. Não sempre, é verdade.

O mindfulness não nos tira a humanidade, não nos rouba o privilégio de errar, mas nos ajuda a nos comportarmos melhor com os nossos filhos quando eles não se comportam como gostaríamos, o que não tem nada a ver com permitir que eles façam o que quer que seja, quando querem, sem lidar com as consequências de suas ações, ressalto.

Todas nós, em algum momento, precisamos lidar com nossos filhos exaustos e, por isso, mais suscetíveis a emoções desafiadoras. Crianças com fome, assim como crianças com sono, podem ser muito sensíveis e reativas... com ambas as coisas, então... é um Deus nos acuda. Acontece que, em alguns desses momentos em que nos lembramos do preço alto a pagar ao permitirmos que os limites de suas necessidades básicas sejam desrespeitados, nós também nos encontramos cansadas, famintas e por um fio.

Imagine-se, agora, nessa situação, ou simplesmente se lembre de algum dia em que algo do tipo te aconteceu: você está exausta, e sua criança oscila entre a agitação do Taz Mania e um choro inconsolavelmente alto. Não me surpreenderia se você tivesse, como impulso inicial, a visita incômoda da impaciência e da frustração, até porque comigo, em geral, não é diferente. Se essas emoções iniciais, no entanto, não forem logo nomeadas e percebidas no corpo — porque, sim, elas são sentidas no corpo, e não na mente —, eu também não estranharia que elas evoluíssem, rapidamente, para pensamentos do tipo "Eu não aguento mais".

Se você não estiver suficientemente atenta e treinada para perceber a impaciência e a frustração assim que elas surgem, o seu destino será óbvio: tensões acumuladas nas áreas do corpo em que eventualmente se manifestaram esses estados emocionais e, como consequência disso tudo, uma tendência importante a responder de forma reativa aos acontecimentos em questão, o que dificilmente deixará seu filho ou você mesma mais calma.

O que revolucionou a minha relação com as minhas emoções e me protege — tantas vezes, mas, reforço, nem sempre — de estourar com meu filho mais velho ou de me desesperar diante de certas situações com minha bebê é a capacidade que tenho hoje de cultivar dentro de mim uma observadora quase imparcial a todo o turbilhão de emoções a que a maternidade me submeteu. Na grande maioria das vezes, diante das situações tão corriqueiras quanto intensas com as minhas crianças, como essa sobre a qual falei, eu experimento irritação, vergonha (quando acontece diante de pessoas que não integram nosso círculo mais íntimo), para não falar de introversão. Tenho percebido um grande desejo de sair correndo e não lidar com a situação, o que muitas vezes não é nem minimamente possível, enquanto, em outras, pode acontecer de forma consciente e justa, como o evento que mencionei na seção acima.

Sou vulnerável às emoções que me fazem humana, e, hoje, após muito estudar sobre o assunto e muito percorrer o caminho da inteligência emocional, agradeço pelo fato de elas existirem. O que me diferencia da Ana de dez anos atrás é que, em geral, quando essas emoções me tomam, algumas vezes bem intensamente, eu posso percebê-las chegando e impedir que elas me sequestrem.

O que acontece com uma mãe que está veementemente desenvolvendo sua inteligência emocional em situações como a que descrevi se dá em questão de segundos. Ela faz uma pausa que a impede de reagir de forma impetuosa e agressiva. Sutilmente endereça a atenção ao corpo e, então, se observa. Se questiona: o que estou sentindo agora? Onde sinto o que estou sentindo? Ela nomeia: estou sentindo frustração, estou ficando a cada instante mais impaciente.

Não necessariamente entende as causas primárias da sua frustração naquele momento, mas buscará essa resposta quando os ânimos se acalmarem. Percebe a tensão no pescoço e, com gentileza, realiza um movimento consciente para liberá-la. Se dá conta de que a respiração está se tornando mais e mais curta, intensificando o aperto no peito. Então, assim como acontece em suas meditações diárias, ela passa a intencionalmente inspirar de forma mais profunda e, lentamente, a esvaziar todo o conteúdo dos pulmões.

Com essas simples, breves e assertivas intervenções, ela pode se acalmar para, naquele cenário, oferecer ao seu filho uma resposta mais serena e sensata do que uma reatividade que, venhamos e convenhamos, nem mesmo a ela faz bem. O seu desconforto emocional não se resolve, mas se amplia quando é a reatividade quem vence.

O segredo mindful para a autorregulação emocional em momentos de crise com nossos filhos é o corpo. No livro *Respirando*, Tarchin Hearn assinala que "o seu corpo é um fenômeno dinâmico, vivo, em constante mudança, completo, com órgãos sensoriais, e que, durante uma curta meditação, muita coisa está acontecendo nele". Comprova isso o fato de sentirmos o coração acelerado e a face arder quando estamos com vergonha, mas sentirmos um aperto frio no peito e a face esmorecer quando estamos tristes. Cada emoção tem o próprio padrão respiratório e fisiológico, afinal. Conhecê-los é um estudo fino de autoconhecimento.

A perspectiva de que a resposta é o corpo ainda é reforçada pelos seguintes fatos: é comum que crianças manifestem seus desconfortos ansiosos em termos de queixas somáticas, alegando, por exemplo, o desejo de não ir à escola devido a uma dor no estômago. Adolescentes e pré-adolescentes apresentam queixas similares quando expostos a situações estressantes, como provas desafiadoras para eles. O mindfulness pode ser, então, um caminho de volta para casa, para o corpo, tanto para nós, mães, que buscamos mais consciência em nosso maternar, quanto para nossos filhos.

Não é possível avançarmos para o cultivo de pensamentos mais serenos se não compreendermos que a qualidade e a intensidade de pensamentos se relaciona intimamente com o corpo e, por isso, com as emoções. Só a mente que habita um corpo relaxado pode, também, relaxar. Dificilmente um corpo tenso aportará emoções leves, afinal. É preciso cultivar, na medida do possível, conforto no corpo. É necessário estar conectada a ele a ponto de compreendê-lo em suas sutilezas, antes que situações mais extremas surjam, por exemplo, a manifestação de uma doença.

A consciência corporal tem, assim, esses dois vieses complementares: se somos capazes de sentir, verdadeiramente, o que o corpo sente, com naturalidade desprendemos tensões e relaxamos. A simples consciência tem esse poder. Em paralelo, conforme conquistamos intimidade com o corpo, desenvolvemos a capacidade de ler os seus sinais. A consciência corporal, então, é fundamental para o manejo de emoções desafiadoras.

Um bom modo de desenvolvê-la se encontra em muitas das práticas informais de mindfulness da seção "Aqui e agora" deste manual. Quando te convido a perceber sons distantes ou a reconhecer as sensações do contato entre o chão que você pisa e as solas dos seus pés, pretendo te dar uma base sólida para o desenvolvimento da sua inteligência emocional. O treino para deixar de ser uma mãe reativa e usufruir do efeito mãe mindful é simples, mas exige decisão e disciplina. Nele, se incluem...

1. Ampliação da consciência de si mesma... Faça breves pausas ao longo do dia apenas para verificar como está o seu estado emocional. Você pode se questionar: "O que estou sentindo agora? Em que parte do meu corpo percebo esta emoção?" Então, alargue a percepção: "De que modo essa emoção afeta o modo como me relaciono com meu filho?" Quanto mais você realizar meditações de mindfulness, à medida que elas integrarem a sua rotina, essa verificação se tornará mais orgânica.
2. Treine responder em vez de reagir diante de emoções intensas. Busque intencionalmente frear a sua impulsividade. Como qualquer habilidade treinável, ela se tornará mais fácil e automática conforme for praticada.
3. Muito já falamos sobre ela, a queridinha da autorregulação emocional, mas, diante da sua importância, é sempre válido relembrar: respire conscientemente. Mas não só em momentos de crise. Crie o hábito de se relacionar intimamente com a sua respiração.

Quanto à corregulação emocional, que é exigida tão frequentemente quanto a regulação quando você é mãe de crianças pequenas, tenha em mente que a segunda pressupõe a primeira. Você não pode ajudar a sua criança a se acalmar se não souber se ajudar a se acalmar. Para melhor explicar isso, gosto do clichê da máscara de oxigênio que você deveria colocar primeiro em si mesma

> **Você não pode ajudar a sua criança a se acalmar se não souber se ajudar a se acalmar.**

antes de tentar salvar o seu filho em caso de despressurização, um clássico dos voos comerciais que nos revela muito como metáfora. Além disso, no processo de corregulação emocional, é também relevante:

- Colocar-se na altura do seu filho nos momentos em que ele estiver atravessando uma crise emocional. Fazer contato visual, tocá-lo e afirmar que você pode ajudá-lo a se acalmar com um abraço, caso ele queira. Isso transmite segurança e proporciona conforto.
- Validar o que a sua criança sente, deslocando-se para a perspectiva dela e abandonando a sua, de adulto, que em geral tende a desmerecer as vivências infantis por meio de frases feitas como "Não precisa chorar" ou "Não foi nada". Em vez disso, nomeie a emoção desafiadora, dizendo, por exemplo: "Você parece estar triste. Estou certa? Também me sinto assim em alguns momentos. Saiba que estou aqui com você." Eu sei que nem sempre é fácil entender o porquê de a maçã picada, e não ralada, parecer gerar tanta comoção, mas o cérebro dos nossos filhos não tem todos esses quilômetros rodados dos nossos, é sempre bom lembrar. Para que tanto você quanto sua criança tenham melhor clareza do que deflagrou a crise emocional em curso, questione-a: "Você está triste porque prefere comer a maçã ralada, mas a mamãe picou, é isso?" Talvez você receba uma confirmação, mas talvez se surpreenda com a resposta do seu filho.
- Respirar. Sim, de novo e sempre, pelas razões que já destrinchei antes: respire e convide a sua criança a respirar com consciência. Um exercício lúdico e simples que pode ser trazido para a sua rotina e que pode ser resgatado nos momentos emocionalmente desafiadores é a respiração da flor e da vela. Basicamente, você convida a sua criança a inspirar delicada e profundamente, como se estivesse cheirando uma flor, e a expirar lentamente, como se estivesse soprando uma vela.

- Ter consistência. O processo de corregulação emocional acontece todas as vezes que precisamos emprestar a nossa serenidade aos nossos filhos, levando a crianças emocionalmente seguras e saudáveis. Quanto mais disponíveis pudermos estar para eles, mais oportunidades de aprender a se regular sozinhos eles terão. É um trabalho corajoso e extremamente amoroso o de corregular as emoções de um filho ao longo de toda a sua infância e, ainda que com as suas próprias particularidades, a adolescência também.

> **O processo de corregulação emocional acontece todas as vezes que precisamos emprestar a nossa serenidade aos nossos filhos e, na somatória desses momentos, edifica crianças emocionalmente seguras e saudáveis.**

Agora, é hora de meditar. Apontando para o QR code abaixo, você terá acesso à prática de mindfulness das emoções conscientes.

Prática de atenção plena às emoções

Atenção plena ainda hoje

Cultive a atenção à comunicação não verbal de seu filho, especialmente aos gestos, expressões faciais e movimentos dele.

16

Maternar-se

AQUI E AGORA

Encare a sua imagem refletida no espelho e diga algo bom sobre si mesma.

EU OUVI ALGUMAS VEZES DA MINHA MÃE, COM RETUMBÂNCIA, QUE ela se sacrificava pelos filhos. Havia em suas palavras um pouco de pesar, mas, curiosamente, muito orgulho de si mesma. Hoje compreendo que isso se devia a uma realidade tão óbvia quanto complexa: é enorme a romantização do sacrifício materno, o que, de uma vez por todas, precisa, além de ser debatido, ser combatido. Afinal, quando falamos sobre ele — tão naturalizado, mas não necessariamente natural —, não levamos em conta que um sacrifício pressupõe uma morte.

Nas culturas antigas, em religiões contemporâneas, em uma simples busca no Google, é isso o que se revela. Ainda que, na maior parte dos contextos em que o termo aparece, ele se refira à total entrega a algo de extremo valor — e desconheço mãe que discorde da ideia de que os próprios filhos são o seu maior tesouro —, me questiono se, quando o assunto é a maternidade, vale a pena o servir abnegado que nos tira por completo de nossas próprias vidas. Para não falarmos de nós mesmas: o que os nossos filhos ganham com isso?

Fico pensando, ainda, em como serão as gerações dos filhos das mães que, em vez de se orgulharem ao afirmar que morreriam por elas, com singela consciência destacarem que vivem por suas crianças — mas também por elas mesmas. Viver no sentido mais integral da palavra, é importante apontar. "É que ser mãe é o papel mais importante da minha vida", já ouvi essa frase sair da boca de tantas de nós. Talvez eu mesma, no piloto automático, tenha reproduzido o clichê. Mas o que faz de um clichê um clichê, para além da sua banalidade, se não os seus pontos de contato com a verdade?

Sim, é nuclear na vida de uma mãe a maternidade, isso é óbvio, mas o que há para além dela? Se este é o papel mais importante, é porque, necessariamente, há outros. Nesse sentido, o papel de mãe é um a mais, muito embora seja para muitas o mais importante.

Sim, é nuclear na vida de uma mãe a maternidade, isso é óbvio, mas o que há para além dela? Se este é o papel mais importante, é porque, necessariamente, há outros. Nesse sentido, o papel de mãe é um a mais, muito embora seja para muitas o mais importante.

Como lutar contra toda uma sociedade que aplaude o seu sacrifício ao mesmo tempo que te apedreja porque, não importa o quanto você faça, nunca será o suficiente? Existe uma máxima que expõe pontualmente a crueldade da coisa: eles esperam que as mães cuidem de seus filhos como se não trabalhassem e que trabalhem como se não cuidassem de seus filhos. E a reflexão não tem nada a ver com ter um trabalho remunerado ou não, mas sim com o fato de que o que se espera de uma mãe é o impossível.

A revolução pacífica

Felizmente, existe um antídoto para isso, a autocompaixão, isto é, o desejo genuíno de reconhecer e de cuidar do próprio sofrimento. Isso porque, para pelo menos em partes nos libertarmos das vozes externas que se tornam as nossas vozes internas nos criticando o tempo todo, é necessário permitirmos nos relacionar profundamente com nossas fraquezas, dores e imperfeições. Sem aceitação não há libertação.

Apesar, porém, dos benefícios que a autocompaixão oferece aos seus praticantes, há mitos e preconceitos que nos impedem de usufruirmos deles. Eu mesma, no passado, em alguma medida fui brecada por essas ideias distorcidas na minha caminhada como buscadora, por isso demorei mais do que gostaria para aprender autocompaixão e iniciar um processo profundo de transformação da minha relação comigo mesma que, na maternidade, muito tem me ajudado a lidar com o autojulgamento e com a culpa. Uma dessas barreiras está intimamente relacionada ao imaginário coletivo que endossa que a boa mãe é necessariamente aquela que se sacrifica, como já foi dito.

Sob a perspectiva da autocompaixão, é absurda a ideia de que o autocuidado materno seja sinal de egoísmo. A verdade aponta para a direção contrária a essa mentalidade, já que a maneira como nos tratamos ditará o tom da maneira como trataremos as demais pessoas, inclusive os nossos filhos. Tendemos, sem exagero, a ser melhores seres humanos quando o olhar para nós mesmas é afetuoso e a intenção de nos cuidarmos se agrega às nossas rotinas.

Quando, ao contrário disso, estamos com frequência dando voltas mentais nas nossas necessidades não atendidas, ruminando as nossas frustrações pelo fato de não nos dedicarmos aos nossos sonhos ou objetivos, lamentando por não termos tempo ou disposição para fazer o que gostamos ou precisamos fazer por nós, é nesse cenário que vem à tona o nosso egocentrismo. Pensamos e reagimos de maneira identificada com as nossas dores quando essa é a nossa realidade, quando o sacrifício é o nosso estilo de maternidade.

Outro empecilho, que talvez você traga como ideia do que pode acontecer com você caso emerja em um processo autocompassivo, é a ideia equivocada de que, quando praticamos autocompaixão, isto é, quando nos propomos a reconhecer e a cuidar do nosso sofrimento, perdemos o bom senso, nos tornamos exageradamente autopiedosas. Essa leitura caminha ao encontro da maneira como, há gerações, nossas crianças — e nós quando fomos crianças — vêm sendo criadas, já que basicamente se assume que, se não formos duras com elas, elas não se tornarão pessoas fortes. Acredita-se que, quando tratamos com gentileza alguém que sofre, fazemos o desserviço de impedir que o indivíduo em questão cresça.

Fomos tratadas assim na infância e importamos esse autotratamento para a vida adulta: é essa a energia da voz interna da maioria das mulheres e, em especial, das mães. Felizmente, estamos no processo de reconhecer coletivamente que não teremos o melhor de nossos filhos se os tratarmos da pior forma possível em seus momentos de fragilidade, de erro, de frustração. Falta reconhecer que a máxima também se aplica a nós mesmas e ao relacionamento que cultivamos com quem somos.

Felizmente, estamos no processo de reconhecer coletivamente que não teremos o melhor de nossos filhos se os tratarmos da pior forma possível em seus momentos de fragilidade, de erro, de frustração. Falta reconhecer que a máxima também se aplica a nós mesmas e ao relacionamento que cultivamos com quem somos.

Trate a si mesma como você trata o seu filho

A professora Kristin Neff, uma das maiores referências em autocompaixão no mundo e sem dúvida a maior referência do meu processo de autodesenvolvimento nessa seara, afirma que, como as pessoas que praticam autocompaixão ruminam menos, elas tendem a ver as situações desafiadoras que enfrentam de forma menos implicada e mais ampla, isto é, não há nenhuma relação direta entre ser uma praticante de autocompaixão e se tornar uma pessoa autopiedosa, pelo contrário.

Ninguém fica mais fraco por meio dessa prática; mais resiliente emocionalmente, sim. Afinal, quando somos capazes de abraçar nossas dores e imperfeições, não precisamos mais evitá-las ou escondê-las, colocá-las debaixo do tapete e sofrer as consequências dos problemas que não pudemos enfrentar. Novamente, vale o paralelo com os nossos filhos: me parece já ser claro para muitas de nós que perseveramos e chegamos a esta altura do livro que, quando acolhemos a birra ou a desobediência de nossos filhos sem interpretá-las como ferramentas para nos manipular ou expressões contrárias a nós, fortalecemos e asserenamos a relação que cultivamos com nossas crianças. Por que seria diferente com nossas vozes interiores? Acolher o nosso sofrimento nos tornará mães mais calmas e emocionalmente fortes.

Para além das falácias que circulam por aí, considero importante ressaltar que me marcou, anos atrás, quando comecei o meu percurso autocompassivo, a definição de autocompaixão da professora Kristen Neff. Não falo do conceito tradicional, segundo o qual a compaixão se insere na perspectiva de não só reconhecermos o sofrimento alheio, mas também de, ao reconhecê-lo, verdadeiramente desejar que a pessoa que sofre se livre dele, contribuindo de alguma forma para que isso se concretize. No caso da autocompaixão, seríamos o agente e o receptor da ação, porque, sim, autocompaixão pressupõe ação. É um conceito belíssimo, mas foi outro parecer da autora o que profundamente me tocou.

Construa em sua imaginação a seguinte cena: o seu filho foi rejeitado. Dentre todos os coleguinhas de sua sala de aula, ele foi o único excluído do convite para a festa de aniversário de um de seus pares. Todas as crianças, no correr da semana, falavam incessante e alegremente sobre a comemoração, mas para ele o sentimento era diferente. Inadequação, não pertencimento, falta de valor próprio, solidão, vergonha e uma profunda tristeza. O seu filhinho de apenas 6 anos estava sofrendo, e não era porque você lhe havia negado mais uma rodada de desenhos animados de baixo estímulo.

O que você faria nessa situação? O que você diria ao seu filho quando ele se encontrasse com o sofrimento revelado pela sensação de não ser o suficiente? Qual seria o seu tom de voz?

Mas e quando é você a pessoa que, pelo motivo que for, sofre? Quando você é excluída ou quando você erra e, por isso, sente a mesma autoinsuficiência experimentada pela sua criança? Você é capaz de se tratar com a mesma bondade com que trata seu filho quando ele sofre? Embora os cuidados com nossas crianças sejam passíveis de erros e certamente sejam repletos de imperfeições, é muito provável que elas tenham o nosso melhor, o melhor possível. Mas e nós? Oferecemos o nosso melhor a nós mesmas?

Não precisamos lidar com isso sozinhas

Imagine quão revolucionário seria se todas as mães pudessem, quisessem e conseguissem entregar a si mesmas dedicação, cuidado e bondade na mesma medida em que entregam tudo isso às suas crianças. Infelizmente, talvez isso não esteja à mão de todas, mas para nós, que temos acesso a essas reflexões e em breve teremos acesso a alguns treinamentos simples de autocompaixão, acredito que seja viável, no mínimo, a forte intenção que ela faça parte de nossas maternidades.

Para trazermos autocompaixão para a nossa maternidade, precisamos incessantemente renovar o convite para as seguintes três práticas:

A primeira dela é o **mindfulness**. A autocompaixão, aliás, é uma repercussão do mindfulness em nossas vidas. Sabemos que a vida de mãe é repleta de dores e de delícias, na mesma proporção. Não só as mães, mas a espécie humana em geral, quando se depara com as dores, tende a buscar subterfúgios para não lidar com ela. Como vimos antes, negar que emoções ou situações desafiadoras existem não as faz desaparecer. Com o mindfulness, aprendemos a lidar melhor com esses desafios sem nos identificarmos exageradamente com eles, e sem nos mantermos paradas neles por mais tempo do que o necessário.

A segunda é **o exercício constante de nos tratarmos com gentileza**, fugindo à tendência de nos tratarmos com julgamento. Estou falando sobre renovarmos constantemente a intenção de trazermos bondade para o nosso sofrimento e, por isso, de nos questionarmos se e como podemos atender às nossas necessidades no aqui e agora de modo realista, e não idealizado. Para que a autocompaixão de fato fundamente os nossos maternares, é indispensável a ação. Não tem relação alguma com darmos tapinhas nas nossas costas no intuito de nos justificarmos em nossas falhas. Pelo contrário, como já esclareci alguns parágrafos acima.

A terceira e última é a **união**, a **identificação**, a **humanidade compartilhada**. Quando aprendemos a nos vulnerabilizarmos, a dividir nossas inseguranças e frustrações com outras mães, dissolvemos algo que não só nos afasta, mas nos adoece: a competição materna. Isoladas nos segredos das nossas imperfeições e erros na condição de mães, criamos a falsa sensação de que somos as únicas a darem os seus escorregões. Quando, ao contrário, falamos e escutamos sobre tudo isso, nos sentimos menos sós e, por isso, mais dispostas a aceitar que erramos e que somos imperfeitas, não importa o quão boas sejamos.

Isoladas nos segredos das nossas imperfeições e erros na condição de mães, criamos a falsa sensação de que somos as únicas a darem os seus escorregões. Quando, ao contrário, falamos e escutamos sobre tudo isso, nos sentimos menos sós e, por isso, mais dispostas a aceitar que erramos e que somos imperfeitas.

Esse é um dos motivos de a autocompaixão ser salutar quando o assunto é a maternidade. Não a praticamos com base no egoísmo, mas sustentadas pelo fato de que estamos intimamente conectadas. Cada mãe é única em suas singularidades, nas de seus filhos e dos contextos que os circundam, mas, curiosamente, há um fio de sincronicidades que nos une. Uma série de aspectos da maternidade é compartilhada, e a prova disso é o fato de que você e qualquer outra leitora deste manual, assim como eu, poderemos relatar várias situações aqui explanadas com as quais nos identificamos. Esse é um mito terrível que nos afasta da autocompaixão, o de que se trata de uma prática autocentrada e egocêntrica.

Não se trata apenas de diluirmos a doentia competição e comparação entre mães que sempre existiu, mas que foi exacerbada pelo advento das redes sociais. Para muitas, infelizmente, não basta ser ou fazer, é preciso informar às demais que é e faz, na urgência de se sentir reconhecida — talvez para legitimar e justificar os seus sacrifícios — ou simplesmente porque se perceber melhor mãe do que as outras as conforta. Sabemos que não há mães perfeitas, contudo a cultura digital e a possibilidade que ela dá de se criar uma persona diferente de quem realmente somos, com cenas e fatos editados ou mesmo criados, permite que incontáveis mulheres publiquem as suas experiências em tom de superioridade e até soberba, acirrando a competição entre mães, o que, no fim das contas, não faz de ninguém uma vencedora.

Há quem, inclusive, lucre muito com o roteiro de um maternar criado para parecer impecável. Era assim que Juju vinha fazendo fortuna nas redes, enganando, embora preferisse dizer inspirando, muitas mães. Na sua narrativa, os partos dos cinco filhos tinham sido todos naturais, em casa, na água, verdadeiros portais para o divino. É claro que baby blues e menos ainda depressão pós-parto não eram questões com as quais ela sequer tinha flertado. Todas as crias ela havia amamentado até, no mínimo, os 2 anos... mas nunca em público, porque não era do seu feitio constranger ninguém. As refeições da família ela cozinhava todas, com ingredientes orgânicos, de preferência colhidos no seu quintal, aquilo que havia cultivado junto com as crianças em sua narrativa bucólica e, ambiguamente, artificial.

Obviamente, Juju nunca havia perdido a paciência, a cabeça, nem mesmo às 3 da manhã. Até porque, com a rotina impecavelmente harmônica que havia estabelecido para as crianças, elas também dormiam, desde sempre, em impecável harmonia. Nessa rotina, ela alternava atividades Waldorf e Montessori para que o desenvolvimento integral de seus filhos se desse de forma autônoma, gentil, artística e mais um monte de belos adjetivos. Tudo isso postado. Claro. Para as suas seguidoras, ela aconselhava que limitassem o uso de telas... mas ela, Juju, nunca recorria a elas. Nem em emergências. Ela não precisava.

A sua fala com seus filhos era invariavelmente em tom de voz baixo, baixíssimo. Ainda assim, era escutada por todos, de primeira. As birras, que ela contava nos dedos de uma mão quando tinham se manifestado, foram sempre resolvidas com um olhar sereno e com total disponibilidade emocional. As suas roupas – e as das crianças – eram sempre feitas de tecidos orgânicos. Estavam sempre imaculadas. De um senso estético de dar inveja. Além disso tudo, Juju estava sempre cheirosa. Bonita. Vida sexual e libido em dia. Casamento dos sonhos. Mas tudo isso era só parcialmente verdadeiro.

Juju lucrava muito com esse enredo... fazia publicidades em suas redes sociais, é verdade, para marcas, digamos, incompatíveis com o estilo de vida que... vendia. Mas ela e a sua equipe eram tão boas na mágica do *storytelling*, que muito raramente tinha alguém para desmascará-la nos comentários. O maior dos problemas era o estrago da comparação injusta que essa história da carochinha causava a quem a acompanhava sem perder uma linha sequer, isto é, os seus milhões de seguidoras, que eram também suas fãs. Milhões de mães imperfeitas que jamais seriam Juju. Até porque nem Juju conseguiria ser Juju.

O caso da Juju ilustra bem o quanto a performance da mãe perfeita impacta na autoimagem e na autoestima da mãe comum, notoriamente imperfeita, mas, sobre o buraco negro da competição e da comparação materna, falaremos em profundidade mais adiante. Agora, me interessa explicitar o que precisamos urgentemente cultivar para transpormos a irresponsabilidade emocional com que tantas vezes nos tratamos. Trata-se de aprender a cuidar de nossos filhos tendo como base a compaixão, enquanto ao mesmo tempo aprendemos a nos cuidar a partir do mesmo princípio. É isso o que nos possibilitará a todas, no fim do dia, manter em bom estado os nossos estoques de saúde mental e emocional. Se, ao contrário, quando deparamos, por exemplo, com o sofrimento de nossas crianças, retroalimentamos o sofrimento em nós, então temos a dor multiplicada, fomentando isso nelas, pois, como sabemos, elas são diretamente influenciadas pelo nosso estado de espírito.

O cérebro humano é desenhado para se identificar com as emoções dos demais, o que fica evidente, a título de exemplo, quando somos capazes de compreender as necessidades de nossos bebês de acordo com suas expressões faciais e tipos de choro, sem que, obviamente, uma única palavra seja expressa por eles. A ressonância empática, afinal, acontece no nível pré-verbal, graças aos nossos neurônios-espelho, que nos levam a, conscientemente ou não, nos influenciarmos uns pelas emoções dos outros. A relação entre uma mãe e sua criança, nesse sentido, é de enorme troca emocional e, dia após dia, tendo em vista que somos intensamente acometidas pelo sofrimento dos nossos filhos — seja porque estão queimando em febre, seja porque foram os únicos não convidados para a festa de aniversário do coleguinha —, somos abatidas pela ilustre fadiga do cuidador. Somos influenciadas, então, pelas emoções dos nossos filhos, e não só eles pelas nossas.

Como já relatei, nós, mães, somos continuamente expostas ao necessário mas exaustivo processo de corregular as emoções das nossas crianças e, se não soubermos encontrar os caminhos mais autocompassivos para gerenciar essas demandas, não é surpreendente que algumas de nós acabem doentes. Pouco se fala sobre isso, mas a estafa materna, que abarca sintomas como dificuldade com trocas sociais, pensamentos intrusivos e insônia, não tem relação íntima só com a sobrecarga mental, mas também com a sobrecarga emocional. A autocompaixão, isto é, o desejo sincero — e a ação efetiva — de cuidarmos do nosso sofrimento, é imprescindível a uma maternidade saudável também por isso.

Peça uma trégua à autocrítica

A autocrítica excessiva quando estamos à frente da educação de nossos filhos é uma realidade tão exacerbada que, em seu livro *Autocompaixão: pare de se torturar e deixe a insegurança para trás*, Kristin Neff, doutora em desenvolvimento moral e professora de psicologia educacional na Universidade do Texas, dedica um capítulo inteiro à perspectiva de nos tornarmos pais mais autocompassivos.

Um dos pontos centrais apontados pela autora se concentra no fato mais do que óbvio de que não existem pais e mães perfeitos, o que significa que todos, sem exceção, poderemos ser — e seremos — mais ríspidos com nossos filhos do que gostaríamos em algum momento. Transformar o limão em limonada, nesse caso, tem relação direta com uma prática que, muito embora pareça simples, movimenta várias camadas da nossa autoimagem e autoestima neste papel: pedir desculpas. Já passeamos por essas veredas nesta obra. Há algo, no entanto, que Neff sublinha e que eu considero de extrema sensatez e sensibilidade:

> Embora seja importante nos desculparmos com nossos filhos quando estamos errados, é igualmente importante não sermos excessivamente críticos conosco — especialmente na frente de nossos filhos.
>
> *Kristin Neff*

Você já se deu conta, afinal, de que há uma vala gigantesca entre a gentileza com que buscamos tratar os nossos filhos quando eles erram, ainda que nem sempre consigamos, e a aspereza com que falamos com nós mesmas quando as erradas somos nós. Um dos meus mantras, que procuro recitar com frequência exatamente porque nem sempre é fácil para mim colocá-lo em prática, é: "Reeducar-se com gentileza para educar com leveza."

Um dos meus mantras, que procuro recitar com frequência exatamente porque nem sempre é fácil para mim colocá-lo em prática, é: "Reeducar-se com gentileza para educar com leveza."

Se existe uma palavra que deveríamos perseguir, quando estamos nos propondo a educar os nossos filhos por meio do mindfulness, é "coerência", mas, se nos tratamos mal ao mesmo tempo que tentamos tratar os nossos filhos melhor do que em geral os nossos pais nos trataram, ela não existe no processo. Sem autenticidade, esse processo não se sustenta.

Você já presenciou a sua criança se referindo de forma negativa a si mesma? Se não, aqui vai um spoiler: é uma sensação horrível, algo no meio do caminho entre estar com o coração partido e sentir que fracassou, como mãe, em algo que lhe é muito, muito caro. Desde que Francesco nasceu, e agora também com Madalena, a minha sogra, isto é, a *nonna* dos meus filhos, lhe diz "Sei bello, bravo e buono", ou seja, você é bonito, gentil e bom. De fato, não sei qual é o nível de clareza que ela tem sobre o poder das afirmações positivas no processo de construção de uma boa autoimagem e de uma postura autocompassiva, mas é óbvio para mim que, não importa o seu conhecimento técnico e científico sobre isso, ela reconhece esse poder.

Um dia, em um momento em que ele foi repreendido por alguma razão da qual não me recordo, eu salientei: "Francesco, a sua atitude não foi legal. Você é bello, bravo e buono, mas o que você fez, não." Ao que ele me respondeu: "Não, io sono cattivo." Em bom português, o meu filhinho doce e gentil disse que era malvado.

Me senti por alguns instantes perdida — até que me senti triste — quando a minha criança de, naquele tempo, pouco mais de 2 anos, por um equívoco banal, ao ter o seu comportamento redirecionado, enxergou o próprio erro como maldade. Me entristeceu profundamente, mas também me levou ao encontro dos meus três "autos": auto-observação, autorregulação, autocompaixão.

Seu filho está te observando (o tempo todo)

Analisando a mim mesma de maneira honesta e segura, isto é, sem que a autocrítica excessiva me colocasse em uma postura de autodefesa inabalável, pude constatar que, em alguns momentos, tratei meus próprios erros de maneira cruel, e na frente de minhas crianças. Como elas sem dúvida se sentiram ao presenciar a sua mãe, a quem elas amam ilimitadamente e admiram profundamente, dizer coisas feias e injustas sobre ela mesma?

Para ser didática, supomos que eu tivesse esquecido as roupas já secas no varal e que elas tivessem, então, ficado encharcadas após um temporal. É muito provável que, em certas situações como essa, sobretudo em momentos em que eu estivesse atravessando fases mais conturbadas, as minhas crianças tenham me presenciado dizer ao meu marido: "Nossa, fui muito estúpida, agora vou ter que lavar tudo de novo."

A maneira como os nossos filhos vão tratar a si mesmos é potencialmente influenciada por dois fatores: pelo modo como nós, seus adultos de referência, os tratamos e pelo modo como nós, seus adultos de referência, tratamos a nós mesmos. Importante salientar que "adultos de referência" é um conceito mais amplo do que "mãe", que abarca todas as pessoas que eventualmente cuidem e influenciem diretamente a criança. Falta, então, para a maioria de nós, uma peça do quebra-cabeça.

Francesco não se tratou mal se chamando de "malvado" porque eu o chamei assim em algum momento, mas porque me chamei com palavras análogas na frente dele. Modelei para o meu filho uma maneira nada construtiva de lidar com o próprio erro, como se errar nos tornasse inferiores e nos levasse a merecermos ser maltratadas e, por isso, nos maltratarmos.

A autoestima materna, então, precisa ser colocada em foco, uma vez que, para surpresa geral, problemáticas como a descrita acima emergem exatamente dela — e não necessariamente da falta dela. Não me entenda mal, eu não gostaria que você se convencesse de que ter autoestima é ruim, mas mudou positivamente a minha autopercepção a perspectiva que te apresentarei agora. É óbvio que ter uma alta autoestima é melhor do que tê-la em ruínas, contudo eu gostaria de te convidar a uma reflexão. Responda com sinceridade: Quando você sente que a sua autoestima como mãe te é favorável? Que tipo de performance você tem nesses momentos? Como espera que as pessoas ao seu redor te percebam para que você se sinta confortável com sua autoestima? E os seus filhos? Como eles devem se comportar para que você se sinta uma boa mãe, uma mãe orgulhosa, com uma boa autoestima?

Conecte-se com outras mães imperfeitas

Eu não estranharia se as suas respostas tivessem como ponto central o quanto você está ou deixa de estar adequada às expectativas sociais. Eu não estranharia se, para se considerar uma ótima mãe, em comparação às mais próximas, você devesse estar mais adequada à infindável e cruel lista de características de uma boa mãe nos dias de hoje do que elas. Eu não estranharia se, para que a sua autoimagem estivesse favorável, os seus filhos precisassem corresponder a características que só os filhos das "mães perfeitas" têm.

Talvez fosse necessário que, tal qual os filhos de Juju, os seus fossem – ou aparentassem ser – sempre calmos e muito inteligentes. Que comessem de tudo e que preferissem verduras a brigadeiro. Que brincassem de modo independente na natureza, fazendo de galhos brinquedos, já que os seus próprios, todos muito organizados pelas próprias crianças, seriam de madeira reflorestada. Que amassem escovar os dentes, que fossem compreensivos diante dos seus nãos. Que falassem com clareza aos 18 meses, que dissessem palavras de cortesia sem serem lembrados, que fossem capazes de verbalizar suas frustrações desde a tenra idade.

Na mesma medida, eu estranharia — embora também me alegrasse — se você me dissesse que a sua autoestima independe dos *checks* que você dá na tabela de aspectos e atividades empreendidas pelas ditas boas mães, entre as quais se incluem tempo de tela baixo ou inexistente, alimentação o mais natural possível, zero açúcar antes dos 2 anos de idade, entre tantas outras demandas. Isso porque, nos moldes em que a autoestima se organiza em termos sociais, somos condicionadas a nos admirarmos apenas quando apresentamos um rendimento acima da média. E é por saber disso que Juju editou sua maternidade para fazer dela uma mina de ouro.

A questão que necessariamente emerge desse cenário é: seria sustentável a perspectiva de, pelo menos, a maioria das mães estarem acima da média? Considerando que a média se faz exatamente da maioria, a resposta é simples: é óbvio que não. A nossa autopercepção positiva é dependente de uma posição privilegiada em comparação às outras pessoas, o que logicamente exclui a maior parte de nós, que, por uma razão ou outra, encontra mais desafios para se encaixar no ideal desenhado para jamais ser passível de ser real. A autocrítica excessiva, que dá origem à culpa excruciante que nos acomete quando erramos com os nossos filhos, tem raiz e fomento na tão perseguida autoestima, que se atrela intimamente às comparações injustas que fazemos com outras mães, inclusive com as que intencionalmente desenham contextos para nos fazer acreditar que são superiores a nós, reles mortais, afinal. No fim das contas, as tantas Jujus que circulam por aí são as maiores vítimas das maternidades impraticáveis que elas divulgam, visto que, mais do que ninguém, elas sabem que suas versões originais não poderiam sustentar por muito tempo as suas narrativas ficcionais. Precisamos, se pudermos, nutrir compaixão por elas, já que são vítimas de um sistema que as engole, aquele que idealiza e exige dedicação cega, perfeição das mães.

Somos induzidas, nessa atmosfera social de competição, a nos compararmos incessantemente com as mães ao nosso redor — e a nos sentirmos inferiores ou superiores a elas, o que não gera união entre nós, isso é certo. Mães precisam de mães. Precisamos maternar a nós mesmas e maternar outras mães em uma conjunção social em que, em regra, somos excluídas, julgadas, menosprezadas e subestimadas. Quando, porém, nos colocamos como concorrentes, neste cenário infindável de comparações, para garantir a nossa própria autoestima, isto é, um olhar gentil e apreciativo por nós mesmas, fica claro que a comparação que gera desunião pode até, em momentos pontuais, fortalecer os nossos delírios egoicos, mas, quando fazemos as contas, só perdemos com isso — e perdemos muito.

Com a autocompaixão, nos querermos bem independe do quanto somos "melhores" do que as outras mães. O apreço que nutrimos por nós não depende de estarmos ou não bem adequadas ao conceito de sucesso como mães. Com ela, podemos nos enxergar em nossas singularidades, assim como percebemos os nossos filhos em suas particularidades. Reconhecemos profundamente a nossa humanidade, sem que isso signifique estar em busca de desculpas, todo o tempo, para justificar os nossos erros. Não se trata, afinal, de priorizar o caminho mais fácil ou mais prazeroso. Pelo contrário.

Com a autocompaixão, nos querermos bem independe do quanto somos "melhores" do que as outras mães. O apreço que nutrimos por nós não depende de estarmos ou não bem adequadas ao conceito de sucesso como mães.

Segundo a professora Kristin Neff, como a autocompaixão é uma amiga mais leal do que a autoestima, com ela nos sentimos menos inadequadas quando erramos. Nos sentimos mais confortáveis para confessar nossos equívocos, para nos desculparmos, para encontrar novos caminhos mais saudáveis para nós e também para as nossas crianças. E o melhor: trata-se de uma habilidade treinável.

Por detrás de uma autoestima condicionável, há sempre o autocrítico. Não importa, porém, quão autocompassivas venhamos a ser: o autocrítico nunca nos entregará as chaves, nunca nos dirá que não deseja renovar seu contrato de aluguel, nunca nos deixará, e isso não é bem algo ruim. Há, afinal, um porquê para a existência e a permanência dele, que em muito extrapola o clichê de que a autocompaixão seria o anjinho bom no ouvido direito, sussurrando boas vibrações e nos encaminhando para o nosso melhor, e a autocrítica seria o diabinho próximo ao ouvido esquerdo, nos influenciando negativamente e nos jogando para baixo. Na verdade, o autojulgamento, bem como tudo aquilo que nos constitui, tem a sua função e, assim, o mais razoável é aprendermos a peneirar as suas colocações, separar o joio do trigo, fazer dessa voz não silenciável um farol que nos impulsiona a crescermos.

A resposta pode estar no passado

Rafaela tinha estourado — de novo — com Ben, seu filho pré-adolescente. Assim havia sido, sejamos honestas, durante toda a infância do menino. Enquanto ele crescia, crescia a impaciência da mãe. Eram as notas na escola, a comida que ele deixava no prato, o fato de jogar videogame falando alto, o quanto ele dormia nos fins de semana. Rafaela acabava falando um bocado de palavras desagradáveis sobre Ben para Ben, e, com os ditos anos rebeldes batendo à porta, a conta parecia começar a chegar. O menino vinha nutrindo verdadeira aversão pela mãe. Não sabia explicar muito o que sentia, mas para a sua madrinha havia confidenciado que não suportava mais ser criticado tão intensamente, por tudo e por nada, sem jamais ter recebido um pedido de desculpas.

Não era só com o filho, mas era mais com ele. Rafaela parecia ter uma dificuldade considerável de dar um passo para trás e, para si mesma, assumir: "Passei da conta. Errei." Ela nem chegava a ser o tipo de mãe que acredita que vai perder a autoridade caso se desculpe com um filho, porque ela era exatamente o tipo de mãe que se remói por dentro diante da ameaça iminente de se perceber equivocada e injusta.

A madrinha de Ben, que era também sua tia, tinha algumas ideias sobre o porquê de a irmã mais velha viver tão assim na defensiva. Ela havia confidenciado ao garoto que os seus avós também haviam sido exigentes ao extremo com sua mãe durante toda a sua vida — mais ou menos como ela era com ele àquela altura. Por isso, como estratégia de sobrevivência, Rafaela havia desenvolvido uma tendência ao perfeccionismo, uma autoexigência descomunal e uma habilidade invejável de justificar e terceirizar os próprios erros.

Muito embora todas essas estratégias a conduzissem, em toda a sua vida, a algumas ruas sem saída, com compaixão, sua irmã percebia que elas inconscientemente tinham sido desenvolvidas para proteger Rafaela de se sentir pequena e insuficiente diante dos olhares de quem ela mais desejava receber aprovação, os de seus pais.

O que ninguém sabia, só Rafaela na sua mais profunda intimidade, é que na sua mente ressoava, sim, uma voz autocrítica extremamente agressiva, que insistia em culpá-la até mesmo pelo tempo que havia fechado em dia de festa, que dirá pelas explosões com Ben. A ferocidade da autocrítica que ela buscava calar performando uma suposta perfeição, assim como a pretensa perfeição, só queria, no fim das contas, protegê-la de ser diminuída e menosprezada, em uma dor dilacerante de uma ferida aberta de sua infância.

Assim como a autocrítica de Rafaela não era sua inimiga, a sua e a minha também não o são. Apesar de sua agressividade nociva, a de Rafaela buscava proteger a sua criança ferida, que havia sido exaustivamente julgada e humilhada quando ela era uma menina incapaz de se defender ou de questionar se tudo o que diziam sobre ela — que ela não era merecedora dos esforços do pai para lhe pagar uma boa escola, dar a ela férias na praia e boas oportunidades — era verdade. Aquela voz que ela tanto evitava era, afinal, as vozes de seus pais, muito exigentes e duros.

Aceite essa dor, mas cuide dela

Esse é um mecanismo muito usado pelo nosso inconsciente para que possamos sobreviver à nossa tendência feroz a nos culpabilizarmos por cada deslize com os nossos filhos: o de corrermos o mais rápido que puder da ideia mais remota que houver de que erramos. É a manjada — mas muito real e presente — luta ou fuga. Ou nos afogamos em nosso discurso interno culpabilizador e nos sentimos irrevogavelmente péssimas mães ou o evitamos — por meio da negação — o quanto pudermos, o que envolve encontrar outros culpados, em geral nossos filhos, as vítimas mais célebres da nossa reatividade. A nossa voz autocrítica tem, afinal, como motivação primária, sempre a mesma: nos proteger.

Portanto, o crítico interno não é em essência mau, assim como não é bom. Nem sempre ele é destrutivo. Em certas ocasiões, ele é construtivo. Se precisamos, em certas situações, trazer uma expressão de seriedade às nossas faces e aos nossos tons para que nossos filhos compreendam a importância da mensagem que buscamos passar a eles quando um limite é demandado, na nossa relação intrapessoal não é diferente. Algumas vezes, precisamos falar seriamente conosco, a fim de nos movermos em direção às soluções, para deixar o marasmo e as desculpas que criamos para não mudarmos de lado. Isso também é autocompaixão. É quando, aliás, a autocompaixão aprende a escutar a voz autocrítica, neutralizando os seus gritos.

A autocompaixão, então, vai fortemente de encontro com tudo o que as vozes externas — que se tornam as nossas vozes internas — nos dizem sobre a excessiva cobrança colocada diariamente sobre os ombros das mães, sem que a sua importância ou responsabilidade sejam diminuídas, é bom deixar claro. A prática é uma cura natural para a nossa reatividade com nossos filhos, mas é, antes disso, a cura para a nossa reatividade contra nós mesmas, que se manifesta não só por meio de diálogos internos degradantes, em que nos dizemos barbaridades como "Você é uma péssima mãe", mas também por meio das penalizações — conscientes ou não — que nos fazemos.

A falta de autocuidado, justificada pela falta de tempo, muitas vezes, é uma delas. Deveríamos, afinal, nos sacrificar para, quem sabe, nos sentirmos adequadas na pele de mãe, ou pelo menos nos sentirmos adequadas diante do que veem os olhares externos. Um imensurável contrassenso. Pagamos com a nossa saúde e com a nossa espontaneidade o preço de nos tratarmos tão mal na esperança de sermos aceitas... pelos outros.

Porém, há um paradoxo que permeia a prática autocompassiva que merece ser destacado. Conforme o que nos ensina a professora Neff, "não praticamos autocompaixão para nos sentirmos bem, mas porque nos sentimos mal". Para entender melhor isso, podemos trazer à mente um momento em que, talvez após uma vacina, nossos filhos tenham tido reações nada agradáveis, como febre, dor, indisposição. Ainda que não estivessem doentes, ainda que não tivessem nada a ser curado, não nos abstemos de cuidarmos deles em uma situação como essa.

A flor da compaixão desabrocha em nossos corações diante do sofrimento de um filho — e ponto. Dessa forma, não é porque almejamos que os nossos filhos fiquem curados que moveremos todos os nossos esforços por eles. É porque eles estão experimentando sofrimento. Isso é o bastante.

Praticar a autocompaixão, portanto, guiadas pela aceitação da dor, sem resistir a ela, na mesma medida em que nos encorajamos nessa lida, é muito mais amoroso e sensato do que fazer isso com o intuito desesperado de nos sentirmos melhores, no objetivo ansioso de fazer as coisas mudarem. O maior sinal de amadurecimento que um ser humano pode apresentar, afinal, não é a idade, não são as rugas, tampouco todas as situações pelas quais passou na vida. É, ao contrário, a sabedoria em se relacionar com os altos e baixos desta romaria.

O maior sinal de amadurecimento que um ser humano pode apresentar, afinal, não é a idade, não são as rugas, tampouco todas as situações pelas quais passou na vida. É, ao contrário, a sabedoria em se relacionar com os altos e baixos desta romaria.

Eu espero que a autocompaixão ajude você a enxergar, como tem me ajudado, que não há incoerência alguma em ser exatamente o que sou, ambígua. Na minha ambiguidade, flui a minha humanidade.

MÃES À OBRA Reeducar-se com gentileza para educar com leveza

Quanto tempo você tem, hoje, seja você uma mãe no modo estreia, seja você uma mãe veterana, mãe de filho único ou mãe de casa cheia? Não falo de qualquer tempo, mas de tempo para aquela companhia ora desagradável, ora imprescindível, mas onipresente… a sua própria? Se pudesse mensurar em minutos — perceba que nem ouso sugerir horas —, quantos me diria que dedica diariamente para o seu bem-estar físico, mental, social? Se não puder ou não souber a resposta para essa pergunta, saiba que você não está só. Saiba que eu sinto muito. Sobretudo, saiba que a atitude mais autocompassiva que você pode tomar por si mesma é se colocar na sua agenda.

Sei que a falta de tempo talvez seja uma das maiores dores que te acometem na maternidade. Obviamente, suas 24 horas por dia, 168 por semana, seguem intactas. Sim, eu sei que você as tem como qualquer outro ser humano que habita o planeta Terra, mas também sei que, diferentemente do que dizem os coaches de performance nas redes sociais, o direcionamento dado ao tempo de uma mãe, sobretudo quando os seus filhos são pequenos, demanda a habilidade de um equilibrista ou de um malabarista. Para somar, sempre que uma mãe se prioriza e se oferece um pouco desse recurso valiosíssimo, o seu próprio tempo, as vozes externas e o crítico interno teimam em levá-la a se questionar se ali não haveria mesmo nenhum indício de egoísmo.

Estamos sempre nos modos fazer, planejar e resolver, e, quanto menor e menos disponível for a rede de apoio, maiores e mais frequentes serão as nossas funções e compromissos como mães. Teremos menos tempo para **não** sermos mães. A dinâmica do tempo se assemelha em muito à dinâmica das calcinhas. Sim, você até reserva uma grana do orçamento mensal para repor suas calcinhas, que andam meio velhas e até com alguns furinhos, ou para se presentear com aquela blusa nova que você anda namorando há um tempo, mas acaba sempre priorizando comprar mais um brinquedo educativo para o seu filho, mais um livro para a sua biblioteca particular, mesmo que ele tenha uma coleção deles.

Estamos sempre nos modos fazer, planejar e resolver, e, quanto menor e menos disponível for a rede de apoio, maiores e mais frequentes serão as nossas funções e compromissos como mães. Teremos menos tempo para não sermos mães.

Com o poderoso e escasso recurso "tempo" não seria diferente. Apesar de reservar um pouco dele para si, acaba engolida pelas demandas que nunca param de pousar e, pouco a pouco, dia após dia, você parece se acostumar com a sua ausência em sua própria vida, ainda que uma voz rebelde dentro de si reclame pela sua presença, expressando-se por meio de reatividade e explosões constantes. Talvez isso não seja tão claro, mas há sofrimento ali. Havendo sofrimento, é necessário que se adicione o seu antídoto, a autocompaixão.

Isso aponta para o fato de que é hora de colocar ambos os pés bem firmes no chão, o que significa agir de forma estratégica em relação ao seu processo e às suas possibilidades de autocuidado. Trata-se, sobretudo, de enfim compreender, lidar e aceitar o fato de que nada vai te trazer o tempo, a disponibilidade e as prioridades que outrora norteavam a sua conduta de autocuidado. A vida mudou e, embora seja justo e necessário que você compartilhe as responsabilidades que envolvem criar uma criança com uma rede de apoio, há algo que só você, única e exclusivamente você, pode fazer pelos seus filhos... e é o seu autocuidado.

Dito isso, paira no ar o questionamento. Você, que em muitos dias parece carregar o mundo nas costas, consegue se comprometer com um espacinho na sua agenda para... você mesma? Na mesma medida, paira a certeza: um espaço muito provavelmente menos amplo do que o que já foi um dia. Considerando que a maioria de nós, mães, sofremos do mal do tempo precário, eu entendo que autocuidado estratégico é não só uma prática de autocompaixão por si só, mas um ato de resistência neste mundo que tanto exige de nós e que pouco suporte nos dá.

E eu entendo que, se você chegou aqui, na reta final deste livro que busca nos abraçar em nossas imperfeições enquanto nos aponta um caminho que nos inspira a viver com mais equilíbrio e harmonia, é porque você já vinha se oferecendo, ou começou, em paralelo à leitura, a se oferecer o cuidado que você precisa e merece.

No entanto, se ainda tem dúvidas se consegue ter tempo, todos os dias, para praticar mindfulness e autocompaixão por apenas dez minutos — e é exatamente esse o pontapé inicial para qualquer outra prática de autocuidado intencional e estratégico que depois venha a florescer —, então eu convido você a refletir, por exemplo, sobre o tempo perdido em redes sociais em comparação com o tempo investido no seu próprio bem-estar. É ter clareza sobre hábitos venenosos — os famigerados vícios — que te impelem a buscar por mais dopamina, o neurotransmissor do prazer e da motivação, nos lugares em que facilmente a encontrará... mas a que custo? A quem você está entregando de bandeja a sua saúde e a sua liberdade?

Romper com isso pode envolver praticar mindfulness, mas não é só sobre meditar. Ligar para aquela amiga querida, que te escuta sem competir sobre quem está mais lascada e que acolhe a sua dor sem a trena do julgamento que mede quão merecedora de acolhimento você é, pode ser um momento de autocuidado, sobretudo quando feito com intencionalidade. Para além dessa, tantas outras pequenas práticas do dia a dia podem ser parte da nossa estratégia de autocuidado, quando a intenção que as motiva é exatamente esta: a do autoamor, a da autocompaixão.

Por que, então, para a maioria de nós, essas práticas, tão simples e possíveis, não nos servem de bote salva-vidas e não são utilizadas por nós com esse intuito? Basicamente porque, cegas pelo piloto automático, não podemos enxergá-las. E o que nos ajuda a criar essa consciência que nos permite trazer, regularmente, a máscara de oxigênio a nós mesmas é a prática habitual de mindfulness, ainda que, como eu disse antes, por apenas dez minutos diários.

Se você tem dúvida de quão significativos podem ser esses breves minutos, saiba que eu não costumo chamá-los, nos cursos sobre maternidade e atenção plena que conduzo, de "os dez minutos de ouro da mãe mindful" sem um bom motivo. Grandes mestres da meditação são unânimes em dizer que mais vale a consistência do que a intensidade caso você deseje experimentar os benefícios de praticar meditação; meditar regularmente, ainda que por pouco tempo, é melhor do que fazer, por exemplo, retiros longos de meditação apenas esporadicamente. Já disse isso, mas não custa relembrar.

Ademais, em 2024, foi publicada na *British Journal of Health Psychology* uma pesquisa realizada em mais de 91 países, em que foram avaliados os efeitos de um programa on-line de mindfulness. Além dos já conhecidos benefícios da prática, o que inclui bem-estar emocional, atitudes e intenções mais saudáveis, melhora do sono e redução de sintomas de depressão e ansiedade, foi relatado que apenas dez minutos diários de mindfulness geram efeitos significativos em seus praticantes. Isso corrobora a minha prática pessoal, já que, diferentemente do que acontecia no passado — quando eu tinha tempo de sobra para meditar o quanto quisesse —, durante a primeira infância dos meus filhos ela tem sido, em muitos dias, compatível com o tempo descrito no estudo. Importante salientar que a pesquisa mencionada foi considerada muito relevante devido ao tamanho e à diversidade de sua amostra, ao método científico rigoroso e ao fato de ter salientado que mindfulness pode ser prático e acessível. Exatamente por sempre ter acreditado nisso, incentivo mães a adotá-lo como base de seu autocuidado.

Além do que foi mencionado, um estudo de 2017 surpreendeu ao explicitar que, ao praticar mindfulness por nove semanas, um grupo de pessoas experimentou um grande aumento de suas emoções positivas. Sentiram-se mais bondosas e amorosas. O quanto uma experiencia do tipo pode te transformar como mãe que se julga por todo e qualquer deslize que comete? Outro estudo, de 2018, cujos praticantes eram todos inexperientes, talvez como você, verificou uma grande diminuição do mau humor e da ansiedade, em contraste com um considerável aumento da atenção e da presença praticando, diariamente, por oito semanas, treze minutos apenas de mindfulness. Não sou em quem diz, são os inúmeros estudos científicos publicados nos últimos anos.

As práticas formais de mindfulness têm, por si sós, um grande potencial autocompassivo, mas podemos realizar, em momentos desafiadores do dia a dia, de modo simples e fácil, práticas que especificamente pretendem reconhecer e cuidar do sofrimento que nos acomete. Uma das minhas preferidas tem como protagonistas as nossas mãos. Elas são, afinal, uma parte do corpo muito associada ao cuidado, seja ao auto, seja com o outro.

São as nossas mãos, por exemplo, que, ao perceberem nossas crianças descobertas em uma noite invernal, se adiantam para aquecê-las e aconchegá-las, mas também são elas que, involuntariamente, quando o frio nos aborda, e não necessariamente os nossos filhos, puxam a coberta que quase caiu no chão para nos garantir calor. Algumas compreensões e algumas práticas de autocompaixão, exatamente pelo seu potencial amoroso e cuidadoso, se concentram nelas, em nossas mãos.

Eu te convido, por isso, a fechar uma mão sobre a outra e apertá-las com força, enquanto as traz em direção ao peito, comprimindo-o. Perceba as sensações que vêm à tona quando esse gesto é executado. Fique assim por alguns instantes, abrindo-se à percepção das suas emoções e pensamentos no momento presente.

Depois, solte-as. Lenta e gentilmente, diminua a fricção entre uma mão e outra sobre o peito, mantendo-as apoiadas uma na outra com delicadeza, bem como no coração. Ocupe-se, por um tempo, de perceber como são, agora, as sensações. Você pode realizar esse breve exercício de olhos fechados e, ao concluí-lo e se sentir confortável, retornar à leitura.

O primeiro gesto, o de constrição, faz emergir sensações símiles às que nos acontecem diante do tratamento que quase sempre nos damos, isto é, a abordagem repleta de críticas, desestímulos e julgamentos com que nos conduzimos é análoga a um aperto no peito. Talvez ele te acompanhe. A mim, acompanhou por um longo período e, sinceramente, porque sou humana e imperfeita, é normal que ele ainda me visite. Não é raro ele pressionar as pessoas por aí, aquelas que são mães, então... mas a sensação que nos toma quando progressivamente trazemos autocompaixão para as nossas vidas é a que se percebe quando soltamos as mãos, quando deixamos ir a pressão. O gesto que remete à leveza, à aceitação e à abertura é, antes de mais nada, o "sim" que enfim decidimos dar a nós mesmas. O cuidado — e o autocuidado, afinal — é extremamente confortável para nós. Isso porque somos mamíferos, e não répteis.

Diferentemente dos répteis, não nos sentimos seguras por meio da luta e da fuga, mas sim por meio da conexão e do cuidado. A evolução do ser humano como espécie está atrelada de forma íntima a essa característica e, exatamente por isso, quando nascemos e nos encontramos mais próximos da morte do que da vida, considerando nossa fragilidade e total necessidade de outros indivíduos para sobrevivermos, é o cuidado o que nos permite crescer e nos desenvolver até que, de forma progressiva, ao longo de muito anos, conquistemos a nossa autonomia.

Nunca, nunca, nunca seremos totalmente independentes, no entanto. É da nossa natureza o interser. Os bebês dos calangos do meu quintal, contudo, não são como os meus. Não são como eu. Uma vez que o ovo onde se formaram eclodiu, eles se foram. Distintos de nós, eles não têm o aquecimento físico, as vocalizações suaves e o toque gentil como práticas que não só nos agregam segurança como também nos garantem a vida.

Para praticar autocompaixão, recorra a essa tríade amorosa, destinando-a a si mesma com o mesmo carinho que a vem entregando aos seus filhos: o aquecimento físico, as vocalizações suaves e o toque gentil.

Fica, então, o spoiler. Para praticar autocompaixão, recorra a essa tríade amorosa, destinando-a a si mesma com o mesmo carinho que a vem entregando aos seus filhos: o aquecimento físico, as vocalizações suaves e o toque gentil. Quanto mais mindfulness fizer parte da sua vida, mais fácil será se dar conta do modo como você se trata quando erra ou simplesmente quando não se adéqua às suas expectativas e às dos outros tão bem quanto gostaria.

A tendência é importarmos as vozes repressivas, frias, agressivas ou supostamente motivadoras, mas ameaçadoras, de nossos cuidadores principais, sobretudo de nossos pais, para a voz autocrítica que vive em nós. Quando, então, se der conta de que o seu diálogo interno está autocrítico demais, permita-se mudar o tom.

O meu modo preferido de ativar a autocompaixão, porém, é por meio do toque gentil, um grande despertador de ocitocina, o famoso hormônio do amor, que contribui para o alívio dos sintomas de ansiedade e de estresse. Quando a ocitocina se encontra em níveis normais em nosso organismo, experimentamos confiança, generosidade e empatia, já que uma das suas funções é exatamente nos conectar uns aos outros. No universo materno, fala-se muito de dois mecanismos naturais que produzem esse hormônio: o parto normal e a amamentação.

A boa notícia é que não é necessário viver esses momentos particularmente especiais para estimularmos a sua produção. Carinho. Básico assim, carícias são excelentes em estimular a produção de ocitocina, sejam elas feitas em nossas crianças, em um parceiro, em entes queridos, em animais de estimação... sejam em nós mesmas. Pode parecer estranho acariciar a si mesma, especialmente quando consideramos o fato de que somos durante todas as nossas vidas estimuladas a nos tratarmos mal, mas isso a gente também pode aprender. Então, vamos à experiência... No QR code abaixo, você encontra uma prática de autocompaixão do toque gentil conduzida por mim, cuja inspiração são as práticas dessa natureza conduzidas pela professora Kristin Neff.

Prática do toque gentil

Atenção plena ainda hoje

Descanse, mesmo que a casa não esteja arrumada.

17

O cérebro-coração

AQUI E AGORA

Agradeça a si mesma por estar concluindo a jornada de mindfulness e autocuidado que esta leitura simboliza. Pergunte-se pelo que mais você se sente grata hoje.

É CLASSIFICADA COMO UMA SÉRIE DRAMÁTICA, MAS, COLETIVAMENTE, pelas mães e pais da nossa geração, foram encarados como capítulos de um filme de terror. Devido ao modo como ela escancara as problemáticas das famílias, das escolas e das redes sociais, espaços em que os nossos adolescentes mais circulam, fica muito difícil não se imaginar na situação retratada na série britânica fictícia — mas, infelizmente, muito verossímil — *Adolescência*, da Netflix. Na trama, um menino de 13 anos é acusado de assassinar uma colega de escola da mesma idade.

O mal-estar generalizado causado pela série revela que as escolas necessariamente não são, embora muitas pensemos que sim, o lugar em que podemos estar tranquilas quando nossos filhos estão lá, mas o contrário. Bullying, indisciplina e profissionais despreparados para lidar com os desafios típicos da adolescência os agravam de modo incalculável. A internet, por sua vez, é um universo paralelo em que, por meio de códigos que ignoramos ou simplesmente nos enganam, muita dor e aversão são amplificadas entre os nossos jovens.

O cyberbullying é, afinal, ainda mais intangível do que o bullying para os adultos que cuidam de adolescentes, pois, nas plataformas on-line, criam-se identidades virtuais que reforçam discursos de ódio contra determinados grupos e que, concomitantemente, funcionam como refúgios, um espaço de pertencimento para adolescentes excluídos e fora dos padrões. Tudo isso acontece às escuras, sem que pais e professores possam sequer imaginar.

E por falar em nós, na entidade família, que soco no estômago nos dá essa série. Ela evidencia que nem só de lares nitidamente tóxicos e disfuncionais saem filhos muito problemáticos. O silêncio da omissão diante, por exemplo, do que as nossas crianças consomem na internet grita estridentemente: negligência emocional. E ausência. Em suma, *Adolescência* mostra um futuro que, decididamente, desejamos evitar, não só para os nossos filhos, no privado, mas para a geração de crianças e adolescentes que estamos conduzindo.

O medo de ser omissa

Sem dúvida, o meu envolvimento, bem como o seu, na busca por nos tornarmos mães mais emocionalmente inteligentes e mais conscientes do processo de educar é o nosso movimento amoroso para edificar realidades muito mais ternas e gentis para as nossas pessoas favoritas.

Ressoando com o nosso movimento, nos documentos que revelam o cerne da missão da Unesco (Organização das Nações Unidas para a Educação, Ciência e Cultura), destaca-se a perspectiva de construir a paz nas mentes de homens e mulheres. Nesse sentido, ao concluirmos esta caminhada mindful, podemos, com honestidade, perguntar a nós mesmas sobre o que almejamos ao ocuparmos, em nossa sociedade e no privado, na intimidade da criação de nossos filhos, os nossos lugares como mães de uma geração. Qual é a nossa intenção real? Aonde pretendemos chegar? O que estamos dispostas a fazer?

Helena e José tinham como propósito central em sua parentalidade oferecer aos filhos, quanto à sua educação, *la crème de la crème*. As crianças eram quatro, e as renúncias do casal não foram poucas para que o quarteto frequentasse uma excelente escola bilíngue e, melhor ainda, falasse mais de duas línguas. Investiram em livros, viagens, cultura e cursos extracurriculares. Fizeram malabarismos dignos do *Cirque du Soleil* para levar e buscar todos os quatro das muitas atividades de horários desencontrados. Queriam que as crianças tivessem e fossem mais do que eles, seus pais, eram.

Esses pais direcionavam seus esforços para que todos pudessem, caso quisessem — e ai deles se não quisessem — frequentar a faculdade — mas não qualquer curso e não em qualquer instituição — fora do país. Pensavam até nos possíveis casamentos, em deixar todo mundo encaminhado, nos bons partidos que a prole merecia, mas, para além das portas que podem abrir uma boa formação acadêmica, não pareciam ser de grande educação os filhos que eles cresciam.

Eram três meninos e uma menina que, no alto da importância que se davam, não podiam reconhecer quem eles julgassem inferiores. Seus olhos só se direcionavam para cima, não caminhavam com quem não estivesse, no mínimo, ao seu nível, não eram bons amigos, não sabiam mudar de perspectiva e por alguns instantes ocupar o lugar do outro, não eram capazes de uma palavra, menos ainda de um gesto de solidariedade. Eram gente da alta, contudo não eram gente de grandeza.

Informação não educa

Mas não só na casa de Helena e de José educação formal se confunde com educação. É fato que o *modus operandi*, nas escolas, assume que um bom ensino é quase sempre aquele voltado à produtividade em vez do ser, dos resultados objetivos em vez do sentir, em suma, da instrumentalização de crianças e adolescentes por meio do acesso à informação. Isso nos cenários muito privilegiados, pois, para um número importante de crianças e jovens brasileiros, escola não é sinônimo de oportunidades. Fato é que a informação, por si só, não forma seres humanos, não os educa. Podemos compará-la, em seu viés instrumental, a uma ferramenta, como um martelo, que pode construir ou destruir uma casa.

Fato é que a informação, por si só, não forma seres humanos, não os educa. Podemos compará-la, em seu viés instrumental, a uma ferramenta, como um martelo, que pode construir ou destruir uma casa.

Assim, existe toda uma gama de habilidades imprescindíveis para o bem-viver que livros como este podem até ensinar, mas que só se concretizam na vida prática, e precisamos, como mães, assumir a nossa importante fatia de responsabilidade em educar nossas crianças para isso, enquanto também entendemos que não cabe a nós carregar o mundo nas costas e que os nossos filhos deveriam, sim, estar sendo criados por uma aldeia harmônica e desperta, o que inclui as escolas.

Por isso mesmo, são importantes propostas como a da Unesco de conduzir os processos educativos para a construção de uma cultura de paz, para uma educação respaldada pelos direitos humanos, desenvolvendo competências para relações pacíficas e para a prevenção de conflitos. Educar nossos filhos para a empatia, a compaixão, a bondade amorosa e a gratidão é tão importante quanto formá-los intelectualmente.

Mas o que fazer quando a indiferença, na maioria das vezes, começa onde nunca deveria existir, isto é, na relação entre crianças e seus pais? Durante a nossa infância, a verdade é que nem sempre fomos incondicionalmente amadas pelos nossos adultos de referência, o que inclui nossos pais e mães. "Nem sempre" significa que, sim, na maior parte do tempo, é provável que para muitas pessoas tenham sido devotados afeto e cuidado. É inegável, porém, que, se escancararmos a bagagem emocional que trazemos da infância, se começarmos a tirar dali todo tipo de tesouro e de tralha que carregamos até aqui, vamos nos deparar com momentos em que obviamente não fomos a prioridade de nossos pais, momentos em que eles se decepcionaram conosco, momentos em que eles se sentiram irritados com nossa personalidade, por algo que fizemos ou por algo que deixamos de fazer.

Assim como é provável que tenhamos recebido abandono, decepção e raiva dos nossos pais em momentos pontuais, hoje somos nós que oferecemos isso aos nossos filhos, e recordar como nos sentíamos nessas ocasiões pode quebrar o gelo entre nós e nossas crianças.

Aceite a sua maldade

Para algumas de nós, ainda que seja muito doloroso, é óbvio admitir que nossos pais tinham, enquanto nos criavam, traços de maldade. Para quase todas nós, porém, é lacerante reconhecer que também nós, enquanto educamos nossos filhos, temos esses traços. Meu objetivo aqui não é fazer um juízo de valor. Pelo contrário. Perceba o que digo como uma informação objetiva, como um fato.

Assim como não é romantismo, tampouco otimismo da minha parte, assumir que o cérebro humano é potencialmente compassivo. A compaixão, assim como a paciência, é uma habilidade treinável, e o mindfulness é nosso aliado na missão de nos tornarmos mães não só mais serenas, mas também mais capazes de reconhecer o sofrimento de nossas crianças e de profundamente nos engajarmos em amenizá-lo.

Há, contudo, certos pontos cegos nessa missão. Um deles é a mania ocidental de colocar a mente na frente do coração. Quando estamos à frente da educação de crianças, sobretudo se elas forem nossos filhos, parece difícil — para não dizer quase impossível — fazer isso. Ainda assim, tentamos e insistimos. Nesse cenário, silenciamos as nossas emoções na esperança de calar o nosso lado mais primitivo, mais selvagem, do qual temos medo e nos envergonhamos, quando deveria ser o contrário. Acreditamos que as respostas estão todas fora, em algum mecanismo de busca, em alguma inteligência artificial ou em algum especialista disposto a nos entregar uma solução, quando as mais importantes e significativas delas dificilmente serão encontradas externamente.

Não que a razão deva ser colocada de lado quando estamos educando nossos filhos. Seja em mim mesma, seja nas mães que acompanho nos meus cursos e nas redes sociais, parece haver uma clara intenção, norteada por uma real necessidade, de sermos racionais, ponderando o que é benéfico e aceitável no comportamento de nossos filhos e nas nossas intervenções sobre eles, mas é necessário que isso seja feito em comunhão com o coração, e não de forma automática, baseada em regras, métodos, dicas. Infelizmente, porém, quando damos vozes ao que a intuição ou as emoções dizem, julgamos a nós mesmas como fracas, permissivas. Julgamos nos faltar pulso forte e tememos que o coprotagonismo do nosso coração, que divide com a mente o palco da educação dos nossos filhos, edifique seres humanos duvidosos.

A verdade é que nós, ocidentais, interpretamos esses conceitos de maneira confusa, o de mente e o de coração, os quais, em várias línguas orientais, por exemplo, o sânscrito, o tibetano e o chinês, são sempre designados por uma única palavra. Essa questão cultural, como tantas outras, adiciona mais uma demanda, mais uma problemática para nós, mães contemporâneas que buscamos maternar sem estourar, de preferência com afeto e lucidez conjugados.

Isso porque, na nossa leitura, fruto da nossa cultura, a mente seria racional, lógica. Estaria intimamente relacionada ao cérebro e aos pensamentos. O coração, em contrapartida, seria vulnerável às emoções e aos sentimentos. E, se tem algo que buscamos quando se trata de educação, ainda que inconscientemente, é rechaçar todo e qualquer sinal que anuncie a possibilidade de não sermos uma autoridade para nossos filhos e de estarmos, então, de algum modo vulneráveis na nossa relação com eles.

Se tem algo que buscamos quando se trata de educação, ainda que inconscientemente, é rechaçar todo e qualquer sinal que anuncie a possibilidade de não sermos uma autoridade para nossos filhos e de estarmos, então, de algum modo vulneráveis na nossa relação com eles.

Existe criança manipuladora?

Para melhor compreender esse mecanismo, permita-se viajar no tempo e reencontrar a sua versão mãe recém-nascida. Aquela que embalava um serzinho minúsculo, dependente do seu cheiro, do seu calor, da sua respiração, dos seus batimentos cardíacos, da sua nutrição... Um serzinho dependente em tantos níveis, do físico ao emocional, que para a sua atual condição de mulher crescida chega a ser até difícil, beirando o impossível, se lembrar ou somente imaginar esse profundo grau de necessidade de outro alguém. A você, logo ali, foram dadas as boas-vindas ao puro e verdadeiro amor incondicional: o do serzinho por você — porque, sejamos sinceras, minha amiga, você estava inundada, além do amor, por questões com a amamentação e com o pós-parto, pelos hormônios alterados, pela privação de sono e pelas dificuldades únicas e intransferíveis do seu contexto, da sua realidade. É então que outras vozes invadem e interferem, geram ruído e contaminam o seu acesso a essa conexão que tudo diz, ainda que nem uma palavra seja declarada:

"Ixi, com esse tanto de colo esse menino vai ficar mimado."

"Hummm... tem que deixar chorar para aprender. Se você sempre der colo quando ele chorar, ele não vai aprender a lidar com a frustração."

"Vai dando colo sempre que ele pedir, boba... Você vai ver só o que é ser manipulada assim que ele começar a entender as coisas."

"O filho da vizinha da minha avó tinha colo sempre que reclamava. Agora ele tem 28 anos e segue sendo carregado pela mãe pra cima e pra baixo."

A nossa história enquanto espécie é soberana

Todo mundo tem um palpite, uma certeza, uma história para engrossar o coro ultrapassado de que educação, para dar resultado, deve apagar o afeto, o apego, a conexão. Não digo que a perspectiva que encara a criança como um serzinho manipulador que precisa ser com urgência domado é ultrapassada por uma opinião pessoal, mas pelo que já foi claramente desenhado e desvendado pela neurociência. Fato é que, desde os nossos primeiros passos como mães, somos induzidas, por gente que outrora também foi induzida, a acreditar que aquilo que o corpo e o coração pedem é balela e nos colocará em risco. Acreditamos que, dando mais ouvidos à mente racional, vamos evoluir. Mas a nossa história como espécie discorda com veemência disso. Afinal, como tem comprovado a neurociência, o envolvimento afetivo entre mãe e filho extrapola questões relacionadas a demandas emocionais e se associa diretamente à evolução da nossa espécie.

Por meio do cuidado e do afeto materno, afinal, a criança se sente segura e, por isso, o seu desenvolvimento neurológico é otimizado. Uma vez que na infância o cérebro é extremamente plástico e suscetível aos estímulos que recebe, a segurança transmitida pela presença amorosa da sua principal figura de apego fortalece a criança para melhor lidar com o estresse e com os desafios, o que vai repercutir por toda a vida do indivíduo.

Pessoas que usufruem de uma boa base emocional na infância são mais adaptáveis e resilientes. Ainda sobre o desenvolvimento cognitivo, vale esclarecer que a ocitocina, o hormônio do amor, é liberada em interações entre mães e suas crianças que envolvam carinho físico, o que impacta positivamente as habilidades sociais dos pequenos. O contato físico, além disso, ajuda a diminuir os níveis de estresse e a fortalecer o sistema imunológico.

Razão e emoção no mesmo degrau: o heartfulness

Apesar de hoje termos a ciência a favor de nossa intuição e de nossos instintos, a problemática é das antigas: o filósofo grego Aristóteles (384 a 322 a.C.) não só interpretava razão e emoção como diferentes como enfatizava que a primeira era superior à segunda. A suposta dualidade coração-mente, como já dito, seguramente molda ainda hoje o pensamento ocidental e, como consequência, contamina a relação tão mais amorosa que poderíamos ter com nossas crianças. Em outras palavras, estamos sempre buscando racionalizar o que também precisa ser intuitivo: a nossa conexão com nossos filhos e as escolhas que fazemos na condição de mães.

Novamente, por tudo isso, nos convido a considerar o caminho do meio. Jon Kabat-Zinn assume que a diferença entre mindfulness e heartfulness — ou entre mente e coração — é muito menos significativa do que essa percepção dualista nos induz a considerar. O mindfulness, nesse contexto, por ser uma prática cujo argumento muitas vezes se concentra na proposta de educar a mente, e também pelo fato de trazer em si a palavra *mind* — mente em inglês —, pode ser facilmente percebido como algo relacionado estritamente ao cérebro ou aos pensamentos, quando, na verdade, não se resume a isso.

Dessa forma, pela nossa restrição linguística e conceitual, é necessário dar atenção ao sentir, por meio da imagem do coração, também quando estamos trilhando o caminho da atenção plena. Associado ao mindfulness, vem à tona, então, o ***heartfulness***.

Em especial quanto à intenção de conduzirmos as próximas gerações por meio do mindfulness, como seria possível fazer isso sem que esteja devidamente destacada a orientação que vem do coração, isto é, a gentileza, a bondade, o afeto? Portanto, é necessário captar e internalizar o *heartfulness* em nossas ações e intenções, o que acontece quando, tão natural quanto conscientemente, somos capazes de espalhar essa consciência amorosa em nossa vida e na vida das nossas crianças.

Considerando o fato de que estamos interessadas em conduzir as próximas gerações com mais consciência do que fizemos até aqui, fazer isso guiadas pelo coração não significa falta de conhecimento metodológico e científico sobre como educar crianças. O convite é, no mais profundo, para uma reconexão com os valores pessoais e coletivos pautados pela compaixão, pela cooperatividade e pela bondade, isto é, metaforicamente, pelo coração. É para nós, mães, sobretudo um resgate da maneira natural de nos relacionarmos com os nossos filhos, e, como consequência positiva, os nossos filhos deixam de ser fardos que carregamos o dia todo até que enfim possamos depositá-los, à noite, em suas camas, tendo a ambígua sensação de dever cumprido e de nostalgia.

Assumimos, assim, que *heartfulness* é o estado daquele que está intencionalmente consciente do momento presente, abstendo-se de julgamentos, e adicionamos a isso o fato de que se está renovando constantemente a intenção compassiva para consigo e para com o outro.

Dessa forma, para contribuirmos com a cultura de paz, quanto à educação de nossos filhos, é necessário termos como ponto de partida, mas também de chegada, esta prática: a compaixão. Sim, eu sei que, antes, muito conversamos sobre autocompaixão e que pareço ter invertido a ordem lógica das coisas, mas te asseguro que não. Precisamos parar de dar, entregar, oferecer, doar aos outros antes de assegurarmos que temos o suficiente para nós, ainda que os "outros" sejam nossos filhos. Nesse sentido, só é possível sermos compassivas com autenticidade quando já somos autocompassivas com verdade, e espero ter sido capaz de esclarecer que isso não tem nada a ver com egoísmo.

Compaixão, a amizade suprema

Assim como na autocompaixão me agrada demais a perspectiva de que ela está ligada a nos tratarmos com a mesma bondade que tratamos um amigo que sofre, quanto à compaixão me toca profundamente este ponto de vista: trata-se da amizade suprema pelas pessoas sem nenhuma discriminação. Isso inclui os nossos filhos, as suas falhas, as suas imperfeições e as vezes em que eles não atendem às nossas expectativas.

Quando falamos sobre compaixão, porém, é comum que o seu conceito seja confundido com o de empatia. Na verdade, a primeira pressupõe a segunda, mas o contrário não é verdade. A empatia é uma qualidade humana relacionada aos nossos neurônios-espelho, à nossa capacidade de reconhecer os estados mentais e emocionais do outro devido ao fato de, em algum momento, termos compartilhado estados semelhantes.

A empatia emerge da nossa necessidade, como seres sociais, de sermos compreendidos. Ela é natural, mas pode e é bom que seja desenvolvida, uma vez que é perfeitamente possível alguém ser capaz de interpretar bem as expressões e emoções alheias e usar essa capacidade para manipular as pessoas e não para se conectar amorosamente com elas. Além disso, apesar de ser inata, em alguns momentos a empatia parece nos faltar, o que é revelado em situações como a de uma criança que, por exemplo, não tem uma suposta dificuldade escolar reconhecida, mas que, em vez disso, é cobrada, questionada e pressionada, assim como um adolescente que não é reconhecido pelos seus pares, ou seja, que não tem atendida a sua necessidade de pertencimento legítimo a um grupo.

A empatia nos conecta, ou pelo menos é para isso que a perfeita arquitetura fisiológica que nos originou a criou. Com os nossos filhos pequenos, é válido nos lembrarmos de que os seus cérebros imaturos têm uma tendência marcante a espelhar nossas emoções, isto é, a empatia que transmitimos a eles os ajudará pouco a pouco a compreender melhor também as emoções alheias, e por isso contribuirá para que desenvolvam habilidades sociais.

> A verdadeira empatia, porém, é um ato de imaginação. Temos que imaginar como seria estar na mente dos outros, caminhar em seus sapatos. Temos que considerar sua história e como ela os teria impactado/nos impactou; temos que considerar seu contexto — isto é, seus medos, desejos, esperanças e anseios.
>
> *Paul Gilbert*

Empatia: conhecendo o mundo interno de alguém

Importante ressaltar aqui que ter empatia não significa aprovar o comportamento do outro, mas sim se conectar com o complexo caminho emocional, psíquico, social que o desencadeia. Podemos, então, reprovar as atitudes de nossos filhos e, ainda assim, compreender o que os levou a elas, o que demandará de nós conexão, intimidade, vulnerabilidade, ou seja, quilometragem em tempo de qualidade. A ausência disso não fica sem consequências: dores psicológicas importantes podem ocorrer na infância, levando, na vida adulta, à falta de conexão genuína com outras pessoas, em uma tentativa de autopreservação emocional decorrente de traumas ou dores não digeridas. Sem espaço para conexão e, assim, para empatia, como considerar uma educação pautada nos direitos humanos, em relações pacíficas e na prevenção de conflitos?

Ter empatia não significa aprovar o comportamento do outro, mas sim se conectar com o complexo caminho emocional, psíquico, social que o desencadeia.

Segundo Rick Hanson, autor de *O cérebro do Buda*, "a empatia é um tipo de meditação consciente, voltada ao mundo interno de alguém", e, na iminência de uma situação conflituosa com nossas crianças, podemos realizar o seguinte percurso empático:

- Passo 1: Escolhemos a empatia quando optamos por acessar as emoções e os pensamentos do outro sem julgamento. Com os nossos filhos, basicamente, podemos tentar nos lembrar de como é ser uma criança dessa idade no contexto em que eles se encontram.
- Passo 2: Observamos o comportamento, ou seja, como nossas crianças estão se comunicando por meio da linguagem não verbal, de seus olhares, movimentos, postura. Observamos a nossa tendência

a classificar o comportamento como certo ou errado, bom ou ruim. Podemos apenas fazer notas mentais objetivas, como: "Desvia o olhar quando tento contato visual."

- Passo 3: Respiramos e renovamos a intenção de sermos empáticas para, então, buscar acessar as emoções do outro. As expressões faciais são universais, e por isso são uma grande fonte de informação sobre como as pessoas se sentem. Nos concentramos nelas, portanto, para compreender se o comportamento de nossos filhos que em alguma medida nos desafia tem como pano de fundo medo, tristeza ou raiva, por exemplo.
- Passo 4: Criamos hipóteses baseadas em tudo o que sabemos sobre nossas crianças. Tanto as suas características pessoais quanto as suas histórias são relevantes. Também podemos considerar se as suas necessidades de alimentação, descanso, lazer, movimento e conexão estão devidamente atendidas. Fazemos isso para criar conexão, e não para criar uma narrativa pronta sobre o que está acontecendo.
- Passo 5: Avaliamos se as hipóteses levantadas procedem. Podemos perguntar, por exemplo: "Você parece um pouco _____. Estou certa?"
- Passo 6: Ensinamos aos nossos filhos que também precisamos receber empatia da parte deles. Comunicamos as nossas necessidades e emoções e nos permitimos não só dar, mas receber empatia.

Esse passo a passo se torna naturalmente parte de como nos relacionamos com nossas crianças conforme o praticamos sempre que farejamos um possível conflito entre nós e elas. Podemos, em primeiro lugar, nos engajarmos nessa prática empática consciente e, conforme a integramos, podemos ensiná-la, também, às nossas filhas e aos nossos filhos, tornando-os mais conscientes sobre como lidar com os outros em situações emocionalmente desafiadoras. Dessa maneira, abrimos os caminhos para a compaixão. Afinal, como foi mencionado, não há compaixão sem empatia. Só é possível desejar e atuar verdadeiramente para a extinção do sofrimento do outro se, antes, formos capazes de reconhecê-lo, de legitimá-lo.

> A nossa compaixão humana liga-nos uns aos outros
> — não na pena e na condescendência, mas como seres
> humanos que aprenderam a forma de transformar o
> sofrimento partilhado em esperança para o futuro.
>
> *Nelson Mandela*

Relações sólidas, conexões profundamente amorosas

Além da empatia, outro conceito (e prática) que costuma ser associado à compaixão é a bondade amorosa. Assim, se na compaixão desenvolvemos, deliberadamente, a intenção e a ação de amenizar o sofrimento de outros seres, na bondade amorosa, almejamos que todos os seres sejam verdadeiramente felizes. Você percebe a diferença sutil? A *metta* (bondade amorosa) é uma qualidade fundamental do budismo, que teria sido ensinada por Buda como um antídoto para o medo, que é a base do nosso sofrimento e o oposto do amor.

> Estamos tão profundamente interconectados que não
> temos outra opção a não ser amar a todos.
>
> *Amit Ray*

Sendo a bondade amorosa arquitetada pelo amor sem necessidade de reciprocidade, as práticas meditativas por meio das quais ela é desenvolvida se direcionam para a concepção de que, ao contrário do que se pensava, na evolução humana, o mais apto a sobreviver não é o mais forte, e sim o mais amável. Muitos, atualmente, são os estudos que investigam a relação entre o amor, isto é, entre os momentos e contextos de conexão significativa entre os seres, e a saúde emocional e mental das pessoas.

Quanto ao processo evolutivo da nossa espécie, uma prova dessa perspectiva está no fato de que, conforme o cérebro humano evoluía, aumentando de tamanho, a infância das crianças humanas também se tornava maior. Isso significa, basicamente, que os filhotes da nossa espécie começaram a requerer cuidados por mais tempo, o que só é possível quando existem vínculos fortes entre os envolvidos. E isso tem relação direta com a educação e com a saúde das nossas crianças e adolescentes, porque é possível, é desejável e é salutar construirmos com eles relações ancoradas no amor como sinônimo de laços fortes e saudáveis.

Diferentemente do que sugere a educação tradicional, não é fazendo nossos filhos sentirem medo de nós que teremos o seu respeito e que construiremos relações sólidas com eles. Isso acontece quando permitimos que eles acessem, sem que lhes reste uma migalha de dúvida, o nosso amor por eles. Acredito que você já esteja fazendo isso, mas a bondade amorosa é um instrumento que potencializará essa construção, e a história a seguir comprova isso.

Mathieu Ricard é um monge budista francês. Uma curiosidade sobre ele é que Ricard abandonou um doutorado em biologia molecular e foi para o Tibete, onde passou a dedicar a vida à sua caminhada espiritual. Gosto desse fato sobre ele porque, alguns anos atrás, eu também deixei o meu doutorado em linguística aplicada para começar os meus estudos na seara do mindfulness.

Apesar de as proporções entre o monge francês e eu serem bem diferentes, gosto de ter isso em comum com "o homem mais feliz do mundo". Sim, a Ricard foi atribuído esse título após a sua participação em um estudo sobre a felicidade liderado pelo neurocientista Richard Davidson na Universidade de Wisconsin-Madison. Nesse estudo, foram utilizadas tecnologias de ressonância magnética para analisar as ondas cerebrais do monge enquanto ele meditava, sendo verificada uma atividade intensa na região cerebral associada ao bem-estar e às emoções positivas, o córtex pré-frontal esquerdo.

Os níveis totalmente incomuns e até mesmo formidáveis de felicidade e de compaixão de Mathieu foram verificados exatamente quando ele praticava meditação *metta*, isto é, bondade amorosa. A ciência novamente comprova o que a nossa experiência humana sempre transbordou: o altruísmo nos torna mais felizes.

Eu acredito de verdade que toda mãe merece ter essa informação, porque, mais uma vez, a nossa felicidade pode ser cultivada por meio de habilidades treináveis a partir de práticas simples e que não demandam uma superprodução em nossas vidas repletas de afazeres. Apesar de poderosas, as meditações de bondade amorosa são fáceis de fazer, estão à mão de todas nós e têm o potencial de nos ajudar a educar as futuras gerações com base em uma cultura de paz.

A base de um cérebro saudável é a bondade.

Richard Davidson

Não precisa estar tudo bem para sermos gratas

Ao lado da *metta* está a gratidão, uma das nove atitudes de mindfulness descritas por Jon Kabat-Zinn no livro *Viver a catástrofe total* (são elas não julgamento, paciência, mente de principiante, confiança, não esforço, aceitação, desapego, gratidão e generosidade). Segundo o professor, ser grato tem uma relação única e poderosa com o bem-estar, porém tem mais a ver com trazer reconhecimento ao momento presente do que com elencarmos as bênçãos que tivemos no passado, como geralmente acontece quando se questiona a alguém pelo que é grato.

Thich Nhat Hanh, por sua vez, ressaltava que não precisamos esperar que tudo esteja bem para sermos gratas, o que pode surpreender pessoas que tenham grande inclinação a ver um problema para cada solução, para os pessimistas e reclamadores crônicos. Na verdade, na perspectiva do mindfulness, assim como a autocompaixão, a gratidão nos inspira a abraçar a realidade como ela é.

Assim, em um dia em que nos frustramos conosco ou com as nossas crianças, o que é humanamente normal e esperado, podemos ser capazes de ver florescer a gratidão e todas as sensações agradáveis e acolhedoras que emergem dela diante do sorriso sincero e incondicionalmente amável de um filho que, apesar de eventualmente não ter recebido de nós as nossas melhores palavras em nosso melhor tom, nos perdoa, mesmo sem pedidos de desculpas.

Aliás, você já percebeu que as crianças são muito mais propensas a viver no aqui e agora, muito menos hábeis em remoer situações desagradáveis, muito mais predispostas a se contentar com o que a vida lhes apresenta do que nós somos (desde que não estejam corrompidas por um estilo de vida apressado e viciadas em telas)? Estamos sempre desejando o próximo momento, a próxima conquista, o que vem depois, mas elas não. A gratidão é essa paz de se encontrar bem onde se está sem que os movimentos naturais de evolução sejam calados. Não se trata de conformismo, então.

> **A gratidão é essa paz de se encontrar bem onde se está sem que os movimentos naturais de evolução sejam calados. Não se trata de conformismo, então.**

Recentemente, também na Netflix, assisti a uma palestra da autora de vários livros que associam a vulnerabilidade à coragem, Brené Brown, denominada *The Call to Courage* [O poder da coragem]. Na palestra, essa autora relata que a infelicidade é incompatível com a gratidão. Brown diz que jamais, em suas pesquisas, encontrou alguém que fosse genuinamente feliz e que não fosse grato. Me tocou a sua afirmação de que ser grato é, também, ser corajoso, pois, diante do estado mental coletivo, isto é, diante do fato de estarmos massivamente mergulhados em ansiedade e em estresse, neste tempo em que tanto sofrimento invisível nos é causado pela possibilidade mentalmente cultivada de que algo de ruim aconteça, agradecer parece ser um modo de admitir que as coisas vão bem para nós. A coragem de se assumir bem traz certa resistência a uma espécie de força invisível que, ao saber daquilo pelo que nos sentimos gratas, poderia, de uma hora para outra, ter o prazer sádico de nos tirar o que nos importa. Tudo isso, obviamente, são histórias mentais, e não a realidade.

Raíssa, assim como eu, havia se informado sobre o poder transformador da gratidão. Acreditava, porque havia visto alguns gurus de bem-estar na internet dizerem isso, que, quando agradecia até mesmo por aquilo que ainda não tinha, o universo se encarregaria de lhe oferecer a sua vida dos sonhos. Convencida de que sem gratidão não havia merecimento, ela passou a negar o seu próprio sofrimento ou então a agradecer por ele, ainda que, no fundo, no fundo, desejasse profundamente extingui-lo.

Colocando toda a sujeira da própria vida debaixo do tapete, Raíssa perdeu a oportunidade de encarar as próprias mazelas e agir estrategicamente para saná-las e, pior, passou a também pressionar seus filhos, Olívia e Theo, a silenciar as suas dores para não atrair más energias. O que acontece com gente que prefere, como disseram Lennon e McCartney em "Strawberry Fields Forever", viver facilmente de olhos fechados nós já sabemos.

De fato, gratidão não deveria ser um papo "*good vibes only*", pois é, na verdade, um assunto sério de química. Quando a praticamos, afinal, liberamos ocitocina e dopamina, neurotransmissores que, como já mencionei, nos auxiliam a encontrar satisfação. Especialistas como Rick Hanson e Richard Davidson, entre outros, apontam que ser grato pelas pequenas coisas pode causar grandes mudanças, inclusive na nossa estrutura cerebral, ressaltando que, felizmente, essa também é uma habilidade treinável.

Muito embora os estudos sobre as emoções consideradas positivas sejam ainda recentes, os resultados e as tendências percebidas até o momento são, no mínimo, instigantes. Por exemplo, quanto à gratidão, o sistema de recompensa de nossos cérebros é ativado ao praticá-la, mas não por motivações hedônicas, isto é, aquelas voltadas para a busca do prazer imediato. Trata-se de uma sensação de bem-estar mais genuína e menos suscetível a fatores externos. Também o sistema da calma, devido à sensação de segurança, é ativado nesse caso.

A neutralizadora da mente pessimista

Assim, a abordagem da atenção plena sobre o que é a gratidão não coincide com a ideia idealizada e rasa, típica de uma positividade tóxica muito difundida, que não raro podemos observar em discursos e comportamentos como os de Raíssa. Trata-se, ao contrário, de uma compreensão mais profunda sobre agradecer, que nos encoraja a nos conectarmos genuína e conscientemente, no momento presente, com aquilo pelo que nos sentimos gratas ou pelo que percebemos ser possível desenvolver gratidão, apesar dos pesares. Estou falando de reconhecer que, mesmo e apesar das dificuldades, podemos sempre identificar que há algo bom em curso.

Para nós, mães, seria uma enorme incoerência, até mesmo cinismo, ignorar, em nome de uma gratidão cega, as adversidades inerentes à maternidade, como a sobrecarga mental, o esvaziamento da subjetividade, o tão presente sentimento de solidão. Seria desrespeitoso com quem somos individualmente, mas também com a essência da figura da mãe no coletivo.

No entanto, autoconhecimento envolve sabermos que o cérebro humano tem uma tendência e tanto a ser um reclamador crônico, um belo de um pessimista. Faz parte da evolução da nossa espécie a capacidade de ver o copo meio vazio. Foi desse modo, reconhecendo perigos, aprendendo a projetá-los e, assim, a evitá-los, que sobrevivemos aos ursos das cavernas. Desenvolver um estado mental mais grato de maneira consciente e intencional é, portanto, um modo de equilibrar a nossa natural tendência à negatividade.

Por meio da gratidão, então, podemos enfrentar as nossas crises e impasses sem nos apegarmos exageradamente à dor. Podemos, por exemplo, reconhecer que, assim como há a sobrecarga mental, há o privilégio de ver um ser se desenvolver na sua trajetória humana. Podemos concordar que, ainda que nos sintamos vazias de nós mesmas em alguns momentos, é inebriante o cheirinho único da cabeça de um bebê. Podemos confirmar que, apesar de nos sentirmos sós e incompreendidas em certas ocasiões, é lírico presenciar o brilho nos olhos e o sorriso de um filho que aprende algo novo. A prática diária da gratidão nos oferece um passe livre para a poderosa energia da alegria e nos auxilia a lidar com problemas que fazem parte da vida de qualquer pessoa, mesmo das mães que, nas redes sociais, performam perfeição, mas, como eu e você, são imperfeitas e têm vidas imperfeitas.

Muitos são os estudos que buscam comprovar a relação entre o bem-estar mental e a prática da gratidão. Um deles, conduzido pelos psicólogos Emmons (Universidade da Califórnia) e McCullough (Universidade de Miami), dividiu 192 estudantes em três grupos. A um desses grupos foi solicitado que escrevessem sobre motivos pelos quais os seus participantes eram gratos em um diário ao longo de dez semanas. Em comparação aos demais grupos de estudantes, que se concentraram em relatar aspectos negativos e neutros, respectivamente, os gratos demonstraram ter cultivado emoções agradáveis que os levaram a se sentir mais otimistas, bem como a se exercitarem mais e a necessitarem de menos visitas ao médico.

Eu também já escrevi um diário de gratidão e posso atestar que de fato é uma ferramenta muito válida. No diário, é possível registrar espontaneamente a gratidão ou estipular, durante um mês, por exemplo, temas pelos quais quer se recordar de ser grata, como pela gentileza de alguém, por algum alimento que comeu naquele dia, por algum aprendizado específico.

Meu marido e eu procuramos, pelo menos três vezes por semana, nos sentarmos um de frente para o outro, quando as crianças já estão na cama, para desenvolvermos juntos a nossa espiritualidade, o que sempre envolve muita expressão de gratidão. Em dias em que, por uma razão ou outra, tivemos conflitos entre nós, é curioso que verbalizar um para o outro os motivos pelos quais somos gratos naquele dia dissolve a tensão e nos impulsiona a nos reconectarmos de maneira amorosa. Naturalmente, nos fins de semana, buscamos realizar o nosso ritual de gratidão com os nossos filhos. Além de formar a inteligência emocional deles e de fomentar o seu bem-estar mental, nesse tempo de qualidade em família nos divertimos com as pérolas que o Francesco solta sobre as razões pelas quais ele é grato.

Em suma, não importa o que fizeram conosco ou o quanto fomos reativas com nós mesmas e com os nossos filhos até aqui. Na verdade até importa, só que importa mais o que faremos de agora em diante. No aqui e agora deste dia e dos próximos, quando eles se tornarem tudo o que temos, o momento presente. É uma decisão que impactará muitas das gerações futuras de nossas famílias, bem como o nosso bairro, a nossa cidade, o nosso país e o mundo a opção de nos reeducarmos com gentileza para, então, educarmos os nossos filhos com leveza. É um gesto de amor imensurável não só pelas nossas crianças, mas por todos os seres, sejam eles humanos ou não. É um gesto de honra à Mãe Terra, porque a mim — e talvez também a você — interessa tanto o que será do mundo quanto o que será de mim e dos meus filhos.

Temos a opção de fazer diferente, abraçando com força a nossa imperfeição, enquanto nos lançamos ao nosso irrefreável instinto à evolução. Isso é ser uma mãe mindful, e não ser uma mãe perfeitamente calma e centrada. O melhor? Não fazemos isso às cegas, nem sozinhas. Um *viva* às habilidades sociais, emocionais e mentais treináveis.

MÃES À OBRA Ter um cérebro inteligente não é o bastante

Em algum momento deste guia, avisei você de que, mais à frente, compartilharia a minha rotina matinal de práticas meditativas, o que finalmente vou fazer. Como já disse, houve épocas da minha vida em que eu meditava quando queria e o quanto queria. Isso era quando o meu tempo era todo meu, os meus dias eram inteiramente meus, eu ainda não havia me tornado mãe, não havia me tornado o centro do mundo para alguém, ao mesmo tempo que me retirava do centro do meu próprio mundo.

Contrariando o que muitos professores de meditação aconselham, por exemplo, eu gostava de fazer as minhas práticas no meio da tarde, privilégio de quem montava a própria agenda e costumava concentrar suas turmas como instrutora de mindfulness nas manhãs e noites. Grávida de Francesco, isolada na Itália quando ainda era pandemia, os meus rituais de autocuidado duravam horas, o que obviamente não foi possível na gestação da Madalena e menos ainda nos dias atuais.

Assim como assimilei que dar uma rotina aos meus filhos contribui para a paz de toda a nossa família, também assumi que, considerando todos os pratinhos que todos os dias preciso equilibrar, eu precisaria extinguir a minha rotina sem rotina e criar previsibilidade também para mim mesma no organismo do nosso núcleo familiar. Só quando, agora que sou mãe, coloquei na agenda a minha prática meditativa ela de fato engrenou neste contexto, nesta realidade que nem tão cedo mudará.

O meu tempo comigo mesma é menos longo do que eu gostaria, confesso, mas não abro mão dele por um motivo bem simples: eu gosto muito mais de mim — e da mãe que sou para os meus filhos — quando medito. Todo santo dia eu sou uma mãe imperfeita, mas, nos dias em que, por alguma razão, me ausento da minha prática, eu tendo a me tornar uma mãe reativa com muito mais facilidade, pois é ingenuidade acreditar que o mundo lá fora vai pegar mais leve comigo só porque não deu para meditar. Sou eu que preciso estar mais serena para viver com mais dignidade os seus desafios — ou simplesmente ser capaz de aproveitar os tempos de maré baixa e calmaria.

Eu gosto muito mais de mim — e da mãe que sou para os meus filhos — quando medito.

O que descobri com a própria experiência, ou seja, o que assimilei e aprendi de maneira mais profunda do que poderia acontecer ao apenas ouvir falar, é que a prática de mindfulness que faço assim que acordo tem o poder de dar um tom mais consciente, compassivo e autocompassivo a toda a minha jornada daquele dia. Apesar de só ter internalizado isso vivendo na pele, a neurociência explica o motivo de as coisas serem como são: nas primeiras horas do dia somos mais capazes de nos envolver em atividades que exigem vencer a ansiedade e a falta de motivação, ou seja, estamos mais predispostas a nos engajarmos e a solidificar novos hábitos.

Isso ocorre porque, depois do sono, ficamos em um estado mais alerta, que tende a ser intensificado pela luz solar, pelo jejum e, importantíssimo, por ainda não termos sido expostas à cafeína e ao celular. Isso significa que, obviamente, caso, como eu, você opte por modelar todo o restante do seu dia com a injeção de centramento e de positividade que uma prática meditativa pode oferecer logo ao acordar, é importante que você deixe o cafezinho e o Instagram para mais tarde.

Aprendi a ajudar o meu sistema corpo-mente a me ajudar quando entendi que hormônios de bem-estar, como dopamina, bem como o cortisol saudável, estão elevados durante essa fase do dia e que estimulá-los nesse período é um pontapé inicial e tanto para tudo o que eu venha a enfrentar ao longo dele.

No início, foi difícil educar os meus filhos — e principalmente o meu marido — na compreensão de que, estejam todos eles acordados ou não, quando acordar, vou meditar. Na mesma medida, é muito recompensador testemunhá-los adaptados ao fato de que quero, mereço e tenho esse tempo para mim, na minha vida. Nos primeiros instantes da minha manhã, para eles, é como se eu não existisse. Não estou insinuando que aí, para você, as coisas deveriam ser como são para mim. Reconheço ser um privilégio, por exemplo, ter o pai das minhas crianças engajado no cuidado delas e consciente da minha necessidade de espaço. Mas te encorajo a encontrar, na sua realidade, esses dez minutos para si antes de começar a maratona diária ou mesmo ao longo dela. Feito é melhor que perfeito, lembra?

Nesta prática, que pode durar apenas dez minutos ou se estender por meia hora em dias mais favoráveis, começo trazendo a minha consciência para o meu corpo, realizando uma série de respirações conscientes que, percebo, mesmo quando amanheço ativada pela ansiedade de começar a resolver todas as demandas daquele dia, me conduz ao centramento e ao convite para não me preocupar com o que não está acontecendo no aqui e no agora. Depois, realizo uma breve prática de corpo consciente, que me traz informações importantes sobre o meu estado emocional. Uma tensão aqui e outra ali, que passariam despercebidas caso eu já estivesse no modo piloto automático, podem ser amenizadas. Além disso, diante de certos desconfortos físicos, nomeio as emoções atreladas a eles, trago autocompaixão quando sinto necessidade, especialmente por meio do toque gentil.

Depois, começo a prática que me traz muitas vezes lágrimas aos olhos e que transborda o meu coração de bons sentimentos: a meditação da bondade amorosa. Divido com você, agora, algumas das versões que mais gosto de adicionar à minha rotina matinal de meditações. A primeira delas aprendi com o lama neozelandês Jangchub Reid, anos atrás, na minha formação como instrutora de mindfulness. Basicamente, criamos uma lista de desejos genuínos e amorosos a respeito da felicidade e da realização dos outros seres seguindo a estrutura "Assim como eu... que você também...". Podemos começar mentalizando: "Assim como eu sou feliz, que você também seja feliz. Assim como eu sou inteligente, que você também seja inteligente." Talvez você não se sinta feliz ou inteligente, mas, quando declara isso para si mesma, o seu cérebro, que confia muito em tudo o que você pensa e diz, pouco a pouco começa a assumir que se trata de um fato.

As práticas de bondade amorosa tendem a seguir uma ordem de seres para os quais destinamos os nossos melhores votos, que é: em primeiro lugar, a nós mesmas (originalmente, nas práticas budistas, não havia esse item, mas diante da maneira grosseira e injusta com que nós, ocidentais, tendemos a nos tratar, ele se fez necessário), depois aos nossos seres mais amados, seguidos de pessoas conhecidas, mas com quem não temos proximidade. Então, direcionamos bondade amorosa às pessoas com quem temos dificuldades, e posso afirmar categoricamente que fazer isso ao longo dos últimos anos, todos os dias, dia após dia, curou muitos desafetos dentro de mim. Por último, dedicamos bondade amorosa a todos os seres, a todos os animais, vegetais e minerais. Gosto, então, conforme crio sentenças "Assim como eu... que você também...", de nomear especificamente aqueles a quem as destino. Por exemplo: assim como eu sou saudável, que vocês, Francesco, Madalena e Miguel, também sejam saudáveis.

Outra meditação de bondade amorosa que gosto de fazer nas minhas manhãs autoamorosas e também de conduzir para as minhas alunas tem o seguinte script: começamos sentindo-a em nosso próprio corpo, mais especificamente em nosso coração. Aos poucos, permitimos que essa sensação se expanda por todo o tronco, pelos membros e pela nossa cabeça. Se não pudermos sentir, podemos imaginar uma nuvem rosa e dourada contagiando nosso corpo. Depois, essa bolha de bondade amorosa contagia o ambiente em que estamos... e então toda a casa... todo o quarteirão, toda a cidade!

Podemos, também, visitar as pessoas que mais amamos, presenteando-as com a nossa névoa rosa e dourada, isto é, com os nossos mais sinceros votos de que elas sejam felizes. Gradualmente, por meio da nossa imaginação e intenção, expandimos a nossa bolha pelo nosso país e pelo nosso continente americano. Atravessamos o oceano e chegamos à África... Com a nossa sincera intenção de que, ali, todos os seres sejam verdadeiramente felizes. Feito isso, subimos para a Europa... Não é curioso que, quanto mais compartilhamos bondade amorosa, mais nos sentimos bondosas e amorosas? Essa energia é renovável. Expandimos, também, para a Ásia... e descemos até a Oceania. O mundo inteiro imerso nessa intenção rosa e dourada de bondade amorosa! Ficamos por alguns instantes apreciando isso.

Quando concluo a minha revigorante prática de bondade amorosa, começo a meditar gratidão. Existem algumas estratégias que nos ajudam a despertar a potência de ser grata, por exemplo:

1. Na prática de corpo consciente, a cada parte do corpo pela qual a consciência passar, mentalizar: "Sou grata pelos meus olhos, pois eles me permitem ver o mundo", "Sou grata pelas minhas mãos, porque elas me possibilitam nutrir meu corpo com boa comida e acariciar meus filhos", e assim por diante.

2. Reconheça três razões simples e até banais — mas que são verdadeiras bênçãos das quais muitas vezes não nos damos conta — para ser grata ao iniciar um novo dia, mentalizando, por exemplo: "Sou grata por começar o meu dia em uma casa segura, em uma cama confortável" ou "Sou grata por me proporcionar este momento de silêncio e de introspeção, que com certeza vai impactar o meu dia de maneira positiva". Perceba como você se sente ao ativar a gratidão.
3. Ao longo do dia, durante as suas tarefas cotidianas, traga atenção plena ao momento presente e procure encontrar motivos pelos quais você possa agradecer: "Sou grata por este banho quentinho e renovador", "Sou grata porque a internet e os aparelhos eletrônicos me possibilitam participar das vidas da minha irmã e do meu sobrinho, ainda que eu viva na Itália e eles na Bahia", "Sou grata porque a minha sogra, neste momento, está brincando com a Madalena para que eu finalmente consiga concluir a escrita deste livro".
4. Considere como seria sua vida sem algumas das pessoas, coisas e situações das quais você reclama recorrentemente. Por exemplo, como seria se o seu filho deixasse de inundar a casa com os seus barulhos, risadas, movimentos, brinquedos? Como seria se ele não tivesse mais condições de existir de maneira tão vibrante? Nem sempre, mas muitas vezes, nos lamentamos por aquilo que, na verdade, nos dá motivo para sermos gratas.
5. Deixe vir à mente alguém por quem você é grata. Reflita sobre as qualidades dessa pessoa que tornam a sua vida melhor, seja de forma prática, seja por te alegrar, seja por te inspirar. Caso seja possível, expresse a sua gratidão à pessoa, dizendo a ela o motivo de ser grata por ela participar da sua vida, mas, caso não seja viável pelo motivo que for, feche os olhos e imagine sair do seu coração uma grande massa brilhante de energia de gratidão, que se direciona para a pessoa e a envolve com toda a sua amorosidade e gentileza.

Essas são algumas práticas por meio das quais intencionalmente condicionamos as nossas mentes a desenvolver um estado de maior gratidão, ampliando o nosso contentamento, aliviando as tantas demandas que a vida de mãe nos apresenta e nos capacitando para ensinar aos nossos filhos a preciosa habilidade de sermos gratos. Praticar gratidão todos os dias de manhã, especialmente nas fases em que me senti perdida, ansiosa, estressada e melancólica, contribui muito para a manutenção — ou para o resgate — do meu bem-estar mental, bem como intencionar claramente o modo como pretendo me portar no dia que se inicia.

É assim, inclusive, que costumo finalizar as minhas práticas de mindfulness antes de me levantar da cama e me envolver profundamente com todos os afazeres e tarefas que me esperam: intencionando. Procuro declarar intenções que única e exclusivamente se refiram a mim, por exemplo: que hoje eu tenha bons pensamentos, que eu tenha sabedoria para lidar com os desafios, que eu diga palavras construtivas, que eu seja justa em tudo o que eu fizer, disser, pensar, sentir.

Em resumo, é basicamente esse o meu momento de autocuidado estratégico pelas manhãs, e ele é o melhor que faço por mim e pela minha família. Gostaria que ele pudesse te inspirar a fazer, do seu modo, o mesmo. A ideia deste livro, afinal, é oferecer recursos concretos para você lidar com a sua reatividade, com seus pensamentos intrusivos, com a voz autocrítica que te habita sem pretender apagar a imperfeição que é a marca da sua — da nossa — humanidade.

Mas faço um esclarecimento: não abro mão de, ao longo do dia, realizar pequenas pausas para respirar conscientemente e verificar o meu estado emocional, o que também recomendo que você faça. Nos momentos de transição, como aqueles em que meu filho mais velho sai de casa para ir à escola ou quando me sento em frente ao computador para trabalhar, considero especialmente importantes os meus petiscos de mindfulness, como costumo nomear esses um ou dois minutos de silêncio e auto-observação.

Isso porque não raramente, só porque eu pausei para me perceber, me dou conta de que uma regulação emocional não iria mal. É porque eu me proponho com certa frequência a desacelerar que evito dizer e fazer coisas, com meus filhos, mas também com as demais pessoas que me circundam, das quais certamente me arrependeria. Quando as faço e digo, me culpo. Sinceramente, me trato mal. E então, porque estou em dia com a minha ginástica neurológica, que me possibilita perceber os movimentos da minha mente como uma observadora externa, eu me entrego. Me assumo como meu próprio algoz e, por isso, me ofereço autocompaixão. Abraçando a minha imperfeição, busco me comunicar de maneira mais assertiva e gentil, desculpando a mim mesma enquanto peço desculpas a quem preciso.

E assim sigo. E assim te convido a seguir. Vamos?

Atenção plena ainda hoje

Observe o seu filho e faça uma lista de cinco qualidades dele pelas quais se sente grata neste momento.

O tempo-rei

Em todas as casas do mundo, para todas as mães do planeta, isto é igual: o tempo não dá ré!

Eles crescem, e, muito embora os dias pareçam longos, é fato que os anos voam. Apesar disso, vivemos no futuro. Desejamos a próxima fase, aquela mais fácil... aquela em que não haverá mais a bagunça dos brinquedos espalhados pela sala. Aquela em que voltaremos a ser donas do nosso próprio tempo, em que a máquina de lavar vai ter uma trégua, em que seremos menos submetidas à necessidade de nos controlarmos para não explodir de raiva e de vergonha diante de um ataque de birra em público. A gente quer o platô.

Isso quando não desejamos embarcar em uma máquina do tempo que nos leve exatamente à versão de nós mesmas, mais plena e mais livre, que existiu antes de eles, os nossos filhos, existirem. Às vezes a culpa nos corrói por isso. É fato, porém, que a vida de antes não voltará a existir, assim como é fato que tudo o que nos ocupa completamente no dia de hoje também vai passar. É fato que a infância é um instante. E que nós somos o mundo para eles.

É fato que não só os perrengues, mas os beijos espontâneos e sujos de iogurte, também serão guardados no nosso livro de memórias afetivas. Tomara. Tudo isso é fato, e contra fatos não há argumentos.

É fato que a nossa atenção, o nosso olhar e a nossa presença serão naturalmente substituídos pelo desejo por outros olhares, por outra atenção, por outras presenças. É o curso natural deste mundo em que o seu rei, o tempo... não dá ré.

Que possamos, então, aprender a estar aqui, neste agora, inteiras, sem nos apegarmos ao que agora é, mas vai passar; sem rejeitar o que agora é, mas vai passar. Que a infância de nossos filhos possa ser uma prática meditativa para nós, e não uma saudade cheia de angústias quando ela se resumir aos vídeos e fotos na memória do celular.

Essa conversa foi sobre nós

O CÉU E O INFERNO DA MÃE CONTEMPORÂNEA SÃO AS MUITAS informações, métodos, correntes que a convidam a educar seus filhos de modo mais respeitoso. O céu porque, graças a essas instruções, ela se torna mais consciente de cada uma das suas condutas, sendo muitas delas, até então, feitas no piloto automático, na pura e simples reprodução do que viu e do que fizeram com ela em sua própria infância.

Em alguma medida, saber que palmadas, por exemplo, não são educativas e que gritar com uma criança tem, em seu cérebro e comportamento, efeito similar às agressões físicas legitimadas por décadas e provavelmente sofridas também por ela quando era menina dá a essa mãe, pelo menos até a página dois, poder de escolha. E é nesse "em alguma medida", nessa "página dois", que reside seu inferno. Estar racionalmente munida de fatos que confirmam seu desejo de educar seus filhos respeitando-os não garante à mãe contemporânea a capacidade de traduzir a teoria para a prática.

Lidar com crianças, além disso, pode ser, sem dúvida, um grande desafio se considerarmos os seus cérebros emocionalmente imaturos, incapazes de gerir suas frustrações e impulsos. A mãe contemporânea, então, vive o dilema da culpa excruciante de saber, no nível racional, que a sua reatividade cria enormes muros entre ela e suas crianças, além de comprometer todo o seu desenvolvimento nos níveis mental e emocional, segundo a neurociência, mas de, ainda assim, inúmeras vezes, não ser capaz de se conter e explodir com seus filhos.

A pressão das redes sociais e de suas mães perfeitas só contribui para que a mãe contemporânea, que é imperfeita, assim como as mães das antigas, se sinta uma fraude, quando não uma selvagem incapaz de se autogerenciar e de cuidar das suas crias de modo a não ser ameaçadora para elas.

A proposta deste livro, portanto, é, antes de mais nada, abraçarmos a nossa imperfeição não como um defeito de fabricação, mas como parte irretocável da nossa condição humana. Mães são humanas, é sempre bom lembrar. Eu poderia dizer, ainda, que a sua proposta é também traçarmos o percurso que nos possibilitará maternar sem estourar, tampouco implodir, mas vou além. É, sim, oferecer a nós, mães contemporâneas, não somente informação de qualidade sobre educação legitimada pela neurociência e por outras autoridades, mas também recursos que nos permitam, ainda que muitas de nós vivam à beira de um ataque de nervos e sem tempo para nada, educar nossos filhos com gentileza e firmeza, enquanto assumimos que cultivar uma mente serena, curiosamente, coexiste com o resgate de nossa natureza selvagem, não como sinônimo de agressividade, mas como uma analogia com nossa essência e sabedoria esquecidas.

A chave-mestra que possibilita o desenvolvimento da inteligência emocional que nos permite estabelecer coerência entre o que desejamos fazer e o que de fato fazemos com nossas crianças e com nós mesmas, no trajeto que este guia propõe, é o mindfulness, acompanhado de outras práticas e sabedorias que o complementam e se comunicam com ele.

Certamente você percebeu que este manual se dedicou, como prometido, a falar mais sobre nós, mães, do que sobre os nossos filhos. Como também foi dito algumas vezes, antes de tentar salvar o mundo lá fora, o que inclui nossos filhos, é bom tratarmos de organizar um pouco a casa aqui dentro. Sobre as nossas crianças, de forma mais centrada nelas, espero que possamos ter em breve uma outra longa conversa.

Somos plenamente capazes de maternar com menos reatividade, mas jamais seremos capazes de sanar a nossa imperfeição, e talvez seja exatamente essa a graça da vida e, dentro da vida, o sentido da maternidade. Antes de o meu primeiro filho nascer, eu priorizava absolutamente a minha caminhada espiritual atrelada ao meu processo de autodesenvolvimento pessoal , e o mindfulness já era um pilar importantíssimo desse processo. Os meus recursos de tempo, dinheiro, emoção e energia eram direcionados a viagens, a cursos, a retiros, a cerimônias que me conectassem com esse propósito, mas, ao me tornar mãe, me vi reclusa, me senti isolada, perdida e desconectada de mim mesma, impossibilitada de frequentar esses espaços, com aquelas pessoas e todo o contexto que em mim reforçava uma imagem positiva que eu tinha de mim mesma.

Levou tempo até que eu compreendesse que o meu retiro espiritual, então, se tornara este, a maternidade. O mais profundo e desafiador de todos até agora. Sinceramente, ainda estou processando toda a revolução que vem acontecendo desde 2021, seja dentro, seja fora. Concluir este livro, após 24 meses de maturação, me alavanca de forma exponencial nessa integração, e eu me sinto extremamente grata pela sua companhia.

Desejo que você também tenha forças para tirar os seus sonhos do papel (ou para literal e materialmente os colocar no papel, como foi o meu caso). Desejo que tenha coragem para se ver com bondade. Educar os nossos filhos sem a violência com que as crianças foram criadas em nossa cultura até então, ao mesmo tempo que nos reeducamos, é o nosso legado de amor.

Educar os nossos filhos sem a violência com que as crianças foram criadas em nossa cultura até então, ao mesmo tempo que nos reeducamos, é o nosso legado de amor.

Paz e bem,
Ana Torquetti

Agradecimentos

Aprender sobre o poder da gratidão e colocá-la em movimento na minha vida vem me salvando todos os dias de ser uma reclamadora crônica, dada a minha imensa propensão a isso. Poucas coisas fazem com que eu me sinta imediatamente melhor do que agradecer. Portanto, chegar a este ponto da jornada, a hora de expressar gratidão a todos que tornaram possível este livro, me anima. Acima de tudo, me emociona.

É justo, então, começar pelo começo, e o começo é a fonte. É a raiz forte e profunda. A presença que se faz mesmo após tantos anos de ausência. É a primeira casa, o útero, o seio e o colo. É ela, a minha primeira e maior referência na maternidade. A minha grande saudade. A minha mãe, Maria Lúcia Torquetti. Lá do céu, sei que ela celebra. Pois é, mãe, deu certo. Eu sou uma autora. Eu te agradeço, eu te amo.

Também ao meu pai, que me ensinou sobre autenticidade mesmo sem querer. Que me amou do seu jeito, do jeito que deu, mesmo não sendo, tantas vezes, do jeito que eu queria ou precisava. Estranhamente, ainda criança, isso eu pude compreender. Pai, sou grata por, junto à minha mãe, você ter me presenteado com esta oportunidade divina chamada vida.

Agradeço, agora, a eles, que são inspiração e razão deste trabalho e desta minha vida abençoada. Às minhas belas, amorosas, espirituosas e espevitadas crianças. Francesco e Madalena, eu amo vocês da forma mais profunda que sou capaz de amar. Recebam cada uma das palavras deste livro como devoção minha ao nosso elo e vontade de estar à altura da ternura de vocês.

Ao meu marido, Davide, com quem divido esta missão chamada parentalidade. Que bom que é com você. Quanta dor aqui dentro vem sendo transmutada ao te testemunhar viver intensa, integral e corajosamente a educação de Fran e Madá. Te escolheria sempre. Grata pelo tanto que crescemos e cresceremos juntos. Somente eu e você sabemos que não foi fácil, mas que ficou, porque escolhemos permanecer. Te amo.

À minha irmã e melhor amiga, Fernanda. E ao seu menino, o meu afilhado Miguel. Que privilégio e que graça é ver, irmã, o universo sincronicamente, mais uma vez, nos reunir em mais uma revolução: a maternidade. A chegada das nossas três crianças nos colocou, sim, de cabeça para baixo e, vendo tudo por outro ângulo, reconhecemos o quanto a vida fica mais vívida e bem-vivida porque eles estão aqui. Juntas, mais uma vez. Amo vocês.

Aos meus sogros, Marco e Angela, com quem eu conto todo santo dia. Em quem encontrei raízes fortes e cuidado certo, e com quem aprendo sobre a doçura e a potência únicas do amor de avós. Sem o tempo e o afeto que eles dedicam ao Fran e à Madá, eu não poderia ter concluído a escrita deste livro. Grata também ao cuidado e à presença da *nonna* Anna *in memoriam* e da *zia* Paola. À família do Davide e das crianças, que também se tornou minha.

À minha madrinha Marlene, minha segunda mãe, que vem sendo abraço e cuidado gentil por toda a minha vida. Além dela, ao meu padrinho Mauro. Vocês, que tanto me acolheram, também acolheram a família que formei. Sempre serão, para mim, referência e porto seguro. Grata por terem investido incentivo emocional e material na minha formação acadêmica e intelectual, o que me proporcionou muito do repertório que possibilitou a escrita de tantas das linhas deste livro. Ainda na seara dos padrinhos que por toda a vida nos apoiaram e nos amaram, agradeço ao Alexandre.

À minha avó Nésia, a mulher que mais admiro no mundo inteiro. A grande matriarca. A sábia. A corajosa. Te honro, te amo, te admiro e te agradeço. Ainda, *in memoriam*, ao meu vovô Heitor amado.

Às minhas tias e primas que também são mães e que, cada uma ao seu modo, me ensinam e inspiram. A todos da minha família que torceram e me apoiaram com palavras incentivadoras. Em especial, à minha prima e irmã de consideração Luciana pelo cuidado, pelas orações, pelo exemplo, pela companhia nos momentos em que mais me senti vulnerável como mãe.

Agradeço, *in memoriam*, à minha prima Juliana pela amizade e pela saudade que deixou, saudade esta que me motivou — inspirada por seu legado de dedicação, sua paixão pelo que se faz e sua coragem de se empoderar de quem é — a manter os olhos firmes na tela deste computador quando as coisas ficavam difíceis demais e parecia complicado concluir este livro.

Às minhas amigas que não se foram, mas ficaram e se aprofundaram na conexão quando me tornei mãe. Julia, Flora, Maíra, a vocês, de forma bem especial e carinhosa, a minha lealdade e a minha gratidão.

Ao meu psicoterapeuta, Marcelo Thibau, que há anos, com gentileza e lucidez, me ajuda a elaborar os acontecimentos do meu universo interno, inclusive a importância de escrever este livro para a minha relação comigo mesma e para a minha identidade pós-maternidade.

Agradeço aos pensadores, professores, colegas, alunos, colaboradores, incentivadores que me constituíram até aqui como educadora. Eu me lembro agora, com ternura, da tia Vânia, a professora da pré-escola que me alfabetizou. Ainda acesso a emoção das primeiras palavras que escrevi em sua companhia. Do nome da professora da segunda série não me lembro, mas das suas palavras para minha mãe — "Sua filha se tornará uma escritora" — eu nunca esqueci, mesmo quando isso parecia quase impossível. À professora Clésia Sá, de literatura e redação, que, no segundo ano do ensino médio, me aconselhou a elaborar períodos mais curtos e reservar os longos para os livros que ainda escreveria. Ao professor Aderlande Ferraz, que me orientou no mestrado e no doutorado, muito me ensinando sobre a escrita de textos extensos e sobre a importância da dedicação ao empreender uma pesquisa.

Aos muitos mestres de mindfulness, autocompaixão e práticas análogas que contribuíram para a minha prática pessoal, bem como para a minha formação como instrutora de mindfulness. Grata a Jangchub Reid, a Jon

Kabat-Zinn, a Titch Nhat Hanh, a Kristin Neff e a todos os outros citados ao longo deste livro. Grata pela dedicação em tornar a vida de pessoas comuns, como eu, mais significativa por meio dos seus generosos ensinamentos. Aos colegas instrutores de mindfulness com quem pude compartilhar e aprender também registro a minha gratidão.

Agradeço à equipe gentil, acolhedora, compreensiva e extremamente competente da Editora BestSeller, do Grupo Editorial Record. Muito grata por terem enxergado o meu potencial e por terem apostado que eu tinha algo de interessante a dizer. De forma especial, agradeço a Raïssa Lettiére, a Rayana Faria, a Lucas Telles e a Iuri Pavan.

Agradeço a Isa Minatel e a Thiago Queiroz, duas referências que respeito e admiro no contexto da parentalidade, por lerem e redigirem com enorme acolhimento, respectivamente, o Prefácio e o texto de orelha desta obra, o que com certeza a levará a mais pessoas do que ela seria levada sem essa contribuição. A tantas outras figuras, de tantas outras áreas do conhecimento que se correlacionam com o tema da parentalidade consciente, profissionais que direta ou indiretamente me influenciam, o meu muito obrigada. É muito bonito nos ver movimentando, coletivamente, conscientização amorosa na educação das nossas crianças. Um agradecimento carinhoso a Alessandra Reino, com quem posso falar sem filtros sobre maternidade e por quem fui acolhida com afago brasileiro aqui no Hemisfério Norte.

Agradeço, com todo o afeto que trago no coração, a todas as mulheres que confiam na mensagem que busco espargir. Àquelas que me acompanham nas redes sociais, sobretudo àquelas que se tornaram minhas alunas no Maternar Sem Estourar (MEZEN), o método que ensina mindfulness para mães criado por mim. As nossas trocas me fortalecem, ensinam, aprimoram. E agradeço a você, leitora, que dedicou seu tempo, sua energia, que se entregou a este livro e às experiências que vêm junto com ele. Talvez eu não te conheça, mas te reconheço. A nossa imperfeição e, por isso, a nossa humanidade nos conectam profundamente. Mas não só elas — também a nossa coragem em ser vulneráveis, em nos encarar nas próprias mazelas, em reconhecer que erramos e erraremos. Também todas essas coisas tão bonitas que estamos fazendo com essas crianças maravilhosas que temos a honra de conduzir por esta vida.

Finalmente, agradeço ao invisível, ao indizível, à toda a equipe de mestres e amigos não tangíveis que me ampara nesta jornada humana, mestres e amigos estes que estão profundamente entrelaçados a este propósito que tão amorosamente sustento como educadora. O meu coração é de vocês. Confio na guiança.

Sozinha não seria possível, mas, porque foi junto a vocês e a tantos outros, sim, aconteceu.

Interser. Grata. Eu sou. Eu sou. Eu sou.

Referências

AMERICAN HEART ASSOCIATION. New survey: 91% of parents say their family is less stressed when they eat together. *American Heart Association Newsroom*, 10 out. 2022. Disponível em: https://newsroom.heart.org/news/new-survey-91-of-parents-say-their-family-is-less-stressed-when-they-eat--together. Acesso em: 28 mar. 2025.

BAYS, Jan Chozen. *Como domar um elefante*: 53 maneiras de acalmar a mente e aproveitar a vida. São Paulo: Alaúde, 2013.

DAVIDSON, Richard J.; BEGLEY, Sharon. *O estilo emocional do cérebro*: Como o funcionamento cerebral afeta sua maneira de pensar, sentir e viver. Rio de Janeiro: Sextante, 2013.

EKMAN, Paul; FRIESEN, Wallace V. *Unmasking the face*: A guide to recognizing emotions from facial expressions. Los Altos: Malor Books, 2003.

EMMONS, Robert A.; MCCULLOUGH, Michael E. Counting blessings versus burdens: An experimental investigation of gratitude and subjective well--being in daily life. *Journal of Personality and Social Psychology*, v. 84, n. 2, p. 377-389, 2003. Disponível em: https://pubmed.ncbi.nlm.nih.gov/12585811/. Acesso em: 28 mar. 2025.

FORCIONI, Giovanna. Refeições em família melhoram hábitos alimentares, indica pesquisa. *Crescer*, 16 ago. 2021. Disponível em: https://revistacrescer.

globo.com/Saude/noticia/2021/08/refeicoes-em-familia-melhoram-habitos-alimentares-indica-pesquisa.html. Acesso em: 1º mar. 2025.

GILBERT, Paul. *The compassionate mind*: A new approach to life's changes. Oakland: New Harbinger, 2009.

GILBERT, Paul; SIMOS, Gregoris (org.). *Terapia focada em compaixão*: Aplicações e prática clínica. Trad. Sandra Maria Mallmann da Rosa. Porto Alegre: Artmed, 2024.

GOLEMAN, Daniel. *Inteligência emocional*: A teoria revolucionária que redefine o que é ser inteligente. Trad. Marcos Santarrita. Rio de Janeiro: Objetiva, 1995.

HANH, Thich Nhat. *A arte de viver*: Paz e liberdade no aqui e agora. Trad. Rodrigo Peixoto. Rio de Janeiro: HarperCollins, 2018.

HANH, Thich Nhat; PLUM VILLAGE COMMUNITY. *Planting seeds*: Practicing mindfulness with children. Berkeley: Parallax Press, 2011.

HANSON, Rick; MENDIUS, Richard. *O cérebro de Buda*: Neurociência prática para a felicidade. Trad. Bianca Albert. São Paulo: Alaúde, 2012.

HEARN, Tarchin. *Respirando*: O modo natural de meditar. Trad. Verena Reid. São Paulo: Assertiva Mindfulness, 2018.

HÖLZEL, Britta K. et al. Mindfulness practice leads to increases in regional brain gray matter density. *Psychiatry Research: Neuroimaging*, v. 191, n. 1, p. 36-43, 2011. Disponível em: https://doi.org/10.1016/j.pscychresns.2010.08.006. Acesso em: 28 mar. 2025.

JUNG, Carl G. *O homem e seus símbolos*. Trad. Maria Lúcia Pinho. Rio de Janeiro: HarperCollins, 2016.

KABAT-ZINN, Jon. *Aonde quer que você vá, é você que está lá*: Um guia prático para cultivar a atenção plena na vida diária. Trad. Ivanir Calado. Rio de Janeiro: Sextante, 2020.

KABAT-ZINN, Jon. *Viver a catástrofe total*: Como utilizar a sabedoria do corpo e da mente para enfrentar o estresse, a dor e a doença. Trad. Márcia Epstein. São Paulo: Palas Athena, 2017.

KABAT-ZINN, Mila; KABAT-ZINN, Jon. *Nossos filhos, nossos mestres*: Descobrindo como o convívio com os nossos filhos pode nos trazer alegrias diárias. Rio de Janeiro: Objetiva, 1998.

KONDO, Marie. *A mágica da arrumação*: A arte japonesa de colocar ordem na sua casa e na sua vida. Trad. Marcia Oliveira. Rio de Janeiro: Sextante, 2015.

LHULLIER, Raquel; RUSSEL, Tamara. *Aprendendo a amar os seus dragões*: Uma linguagem sobre emoções. Novo Hamburgo: Sinopsys, 2019.

MONTEIRO, Solange. Mulheres: Responsabilidades aumentam mais que a renda. *Blog da Conjuntura Econômica*, 18 mar. 2024. Disponível em: https://ibre.fgv.br/blog-da-conjuntura-economica/artigos/mulheres-responsabilidades-aumentam-mais-que-renda. Acesso em: 28 mar. 2025.

NEFF, Kristin. *Autocompaixão*: Pare de se torturar e deixe a insegurança para trás. Trad. Beatriz Marcante Flores. Teresópolis: Lúcida Letra, 2017.

ORGANIZAÇÃO PAN-AMERICANA DA SAÚDE (Opas). OMS pede atenção de qualidade para mulheres e recém-nascidos nas primeiras semanas cruciais após o parto. *Opas*, 30 mar. 2022. Disponível em: https://www.paho.org/pt/noticias/30-3-2022-oms-pede-atencao-qualidade-para-mulheres-e-recem-nascidos-nas-primeiras-semanas. Acesso em: 27 mar. 2025.

REMSKAR, Masha; WESTERN, Max J.; AINSWORTH, Ben. Mindfulness improves psychological health and supports health behaviour cognitions: Evidence from a pragmatic RCT of a digital mindfulness-based intervention. *British Journal of Health Psychology*, v. 29, n. 4, p. 1.031-1.048, 2024. Disponível em: https://bpspsychub.onlinelibrary.wiley.com/doi/10.1111/bjhp.12745. Acesso em: 28 mar. 2025.

THINK Tank FGV - Mulheres perdem trabalho após terem filhos, com Cecilia Machado. [*S. l.*: *s. n.*], 2019. 1 vídeo (44 segundos). Publicado pelo canal FGV. Disponível em: https://youtu.be/Ymh0pjaP8pM?si=VbOvZr0CE7_EcB8_. Acesso em: 22 ago. 2025.

QUE MUITOS SERES SEJAM BENEFICIADOS.

Este livro foi composto na tipografia Minion Pro,
em corpo 11/16, e impresso em
papel off-white no Sistema Cameron da
Divisão Gráfica da Distribuidora Record.